Biological Analysis

生物学解析

张燕　尚进　高晓旭　主编

化学工业出版社

·北京·

内容简介

《生物学解析》内容包括植物学、动物学、植物生理学、生态学、微生物学、生物化学与分子生物学、细胞生物学、遗传学、人体解剖生理学和进化生物学等专业内容在不同版本的中学生物教材中的占比、分布、位置、呈现形式、排版特点等，统计分析中考高考生物真题中考查的生物学内容及其占比和题型，从而了解中考高考对该学科的考查重点。统计中学生物教材中各个内容方向中有关的知识单元、知识点及其对应位置，并与学科知识体系进行比较分析，从中学生物教材以及中考高考真题中归纳总结出生物学内容在中学生物中的特点，得出结论。

书中有不少内容为作者调查和统计的真实数据，力争保持内容的适用性。本书可以作为中学生物教师、学生和高校师范生物科学专业学生课外参考书。

图书在版编目（CIP）数据

生物学解析 / 张燕，尚进，高晓旭主编．—北京：化学工业出版社，2022.1

ISBN 978-7-122-40125-0

Ⅰ.①生…　Ⅱ.①张…②尚…③高…　Ⅲ.①生物课-高中-教学参考资料　Ⅳ.①G634.913

中国版本图书馆 CIP 数据核字（2021）第 210880 号

责任编辑：傅四周

责任校对：宋　玮　　　　装帧设计：韩　飞

出版发行：化学工业出版社有限公司（北京市东城区青年湖南街 13 号　邮政编码 100011）

印　　装：涿州市般润文化传播有限公司

787mm×1092mm　1/16　印张 11½　字数 270 千字　2022 年 3 月北京第 1 版第 1 次印刷

购书咨询：010-64518888　　　　售后服务：010-64518899

网　　址：http：//www.cip.com.cn

凡购买本书，如有缺损质量问题，本社销售中心负责调换。

定　　价：99.00 元

前言

随着现代科学技术的发展，有关生命的科学发展也越来越快，应用更加广泛，实验性和实践性也越来越强，所以生物学本身具有较强的理论性和实践性。社会科技的进步和发展，对未来的生物人才也提出了更高的要求，未来从事相关行业的人才必须具备扎实的理论基础和优秀的实验操作水平和科研素质。基于时代和人才培养的要求，科学探究学生适应终身的满足个人发展和社会发展需求的能力，这是生物科学核心素养的重要组成部分，通过对生命科学知识的学习，促进学生对科学探究的理解和应用。新课改的生物教材进行了更新，目前，特别是高中生物学教材内容有了新的组合，更加重视生物科学的实验性质，目的是加强学生理解基础知识和概念，巩固和实践部分生物学知识，培养学生科学探究的能力，同时还能培养其严谨、细心、实事求是的科学态度，对于提升学生的综合素质具有重大的意义。课程标准明确要求学生掌握生物实验基础技能，重视发展科学探究能力。在生物教学中，教师通过促进学生对技能训练的学习和探究，激发其学习兴趣，完成知识点的学习，获得积极正面的情感价值观。

《义务教育生物学课程标准》(2011年版）的修订理念包括四个方面。一是面向全体学生：学校、教师平等地对待所有的学生，无论他们的年龄、性别、文化背景、家庭出身如何，不管他们生在农村还是城市，是否有残疾，也不管他们对生命科学是否有兴趣，教师都应赋予他们同等的学习机会，使所有学生在学校都能接受同等水平的教育以提高他们的科学素养。二是提高生物科学素养：生物科学素养是指参加社会生活、经济活动、生产实践和个人决策所需的生物科学概念和科学探究能力，包括理解科学、技术与社会的相互关系，理解科学的本质以及形成科学的态度和价值观。三是倡导探究性学习：探究性学习指学生通过类似于科学家科学探究活动的方式获取科学知识，并在这个过程中学会科学的方法和技能、科学的思维方式，形成科学观点和科学精神，其目的是让学生掌握科学研究的方法。四是注重与现实生活的联系（高中理念）：使学生在现实生活的背景中学习生物学，倡导学生在解决实际问题的过程中深入理解生物学的核心概念，运用生物学的原理和方法参与公众事务的讨论、作出相关的个人决策。生物科学有着与其他自然科学相同的性质，强调所有教师及学生，不要再把生物学当成“文科”来学习，不要片面地认为，生物学就是一门背诵、记忆的学科。 2011年版标准微调了学习目标，写出3个学习目标： 1个知识目标， 1个能力目标， 1个情感态度与价值观目标。同时， 2011年版标准在10个一级主题中精选了50个重要概念，“作为学生学习的要点和构建生物学知识框架的基础”。这50个重要概念并不是新增的，它们“原本就在课程标准之中”，调整的只是其呈现和描述方式。具体如下：科学探究内容中有5个重要概念，生物体的结构层次内容中有6个重要概念，生物与环境内容中有5个重要概念，生物圈中的绿色植物内容中有5个重要概念，生物圈中的人内容中有8个重要概念，动物的运动和行为内容中有3个重要概念，生物的生殖、发育与遗传内容中有5个重要概念，生物的多样性内容中有5个重要概念，生物技术内容中有3个重要概念，健康地生活内容中有5个重要概念。教学中围绕重要概念来开展教学，既可以防止不必要的“拔高”，又可以降低对次要内容的要求，以减轻学生的学业负担。

根据教育部《普通高中生物课程标准》（2017年版，2020年修订），总体编写思路是贯彻落实课程标准提出的基本理念，根据各模块的具体内容标准，结合学生的年龄特征、认知规律和教学实际，本着便于教和学的原则进行设计。概括地说，教材的编写要体现课程标准的基本理念，遵循课程标准的设计思路，落实课程标准中“具体内容标准”的要求。修订的主要内容和变化如下。课程方案中，首先，进一步明确了普通高中教育的定位。我国普通高中教育是在义务教育基础上进一步提高国民素质、面向大众的基础教育，任务是促进学生全面而有个性地发展，为学生适应社会生活、高等教育和职业发展作准备，为学生的终身发展奠定基础。普通高中的培养目标是进一步提升学生综合素质，着力发展核心素养，使学生具有理想信念和社会责任感，具有科学文化素养和终身学习能力，具有自主发展能力和沟通合作能力。其次，进一步优化了课程结构。一是保留原有学习科目，调整外语规划语种。二是将课程类别调整为必修课程、选择性必修课程和选修课程，在保证共同基础的前提下，为不同发展方向的学生提供有选择的课程。三是进一步明确各类课程的功能定位，与高考综合改革相衔接：必修课程根据学生全面发展需要设置，全修全考；选择性必修课程根据学生个性发展和升学考试需要设置，选修选考；选修课程由学校根据实际情况统筹规划开设，学生自主选择修习，学而不考或学而备考，为学生就业和高校招生录取提供参考。四是合理确定各类课程学分比例，在毕业总学分不变的情况下，对原必修课程学分进行重构，由必修课程学分、选择性必修课程学分组成，适当增加选修课程学分，既保证基础性，又兼顾选择性。

我们系统地梳理近几年的中考高考试卷，了解生物学各个知识点在中考高考试卷中的占分比例以及题型，使老师有针对性地、有重难点地进行教学，并分析其与中学教学的适合度，同时对生物科学专业师范生的生物学各个方向内容教学提出一些建议；梳理生物学知识体系，解析人教版、苏教版和北师大版等版本的中学生物教材中的生物学内容，找到其学科知识体系的联系、各个内容方向在中学生物中的分布特点和三个版本教材的编排特点。统计分析中考高考生物真题中考查的生物学内容及其占比和题型，从而了解中考高考中对该学科的考查重点。统计中学生物教材中各个内容方向中有关的知识单元、知识点及其对应位置，并与学科知识体系进行比较分析，从中学生物教材以及中考高考真题中归纳总结出生物学内容在中学生物中的特点，得出结论。

在本书与读者见面时候，我们全体编写成员内心充满了感激之情，首先要感谢我们对接的学生实习中学的全体生物教师，特别是重庆市涪陵实验中学生物名师工作室主持人胡鸿敏，重庆市涪陵第十五中学初中生物年级主任方敏，重庆市涪陵第五中学高中生物教师颜通华，重庆市酉阳土家族苗族自治县酉州初级中学教研组组长、中学一级教师余秀丽等。感谢我们的学生陈玉立、丁运世、何小青、黄合颖、刘月、李巧云、吴玉琴、许琳、易晓英等，他们极其热情地提供了许多帮助，提供和整理了中考高考试卷分析的资料和数据，引导和梳理了分析思路和方法，花了许多时间，不厌其烦地做了大量工作，直达满意为止，令我们十分感动。在这次修订过程中，也得到我们组课题成员的友情支持，特别是感谢长江师范学院生物科学学科教学论团队教师冉景盛、张小琼和江波，他们为本书做了多处修改和提了很多建议。本书的出版，得到了长江师范学院生物科学领导汪建华和韩宗先等的大力支持，化工出版社傅四周等编辑的具体指导和精心加工。对上述诸多方面的支持与帮助，我们深表诚挚谢意！

张燕　尚进　高晓旭

2021年2月

目 录

第一章 植物学内容在生物教材中的内容解析

植物学是一门理论性和实践性很强的学科，具有涉及面广、概念抽象、理论知识难记忆等特点[1]。目前高等师范院校开设的植物学课程包括植物生物学和植物学。植物生物学主要学习植物的细胞、形态结构、光合作用、生长发育及其调控、水分和营养物质的代谢、生态、植物多样性和植物的主要类群，以及植物的系统进化等内容[2]。植物学主要学习植物形态解剖和植物分类两部分，进一步强化了植物形态结构、植物类群和分类等经典植物学的内容，主要是对植物细胞、组织、营养器官（根、茎、叶）和生殖器官（花、果实、种子）的形态和结构以及植物界基本类群和分类的学习[3]。

狭义的植物学是一门经典的课程，主要包括植物细胞学、形态学和分类学部分的基础知识，它是进行广义的现代植物学科研的“土壤”，是高等农林院校涉及面最广的专业基础课程。广义的现代植物学是一门研究植物各类群的形态结构、分类和有关生命活动、发育规律，以及植物和外界环境间多种多样关系的科学。此概念下的植物学的研究范畴包括植物的形态、结构、分类、系统与演化、生长与发育、植物与环境、遗传以及育种、药用、病理等分支学科[4]。

初中生物是开启学生对生物的好奇以及对自然本质探索的重要科目。其教学内容，是根据初中学生基本上处于由形象思维向抽象思维发展的阶段，针对学生的生理和心理特点安排的。我国初中生物教学大纲（2012 版）中规定初中生物课程内容包括知识和实验两部分，主要学习感性的、侧重生命现象的生物学基础知识，完成一些简单易行的实验、探究和实践活动[5]。知识部分主要按知道、识记、理解、应用四个教学要求层次进行划分。从知识重点来看，主要集中在植物、动物、人体三部分，“应用”是教学要求的最高层次，但从这部分知识点看，主要是强调生物体的形态结构和生理知识。实验部分主要按练习、初步学会、学会、探究四个教学要求层次划分，并开展了验证性、探究性、实践性三种实验形式，如开展了制作临时装片观察植物细胞、探究种子萌发的条件、植物组织培养实践活动等实验，从而提高学生基本实验观察和操作能力。

高中生物是一门内容丰富又复杂的学科，主要是对初中生物知识的进一步强化。高中生物知识普遍存在一定的难度，因此在教学过程中，老师应对教学大纲和教材进行深入研究，不仅要了解知识体系及生物知识内部的联系，还要掌握生物学科与其他学科之间的关系，然后采取合理的教学方案，将丰富的生物知识有序地呈现并教授给学生。另外老师在讲授新课的时候需要及时对旧知识进行复习，将新旧知识结合起来，以此培养学生由简单到复杂、由已知到未知的思维推理能力[6]。

高等师范院校的培养目标是为基础教育培养合格师资，这是师范教育的出发点和归宿。可以说，师范院校是为基础教育服务的，中小学需要什么样的教师，师范院校就应该培养什么样的教师，而不是师范院校培养什么样的教师，中小学就接纳什么样的教师[7]。本章主要探究植物学在中学生物中的内容解析，一方面是通过研究植物学在中学生物中的内容特点，让教师可以更好地把握植物学的重难点进行教学；另一方面是探讨高等师范院校开设的植物学课程内容与中学生物的适合度，从而对生物科学专业植物学课程设置提出建议，对高等师范院校的专业定位、课程设置、实验体系建设都具有极其重要的指导意义。

第一节　初中生物教材中植物学内容解析

一、初中生物中涉及的植物学相关知识

初中生物学由植物学和动物学两大部分组成，七年级上册生物学主要是学习植物学，七年级下册主要是学习组成人体的各个系统，八年级生物学主要学习动物学部分。因此本节将对人教版七年级上册生物学教材中的植物学内容进行解析。

人教版七年级上册生物学中涉及的植物学知识主要包括植物形态解剖、植物分类以及植物代谢过程等内容。植物形态解剖部分内容主要包括：认识植物细胞结构并制作临时装片、细胞生长分化、生物体结构层次、种子植物及种子结构、种子的萌发和植株的生长、开花和结果。植物分类部分包括藻类、苔藓、蕨类、被子植物[8]。植物代谢过程包括光合作用、呼吸作用、蒸腾作用、运输作用。

二、植物学在中考中所占比例及考查内容

通过参考《5年中考3年模拟初中生物》与《义务教育教科书生物学七年级上册教师教学用书》[9-10]，归纳总结出初中生物中涉及植物学相关知识及所占比例，见表1-1。

表1-1　植物学在中考生物中的分值比例

主要考点	2012年分值,比例	2013年分值,比例	2014年分值,比例
植物细胞结构	1分,3%	2分,6.7%	2分,6.7%
种子结构、种子萌发过程	4分,13%	3分,10%	2分,6.7%
花的结构、传粉与受精	2分,6.7%	3分,10%	3分,10%
植物类群	1分,3%	0分	0分
植物细胞代谢	0分	1分,3%	0分

从表中可以总结出，植物学考查的知识点主要集中在植物形态解剖部分，其中种子结构部分内容考查最多，约占 6.7%～13%；其次是花的结构部分内容，约占 6.7%～10%；植物细胞结构部分内容约占 3%～6.7%。

在考查植物细胞结构内容时，中考一般结合显微镜实验操作中容易出现的错误操作，以多选题的形式考查显微镜的使用方法，以综合简答题的形式把临时装片和显微镜的使用及细胞结构结合起来考查。这就要求中学生物老师在教学过程中，要加强显微镜实验的操作，教授本部分内容时可以设计成以学生亲自动手实践为主的实践课。并且通过本节内容的学习，学生可以对细胞的形态和结构有直观的认识，同时也培养学生的动手能力和合作的精神。

种子结构、种子萌发内容在中考中常结合探究活动实验以简答题的形式考查种子萌发的条件，以填图的形式考查种子的结构与果实和种子的形成。其中种子萌发的环境条件、果实和种子的形成是中考的重点。教材中“种子的萌发”的学习是通过让学生开展探究活动进行的，教材中设置了“种子萌发的环境条件”“测定种子的发芽率”两个探究活动，让学生学习影响种子萌发的环境条件和自身条件、种子萌发的过程等知识。教师在组织学生开展探究活动时，可以以中考真题为例考查学生学习状况。

在历年中考中，植物分类部分主要考查被子植物和裸子植物的主要特征，而植物的代谢过程（光合作用、呼吸作用、蒸腾作用、运输作用）考点相对较少，只要求学生进行了解，掌握基本知识。

通过对植物学在初中生物中的内容解析，可以看出在初中生物中主要学习的是经典的植物学内容，也就是狭义的植物学知识，包括植物细胞、组织、生殖器官（花、果实、种子）的形态和结构以及植物界的基本类群和分类的学习，同时还了解植物的代谢过程。中考生物中主要考查植物细胞结构、种子的结构与萌发过程及种子植物的主要特征、生活史。

第二节　高中生物教材中植物学内容解析

一、高中生物中涉及的植物学相关知识

高中生物中的植物学知识主要集中在必修一分子与细胞、必修三稳态与环境、选修一生物技术实践活动、选修二现代生物科技专题活动中。涉及的植物学知识主要包括植物细胞器、植物代谢、有丝分裂、植物激素、植物的组织培养技术、植物有效成分的提取、细胞工程[11-14]。

二、植物学在高考中所占比例及考查内容

通过参考《5 年高考 3 年模拟高中生物》、历年高考生物真题试卷和人教版高中生物教材及教师用书[15]，并结合重庆、北京、浙江三地的高考生物真题，归纳总结出高中生物中涉及植物学相关知识及所占比例，见表 1-2、表 1-3、表 1-4。

表 1-2　植物学在重庆高考生物中的分值比例

主要考点	2013 年分值，比例	2014 年分值，比例	2015 年分值，比例
植物细胞器	0 分	2 分，2.2%	0 分
植物代谢	6 分，6.6%	8 分，8.8%	6 分，6.6%
植物细胞有丝分裂	0 分	2 分，2.2%	0 分
植物激素调节	0 分	0 分	6 分，6.6%
植物组织培养	6 分，6.6%	0 分	0 分

表 1-3　植物学在北京高考生物中的分值比例

主要考点	2013 年分值，比例	2014 年分值，比例	2015 年分值，比例
植物细胞器	0 分	0 分	2 分，2.5%
植物代谢	6 分，7.5%	2 分，2.5%	10 分，12.5%
植物细胞有丝分裂	0 分	0 分	0 分
植物激素调节	0 分	10 分，12.5%	2 分，2.5%

表 1-4　植物学在浙江高考生物中的分值比例

主要考点	2013 年分值，比例	2014 年分值，比例	2015 年分值，比例
植物细胞器	0 分	2 分，2.5%	0 分
植物代谢	12 分，15%	12 分，15%	10 分，12.5%
植物细胞有丝分裂	6 分，7.5%	0 分	6 分
植物激素调节	6 分，7.5%	10 分，12.5%	6 分，2.5%

从表 1-2、表 1-3、表 1-4 中可以总结出，在历年高考中重庆、北京和浙江对植物学的考查内容分布和内容比例大体相同，主要侧重于考查植物代谢与植物激素调节相关知识点，植物代谢部分内容在高考生物中约占 6.6%～15%，植物激素调节在历年生物高考中约占 2.5%～12.5%。

植物代谢部分主要综合考查光合作用、呼吸作用、蒸腾作用、运输作用的知识，难度较大。其中光合作用考查比例最大，主要考查 4 种光合色素的特点和功能，光反应阶段、暗反应阶段过程；叶绿体色素提取和分离实验操作内容也是考点。如 2015 年重庆高考生物就以选择题的形式考查了在不同光照强度下，植物细胞内外 CO_2 和 O_2 浓度短时间内发生的相应变化；2013 年浙江高考生物以综合题的形式考查了光合作用光反应和暗反应阶段以及蒸腾作用的相关知识；2014 年北京高考生物以选择题的形式考查了叶绿体色素提取和分离的实验操作内容。

植物激素调节在历年高考中约占 2.5%～12.5%，主要从生长素的产生、运输和分布，生长素的生理作用两方面考查，考查学生对生长素的生理作用及其作用特点的理解水平和应用能力。如 2013 年浙江高考生物第 5 题就考查了生长素对植物生长的促进作用；2015 年重庆高考生物第 2 题考查了植物的多种激素在生活生产中的应用、生长素对植物生长的两重性相关知识点；2014 年北京高考生物第 29 题考查了植物的弯曲生长及顶端优势原理、生长素对植物生长的双重性相关知识点。

选修部分植物学主要分布在选修一中的专题 3 植物的组织培养技术，专题 6 植物有效成分的提取；选修二中的专题 2 细胞工程。在这三个专题中植物组织培养技术比较重要，如 2013 年重庆高考生物第 5 题就考查了植物组织培养中脱分化和再分化的知识点。

通过对植物学在高中生物中的内容解析，不难看出植物学在高中生物中既涉及了狭义的植物学也有广义的植物学。如植物细胞器、植物细胞有丝分裂、植物的代谢过程、植物激素调节等，同时还了解了植物组织培养、细胞工程、植物有效成分的提取。高考生物主要考查光合作用、呼吸作用、植物的激素调节等广义植物学的相关知识。

第三节　植物学内容在师范院校生物学专业中课程设置比较分析

植物学是国内高等师范院校针对生物科学师范专业开设的一门专业基础课，主要有植物生物学或植物学。其中北京师范大学、陕西师范大学、西北师范大学等开设的是植物生物学；华东师范大学、华中师范大学、华南师范大学、云南师范大学、长江师范学院等开设的是植物学。本节主要对北京师范大学、陕西师范大学开设的植物生物学，华东师范大学、长江师范学院开设的植物学的课程设置进行比较分析。

一、北京师范大学、陕西师范大学植物生物学课程设置

北京师范大学开设的植物生物学课程属于专业必修课，共设置了 163 课时，其中理论课 64 课时、实验课 99 课时，另外安排野外实习 2 周。

表 1-5　北京师范大学植物生物学教学内容和学时分配

章次	内容	理论课课时	实验课课时
绪论		1	3
第一章	植物细胞和组织	5	9
第二章	植物体的形态结构和发育	8	12
第三章	植物的水分生理和矿质营养	6	15
第四章	光合作用	8	9
第五章	植物的繁殖	8	9
第六章	植物的生长发育及其调控	6	9
第七章	生物多样性和植物的分类及命名	1	0
第八章	原核藻类植物	1	3
第九章	真核藻类植物	2	3
第十章	苔藓植物	2	3
第十一章	蕨类植物	2	3
第十二章	裸子植物	2	3
第十三章	被子植物	8	12

续表

章次	内容	理论课课时	实验课课时
第十四章	植物的进化和系统发育	2	3
第十五章	菌类、真类和地衣	1.5	3
第十六章	植物与环境	0.5	0
总计课时		64	99

陕西师范大学开设的植物生物学课程属于专业必修课程，共设置了90课时，其中理论课54课时、实验课36课时，另外安排野外实习2周。

表1-6　陕西师范大学植物生物学教学内容和学时分配

章次	内容	理论课课时	实验课课时
绪论		2	0
第一章	植物细胞和组织	6	3
第二章	植物体的形态结构和发育	8	9
第三章	植物繁殖器官的发育、结构和功能	8	9
第四章	植物的生长发育及其调控	2	0
第五章	植物的水分代谢	2	0
第六章	植物的光合作用	2	0
第七章	植物多样性	20	15
第八章	植物的进化和系统发育	2	0
第九章	植物与环境	2	0
总计课时		54	36

从表1-5和表1-6可以看出植物生物学学习狭义的植物学和广义的植物学。主要介绍植物的细胞、形态结构、光合作用、生长发育及其调控、水分和营养物质的代谢、生态、植物多样性和植物的主要类群，以及植物的系统进化等内容。在内容和体系的编排上突破了传统植物学（形态解剖、系统和分类）的教学体系，打破了植物学与植物生理学分离的课程体系，教学内容更加综合，并注重了各分支学科之间的交叉渗透。

二、北京师范大学、陕西师范大学植物生物学课时分配、实验体系建设比较分析

虽然北京师范大学和陕西师范大学开设的植物生物学在课程内容上大体相同，但在具体课时分配上，两所院校不尽相同。如北京师范大学共设置了160课时，理论课与实验课的课时比为1∶1.5，陕西师范大学共设置了90课时，理论课与实验课的课时比为1.5∶1。可以表明北京师范大学在课程设置上更加重视植物生物学的学习，同时在教学内容组织安排上注重理论联系实践，特别注重实验教学，有利于提高学生基本实验观察和操作能力，同时也更有利于对理论知识的掌握。北京师范大学在课程设置上减少了理论课学时数，保证实验课和实习课学时数，这是值得被借鉴的。

在教学内容的重点上，两所院校也不尽相同。北京师范大学理论课时主要分配在“植物体的形态结构和发育”“光合作用”“植物的繁殖”“植物的生长发育及其调控”等章节，更侧重于学习广义的植物学知识，同时与经典植物学相结合学习，学生可以更好地理解植物生长发育过程。陕西师范大学开设的植物生物学主要侧重于对经典植物学的学习，在“植物光合作用”“植物的生长发育及其调控”等植物新陈代谢章节只安排了理论课时，其实验课有可能开设在植物生理学课程中。学生学习了植物根、茎、叶、开花结果等内容后，再学习植物新陈代谢内容，知识体系更加连贯，学习经典植物学时就不会感觉太枯燥，大大提高了学习效率，可以说，对植物新陈代谢内容的学习、经典植物学的学习起到了很大的辅助作用。但陕西师范大学开设的植物生物学课程在课时分配上不是很具体，“植物多样性”作为单独一章来教学，课时分配比较多，共设置了 20 个理论课课时。而“植物多样性”主要包括植物分类、苔藓植物、蕨类植物、被子植物、裸子植物等内容，应该分为几章来学习，应设置每章的课时分配，这样在教学中可以更加清楚哪些章节可以详讲，哪些章节可以略讲，提高学习效率。

三、华东师范大学、长江师范学院植物学课程设置

华东师范大学植物学为专业必修基础课，共设置了 109 课时，其中理论课 55 课时、实验课 54 课时，野外实习为 8 天（表 1-7）。本课程的目的是使学生在学习植物学后，认识植物的细胞、组织、器官的形态特征以及功能，掌握营养器官和繁殖器官形态解剖的基本知识、技能和技巧，熟练地运用分类学的原则、原理识别和鉴别植物。

表 1-7　华东师范大学植物学教学内容和学时分配

章次	内容	理论课课时	实验课课时
绪论		1	0
第一章	植物细胞和组织	2	7
第二章	种子植物的营养器官	9	12
第三章	种子植物的繁殖器官	6	11
第四章	藻类植物	6	3
第五章	菌类	2.5	2
第六章	地衣	1.5	1
第七章	苔藓植物	3	3
第八章	蕨类植物	3	3
第九章	植物的系统发育	3	0
第十章	裸子植物	3	3
第十一章	被子植物	12	9
第十二章	植物对环境的适应	3	0
总计课时		55	54

长江师范学院开设的植物学课程是专业必修基础课，共设置了 110 课时，其中理论课 68 课时、实验课 42 课时，野外实习为 7 天（表 1-8）。

表 1-8　长江师范学院植物学教学内容和学时分配

章次	内容	理论课课时	实验课课时
绪论		2	0
第一章	植物细胞	3	6
第二章	植物组织	3	3
第三章	种子植物的营养器官	16	9
第四章	种子植物的繁殖器官	12	6
第五章	植物类群及分类	12	12
第六章	被子植物分群概述	18	6
第七章	植物起源与系统演化	2	0
总计课时		68	42

从表 1-7 和表 1-8 可知，华东师范大学和长江师范学院开设的植物学课程在教学内容上大体相同，植物学课程进一步强化了植物形态结构、植物类群和分类等经典植物学的内容，主要是对植物细胞、组织、营养器官（根、茎、叶）和生殖器官（花、果实、种子）的形态和结构以及植物界基本类群和分类的学习。

四、华东师范大学、长江师范学院植物学课时分配、实验体系建设比较分析

虽然华东师范大学和长江师范学院开设的植物学课程在教学内容上大体一致，但在课程内容结构安排上两所师范院校不尽相同。华东师范大学开设的植物学课程在内容结构安排上是比较合理的。第一部分为细胞，让学生对植物细胞有了全面的了解，然后分别介绍了种子植物的营养器官（根、茎、叶）、种子植物的繁殖器官（花、果实、种子），由浅到深介绍教学内容，学生更容易掌握学习的内容。第二部分先简单介绍藻类植物、菌类、地衣的主要特征，让学生对植物类群有了大体的了解；然后介绍种类最多的被子植物，并作为教学重点，学生可以更好地把握教学重难点，有方向地学习教学内容。长江师范学院开设的植物学课程在内容结构上比较简明扼要，条理清晰。但是在“植物类群及分类”“被子植物分群概述”章节课程设置比较笼统，学生在学习过程中很难找到重难点，建议可以把这两个章节进行更细致的学时分配。

华东师范大学开设的植物学实验课与理论课的课时比为 1∶1，重点培养了学生的观察能力及动手能力。长江师范学院开设的植物学实验课与理论课课时比约为 1∶1.5，实验课时开设较少，可以适当地增加实验课时，提高学生基本实验观察和操作能力，同时也更有利于学生对理论知识的掌握。

通过对高等师范院校植物学课程设置的分析，不难看出高等师范院校开设的植物学课程在教学内容上与初高中生物教材具有较高的适合度。北京师范大学、陕西师范大学开设的植物生物学教学内容比较适应初、高中生物教学；华东师范大学、长江师范学院开设的植物学教学内容更加适应初中生物教学。

但少数高等师范院校在植物学的课程设置中还是存在一些问题，首先课时分配不具体。陕西师范大学在“植物多样性”章节共分配了 35 课时（理论课 20 课时，实验课 15 课时）

约占总课时的39%，而“植物多样性”主要包括植物分类、苔藓植物、蕨类植物、被子植物、裸子植物等内容，应该分为几章来学习，并设置每章的课时分配，这样在教学中可以更加清楚哪些章节可以详讲，哪些章节可以略讲，提高学习效率。

其次是实验课时设置偏少，中学生物实验教学中越来越注重科学素养、动手能力和创新意识的培养，开展了验证性、探究性、实践性三种实验形式，体现了学生学习的主动性，这就要求高等师范院校应首先建立符合植物学课程发展的新的实验课程体系。而陕西师范大学开设的植物生物学课程在课时分配上理论课与实验课的课时比为1.5∶1，长江师范学院开设的植物学理论课与实验课课时比也为1.5∶1，总体上实验课设置偏少，不能与中学生物实验教学相适应。高等师范院校可以在课程设置上减少理论课学时数，保证实验课和野外实习课学时数，提高学生基本实验观察和操作能力以及对理论知识的掌握。而陕西师范大学、长江师范学院开设的植物学课程主要学习的是经典植物学，在实验设置方面可以加强植物细胞、组织、种子结构等内容的学习。

第四节　结论与建议

通过植物学在中考高考中的占分比例以及对植物学在中学生物中的内容进行解析，可以看出植物学是中学生物中极其重要的学习内容。通过对师范院校植物学课程设置分析，结合国内主要的不同生态位高等师范院校生物学专业植物学课程设置特点和存在的问题，现提出如下建议，以期进一步规范植物学的课程体系的建设，以适应中学生物对生物科学专业人才的需要。

一、结论

植物学知识定位主要涉及两个方面。一是环境因素，包括学校所处的社会政治环境、文化环境、经济环境、地理环境的影响。二是学校本身办学的条件、水平和能力因素，包括生源素质、师资力量、办学设备设施等。定位一定要坚持一切从实际出发的原则，切合实际，切忌好高骛远、盲目攀比。培养学生掌握生物科学基本理论、基本知识及实验技能，获得生物科学研究的初步训练。

生物科学作为理科专业，实验技能是专业知识的重要组成部分。如今中学在植物学课程教学方面取得了很好的成效，但在实验课程教学体系方面探讨较少。比如，实验课程体系目标不够明确，教学课时较少，验证性的实验教学内容较多，探究性实验较少，研究性实验开设不足，等。然而中学生物实验教学中越来越注重科学素养、动手能力和创新意识的培养，开展了验证性、探究性、实践性三种实验形式，体现了学生学习的主动性，这就要求教师应首先建立符合植物学课程发展的新的实验课程体系。实验课程的设置要针对不同的人才培养层次、规格，从形式、内容和选择方式上满足自主学习培养模式的需要，分别设置主修实验、辅修实验，同时根据实验教学自身特点，建立基本操作训练、综合技能训练和研究创新意识及能力培养三个层次的实验教学课程体系。为了给学生自由学习的空间，除了设置大量的必修实验课程外，还应有相当一部分的选修实验课程，以满足不同层次学生的需求。

二、建议

加强课外学习实践环节尤其是切实提高学习的成效，有助于学生对理论和实践的进一步整合。针对目前存在的问题可以从以下几点入手。第一，加强课外实践，培养学生基本技能。第二，改进课外实践的教学内容。实习内容除了主要安排进行植物形态解剖观察、植物标本采集和制作、检索表的编制和工具书的使用，以及主要植物物种的识别和分类鉴定等传统教学内容外[16]，还应进行相应的拓展，鼓励学生运用所学知识进行相关科学研究。可以采用小组为单位，运用所学的知识和集体智慧开展相关探索性的小专题研究工作。在教师的指导和协助下，各小组独立尝试开展研究活动。第三，改革课外实践的考核方式。可以从认植物、制作标本、编写 5～10 种植物的检索表、写实习报告、学生野外实习展览的参与情况、遵守纪律情况、吃苦耐劳与合作精神等多方面进行植物学野外实习考核[17]。通过多方面的考核，学生们不仅增加了对植物多样性的认识，巩固了植物学理论知识，学会了标本制作方法，还培养了科研能力和创新能力，锻炼培养了吃苦耐劳与团结合作精神。

参考文献

[1] 纪秀娥，刘怀攀．植物学教学改革的探索与实践［J］．周口师范学院学报，2006. 23（2）：86.

[2] 周云龙．植物生物学［M］．北京：高等教育出版社，2003. 7.

[3] 强胜．植物学［M］．北京：高等教育出版社，2006. 3.

[4] 马英姿，陈智勇．高校植物学教学改革——理论与实践教学一体化［J］．湖南科技学院学报，2007，28（12）：42-44.

[5] 中国教育委员会．九年义务教育全日制初级中学生物教学大纲（试用）［M］. 2012.

[6] 于萍．探讨如何加强高中生物基础知识教学［J］．考试周刊，2015，67：141.

[7] 张万海．加快高等师范教育改革为基础教育培养新型师资［J］．哈尔滨学院学报，2001，22（4）：50.

[8] 朱正威，赵占良．生物学义务教育教科书七年级上册［M］．北京：人民教育出版社，2001. 6.

[9] 曲一线．5 年中考 3 年模拟初中生物［M］．北京：教育科学出版社，2014. 6.

[10] 朱正武，赵占良．义务教育教科书生物学七年级上册教师教学用书［M］．北京：人民教育出版社，2001. 7.

[11] 朱正威，赵占良．普通高中课程标准实验教科书生物必修一・分子与细胞［M］．北京：人民教育出版社，2007. 2.

[12] 朱正威，赵占良．普通高中课程标准实验教科书生物必修三・稳态与环境［M］．北京：人民教育出版社，2007. 1.

[13] 朱正威，赵占良．普通高中课程标准实验教科书生物选修一・生物技术实践［M］．北京：人民教育出版社，2007. 1.

[14] 朱正威，赵占良．普通高中课程标准实验教科书生物选修三・现代生物科技专题［M］．北京：人民教育出版社，2007. 1.

[15] 曲一线．5 年高考 3 年模拟高中生物［M］．北京：教育科学出版社，2010. 2.

[16] 张海军，张淑兰，许龙，等．生物科学专业野外实习教学模式体系构建［J］．实验技术与管理，2010，27（12）：188-189.

[17] 陈模舜，李钧敏．植物学野外实习教学改革实践与探讨［J］．生物学杂志，2003，20（3）：46.

第二章

动物学内容在生物教材中的内容解析

动物学是研究动物的种类组成、形态结构、生活习性、繁殖、发育与遗传、分布移动、历史发展和其他相关的生命活动的特性和规律的生物学分支学科[1-3]。可以按照动物的形态、动物的分类、动物的生理、动物的胚胎、动物的地理、动物的遗传等不同的研究内容进行分类；也可以凭借原生动物、无脊椎动物和脊椎动物等不同的研究对象进行分类。动物学是一门内容非常广博的基础学科，与生物科学、医学、兽医学、农业、畜牧业以及人类生产和环境保护都联系密切[4]，也是生物科学专业、动物医学专业、动物科学专业等的基础课程。

亚里士多德最先开始对动物研究，被誉为动物之父。17 世纪动物学因显微镜的创造得到了发展，后来 DNA 双螺旋结构模型的提出推动着动物科学朝着分子水平的方向发展。我国先民在原始社会开始养蚕，从远古到明朝，生物科学知识不断发展。明朝以后，我国动物学的发展变得极为迟缓且落后于其他国家。现代动物学的研究于 20 世纪初开始，发展到 80 年代其研究水平已经达到了一个崭新的高度。目前我国现代动物科学在很多方面都取得了很大的成绩，也正朝着前所未有的难度、深度和高层次的研究发展。

生物学是关于人类本身发展的科学，中学生物学教学具有大量生物知识的传递功能[5]，生物类师范生的培育就要以普及生物知识、推广生物教学方法为目的[6]。培养一个合格的生物教师要经过必修阶段——专业学习。在专业学习过程中，高等师范院校生物科学专业开设的课程包含人文和社会科学、体育、计算机与信息技术、外国语、数学、动物学、植物学、微生物学、细胞生物学、遗传学、分子生物学、人体解剖生理学、发育生物学、生态学等，动物学属于生物科学专业知识体系中的专业基础知识部分。

生物学是基础教育中学阶段重要的科学课程，不仅在基础教育中具有必修课程的性质，而且在科学教育中也占有重要地位。中学生物学课程分为两大类：初中生物和高中生物。我国统一规定了以提高学生生物学素养为主要宗旨的必修课程——初中生物学课程。20 世纪 90 年代初，初中阶段的生物淡化了学科内的再分科即在生物学科体系下再分为“植物”“动物”“人体生理卫生”，而是对其进行适当删减并加入遗传、生态学的内容。高中阶段的生物学课程在义务教育的基础上，顺应了学生身心发展特点并满足了学生人生规划和终生成长的需求，是以进一步提高学生生物科学素养为主要目的的一门科学学科。包含必修和选修两部分内容：必修内容是在初中生物的基础上对生物学核心知识的展开和延伸，就是为了更进一步提高全体高中生共同的生物科学素养；选修内容是学生依据自己的爱好和志向选取学习内容，这将会为学生未来的学习和就业提供方向。

目前国内外对与动物学在中学生物中的内容解析相关的研究鲜有报道，笔者试图通过这项非常有意义的工作，根据师范院校生物科学专业动物学的学科知识体系，解析动物学在中学生物中的内容。一是可以帮助我们很好地把握动物学知识在中学教材中分布的特点；二是通过分析比较不同版本的中学教材，掌握各版本教材编排的特点以及异同点；三是通过分析2012—2016年的中考、高考试卷，了解动物学各个知识点在中考、高考试卷中的占分比例以及题型，老师有针对性地、有重难点地进行教学，并分析其与中学教学的适合度，同时对生物科学专业师范生的动物学内容教学提出一些建议；四是对提升我们自身的水平比如教材分析能力、教育研究水平，以及今后在从事教育行业所需的自身的业务水平和科研水平的提高都具有重要的现实意义。梳理高等师范院校生物科学专业动物学学科知识体系，解析人教版、苏教版和北师大版三个版本的中学生物教材中的动物学内容，找到其与动物学学科知识体系的联系、动物学内容在中学生物中的分布特点和三个版本教材的编排特点。统计分析2012—2016年中考生物真题中考查的动物学内容及其占比和题型，从而了解中考中对该学科的考查重点。据此对生物科学师范生培养，师范生学习该学科知识以及中学生物教师如何对该学科知识进行教学提出建议。统计三个版本中学生物教材中与动物学内容有关的知识单元、知识点及其对应位置，并与动物学学科知识体系进行比较分析，从而了解动物学内容在中学生物中的分布特点和三个版本教材的编排特点。利用2012—2016年中考题和三年高考真题分析动物学内容的考查情况，从而了解动物学在中学生物中的考查重点。从中学生物教材以及中考高考真题中归纳总结出动物学内容在中学生物中的特点，得出结论。

第一节 初中生物教材中动物学内容解析

生物教材是在学科范畴内系统编写的教材，其编写应体现生物理念、课程标准、课程目标，并符合国家的思想教育政策。不仅要支持老师开展许许多多的教学活动，而且要引领学生去实现课程的各种目标。第8次课程改革后，我国陆续出版了多种不同版本的生物教材，包括人民教育出版社出版的生物教材（简称“人教版”），江苏教育出版社出版的生物教材（简称“苏教版”），北京师范大学出版社出版的生物教材（简称“北师大版”），河北少年儿童出版社出版的生物教材（简称“河北少儿版”）。

本章选择人教版[7-13]、苏教版[14-20]、北师大版[21-27]的生物课本进行内容解析，三版教材都是在教育部基础教育课程改革纲要指导下，以《全日制义务教育课程标准》（简称新《课标》）为根据编排，充分地体现了生物学课程改革的根本精神和指导思想。在知识编排上主要落实新《课标》提倡的课程理念——“面向全体学生”和“提高生物科学素养”，这种知识系统不仅包含知识和技能、过程和方法、态度和价值观，而且还把生物学知识与现代科学技术和社会关联起来，体现出科学精神与人文精神的联合。

我国初中生物教材，八年级上主要从生物群体的生物多样性、生物群体特征、动物与人类生活的关系三个方面进行了介绍，八年级下主要介绍了昆虫、两栖动物、鸟类三种动物类群的繁殖与发育[28]。刘安君[29]对动物学在初中生物中的内容解析表明：整个初中生物教材动物部分理论方面以系统发育为主线，实验方法为实验观察、标本采集和制作。

一、不同版本初中生物教材中的动物学内容分析

参考生物科学专业动物学的学科知识体系，统计出初中生物人教版、北师大版和苏教版三版教材中的动物学内容的知识单元、知识单元中的知识点和位置（表 2-1）。

表 2-1 人教版、苏教版及北师大版初中生物教材中动物学知识单元和知识点统计

项目	人教版	苏教版	北师大版
知识单元	细胞是生命活动的基本单位	细胞是生命活动的基本单位	细胞
知识点	动物细胞	动物细胞的结构	细胞的基本结构
位置	七年级上册 第二单元第一章 第三节	七年级上册 第二单元第三章 第二节	七年级上册 第二单元第三章 第一节
知识单元	细胞怎么构成生物体	生物体的组成	生物体的结构层次
知识点	动物体的结构层次	多细胞生物体的组成	细胞分化形成组织； 生物体的器官、系统
位置	七年级上册 第二单元第二章 第二节	七年级上册 第二单元第四章 第二节	七年级上册 第二单元第四章 第一节、第二节
知识单元	动物的主要类群	丰富多彩的生物世界	物种的多样性
知识点	腔肠动物和扁形动物； 线形动物和环节动物； 软体动物和节肢动物； 鱼；两栖动物和爬行动物； 鸟；哺乳动物	千姿百态的动物世界	动物的主要类群
位置	八年级上册 第五单元第一章 第一、二、三、四、五、六、七节	八年级上册 第五单元第十四章 第二节	八年级下册 第七单元第二十二章 第四节
知识单元	动物的运动和行为	动物的运动	动物的运动
知识点	动物的运动	动物运动的形式； 动物的运动依赖于一定的结构	动物运动的方式； 动物运动的形成
位置	八年级上册 第五单元第二章 第一节	八年级上册 第六单元第十七章 第一节、第二节	八年级上册 第五单元第十五章 第一节、第二节

续表

项目	人教版	苏教版	北师大版
知识单元	根据生物的特征进行分类	丰富多彩的生物世界	物种的多样性
知识点	尝试对生物进行分类；从种到界	生物的分类	生物的分类
位置	八年级上册 第六单元第一章 第一节、第二节	八年级上册 第五单元第十四章 第四节	八年级下册 第七单元第二十二章 第一节

从表2-1可以看出：动物学内容在初中生物人教版、苏教版、北师大版教材中都主要分为“动物细胞的基本结构”“动物体的结构层次”“动物的主要类群”“动物的运动”“动物的分类”。参考学科知识体系，“动物细胞的基本结构”“动物体的结构层次”属于核心知识单元中的“动物体基本结构”；“动物的主要类群”属于核心知识单元中的“无脊椎动物”和“脊椎动物”；“动物的运动”对应于非核心知识单元“无脊椎动物类群及资源价值”和“脊椎动物类群及资源价值”；但“动物的分类”没有在动物学学科知识体系中涉及。而学科知识体系中的“脊索动物门”单元中的两个核心知识点即“尾索动物亚门（海鞘类）”“头索动物亚门（文昌鱼）”，和一些非核心知识点比如“海绵动物主要类群及其差别”“华丽新小杆线虫（秀丽线虫）”“昆虫分类”“触手冠动物”“渔业资源”都没有在中学生物中提及。

三个版本中动物学的内容相差不大，但在课程编排方面体现出差异性。其中“动物细胞的基本结构”和“动物体的结构层次”、“动物的运动”编排在七年级上册和八年级上册，“动物的主要类群”和“动物的分类”在人教版和苏教版中编排在八年级上册，北师大版中编排在八年级下册。在编排上也体现出连贯性和系统性：人教版和苏教版的中学生物教材中“动物细胞的基本结构”都是安排在“植物细胞的结构”后面学习的，北师大版也是先安排“植物细胞的基本结构”，然后安排“动物细胞的基本结构”，这是基于“动物细胞的基本结构”与“植物细胞的结构”存在相同的结构即都有“细胞膜”“细胞核”“细胞质”；在人教版教材中“动物体的结构层次”是“植物体的结构层次”的基石，苏教版首先安排“植物体的结构层次”然后安排“动物体的结构层次”，北师大版与前两版教材安排存在差异，分别在组织、器官和系统水平相比，这是基于动物体和植物体的结构基本上是相同的。

人教版教材先安排“动物的主要类群”和“动物的运动”再安排“动物的分类”，这是由“生物圈中的人”（处于七年级下册）引出七年级下册中“生物圈中的其他生物包括动物、微生物和病毒”的学习，在这里涉及的动物学知识即“动物的主要类群”和“动物的运动”，学习了生物圈中的所有生物后然后学习保护生物，在这里先对生物进行分类即“动物的分类”。苏教版生物教材先安排“动物的主要类群”然后安排“生物的分类”最后安排“动物的运动”，和人教版一样也是在学习了“生物圈的人”之后进入了“生物圈其他生物包括植物、动物和微生物”的学习，紧接着总结性地进入了“动物的分类”，“动物的运动”是单列一个单元“动物的运动和行为”。北师大版先安排“动物的运动”然后安排“生物的分类”最后安排“动物的主要类群”，与前两版的分布大有不同并涉及八年级上、下册两册书，“动物的运动”在八年级上册最前面就出现，八年级上册后半部分谈生命通过生殖发育和遗传变异进行延续，引出生命如何演化（位于八年级下册）：从生命发生发展到物种多样，进入物种的多样性的学习，先是对生物进行分类即“生物的分类”，接下来按照原生动物-植物-动物的顺序进入“动物的主要类群”。

二、不同地区中考生物中的动物学考查内容分析

根据《5年中考3年模拟初中生物》、《生物学义务教育教科书》、《普通高中课程标准教科书》及2012—2016年福建省福州市、湖北省孝感市和江苏省连云港市的中考试卷，归纳出初中生物教材中的动物学知识在中考生物中的考查情况。

福建省福州市2012—2016年中考生物卷满分为100分，考试时间为60分钟。题型包括单项选择题和非选择题，非选择题型又包括连线题、探究题、填空题。其中每道单选分值为2分，非选择题中的每个空为1分。2012—2016年1～25题为单选，2012—2013年26～35题为非选择题，2014—2016年26～33题为多选题。通过分析这5年试卷，得出福建省福州市动物学知识在中考中的考查情况（表2-2）。

表2-2 福建省福州市2012—2016年中考生物卷中动物学内容考查情况

年份	内容	分数/分	占比/%	题型
2012年	动物的主要类群	6	6	单选、连线
	动物的分类	2	2	单选
2013年	动物体的结构层次	2	2	单选
	动物的主要类群	6	6	单选、填空
	动物的运动	1	1	填空
2014年	动物的主要类群	9	9	单选、填空
	动物的运动	2	2	填空
	动物的分类	1	1	填空
2015年	动物体的结构层次	4	4	单选
	动物的主要类群	6	6	填空
	动物的运动	1	1	填空
2016年	动物的主要类群	7	7	单选、填空
	动物的运动	3	3	单选、填空

从表2-2可以看出2012—2016年福建省福州市生物中考中动物学内容的考查情况为：“动物的主要类群”在考查的四个知识点中占比最重，其占比在2014年高达9%，每年都有考查，考查题型表现多样，包括单选题、连线题和填空题，是重点掌握知识点；“动物体的结构层次”“动物的运动”“动物的分类”考查2～3次，占比较低，在2%左右，为一般考查知识点；“动物细胞的基本结构”在近5年都未考查。

湖北省孝感市2012—2016年中考生物卷满分为30分。2012年共有13道单项选择题，1～9题每题2分，10～13题每题3分。2013—2016年的试卷1～10题为单项选择题，每题2分，最后有一道10分的非选择题。通过分析这5年试卷，得出湖北省孝感市动物学知识在中考中的考查情况（表2-3）。

表 2-3 湖北省孝感市 2012—2016 年中考生物卷中动物学内容考查情况

年份	内容	分数/分	占比/%	题型
2012 年	动物体的结构层次	2	6.7	单选
	动物的主要类群	3	10	单选
2013 年	动物的主要类群	2	6.7	单选
	动物的运动	2	6.7	单选
2014 年	动物的主要类群	2	6.7	单选
2015 年	动物的运动	2	6.7	单选
2016 年	动物体的结构层次	2	6.7	单选
	动物的主要类群	2	6.7	单选

根据表 2-3 可以得出 2012—2016 年湖北省孝感市在中考生物中动物学内容的考查情况为："动物的主要类群"除了 2015 年未考查外其他年份都有涉及且占很大比例，占比在 2012 年高达 10%，是重点考查知识点；"动物体的结构层次"和"动物的运动"在这 5 年中有两年考查，其占比 6.7%接近于"动物的主要类群"的占分比例，因此这两个动物学知识点在孝感市属于重点考查内容；"动物细胞的基本结构"和"动物的分类"在 2012—2016 年都未考查。湖北省孝感市所涉及的动物学内容的考查方式都是单选。

江苏省连云港市这 5 年中考生物卷满分为 30 分。2012—2016 年 1～15 题为单选题，每题 1 分；16～19 题为综合题，共 15 分。通过分析这 5 张试卷，得出江苏省连云港市动物学知识在中考中的考查情况（表 2-4）。

表 2-4 江苏省连云港市 2012—2016 年中考生物卷中动物学内容考查情况

年份	内容	分数/分	占比/%	题型
2012 年	动物细胞的结构层次	涉及该知识点，但不占分		
	动物的主要类群	1	3.3	单选
2013 年	动物体的结构层次	1	3.3	单选
	动物的主要类群	2.5	8.3	单选、填空
	动物的运动	0.5	1.7	单选
2014 年	动物细胞的基本结构	1	3.3	单选
	动物的主要类群	1	3.3	单选
2015 年	动物细胞的基本结构	2	6.7	单选、填空
	动物的主要类群	2.5	8.3	单选、填空
	动物的运动	0.5	1.7	单选
2016 年	动物的主要类群	1	3.3	单选

根据表 2-4 可以看出江苏省连云港市 2012—2016 年动物学的内容考查情况为："动物的主要类群"在这 5 年都有考查且占比很大，占比最高达 8.3%，属重点考查内容，其题型包括单选和填空；"动物细胞的基本结构"在连云港市有 3 年都有涉及（这与在福州市和孝感市的考查情况明显不同），其中有 2 年占比较大，在 2014 年和 2015 年分别占比 3.3%和 6.7%，以单选和填空为题型进行考查，是重要掌握点；"动物体的结构层次"只在 2013 年以单选的形式考查，占比 3.3%；"动物的分类"在 2012—2016 年都未作考查。

分析三个地区中考生物中动物学内容的考查情况，可以看出：这5年中，“动物的主要类群”考频最高，在福州市、孝感市和连云港市共考查14次，有的占比高达10%，属于重点考查内容；“动物的运动”共考查8次，平均占比2%左右，属一般考查内容；“动物体的结构层次”共考查5次，最高的占比达6.7%，与“动物的运动”同属于一般考查内容；“动物细胞的基本结构”和“动物的分类”都只考查2次，在孝感市5年都未作考查，但前者在连云港市生物中考中涉及3次，最高占比达6.7%，因此“动物细胞的基本结构”在孝感市属于非重点知识，但在连云港市属重点考查内容。每个知识点在考查时可能单个考点在一道题中考查，可能与其他动物学内容一起考查，比如一道选择题中四个选项分别考查不同的动物学内容；又或者与其他学科知识点一起考查，比如“动物细胞的基本结构”经常与植物学内容“植物细胞的基本结构”一起对比考查。

第二节　高中生物教材中动物学内容解析

高中生物教材在对内容编订安排上把握基础性，表现先进性，而且维持在现行高中的知识水准，防止过深过难；知识内容以基本概念、原理和规律为重点，适量兼顾一些拓展性内容，模块一到模块三的内容互相联系[30]。

一、不同版本高中生物教材中的动物学内容分析

参考人教版、苏教版、北师大版高中生物教材分析得出以下结论。必修部分模块一分子与细胞讲细胞，包括生命活动离不开细胞，细胞的统一性和多样性，细胞的物质基础、结构基础和行使的功能，不同类型的细胞经过细胞分裂和分化形成生物体，在生物体的生命过程中也经历着衰老、凋亡和癌变。模块二遗传与进化讲基因，可以分解为遗传因子的发现过程，基因和染色体的关系，基因的本质和表达，基因突变和其他变异，杂交育种、基因工程和现代生物进化理论[30]。模块三稳态与环境讲环境，强调维持生态系统的各级平衡。模块一主要是分子生物学和细胞生物学的内容，模块二主要是遗传学的内容，模块三主要是生态学和生理学的内容。选修部分模块一生物技术实践包括传统发酵技术的应用、微生物的培养与应用、植物的组织培养技术、酶的研究与应用、DNA和蛋白质技术以及植物有效成分的提取，不涉及动物学内容。模块二生物科学与社会涉及的动物学相关内容有：动物的人工授精技术、试管家畜技术、胚胎分割技术、克隆哺乳动物技术、转基因动物的实例、生物防治、动物疫病的控制，但较少涉及动物学的具体知识。模块三现代生物科技专题涉及的动物学相关内容有动物细胞工程和胚胎工程，较少涉及动物学的具体知识。

高中生物中较少涉及动物学的具体知识，这与初中生物不同，主要因为不同阶段的生物学课程的总目标不同：初中生物要求学生获得生物学不同方面的基础知识，包括根本事实、概念、原理和规律等，明晰、关心并注意这些内容在生产、生活以及社会发展中的应用；高中生物要求学生获得生物科学和生物技术的基础知识，在学习过程中需要注意的内容与初中

保持一致。可以看出初中体现其基础性，要求培育合格的公民，提高基本的生物科学素养，高中要求提高生物科学素养，因此我们在初中学习动物学这门基础学科的较多知识，而在高中学习较少，但高中生物教材三个模块“分子与细胞”“遗传与进化”“稳态与环境”中涉及的很多生态学、细胞生物学、人体解剖生理学和动物生理学等学科知识都是以动物学知识为基础的。

二、不同地区高考生物中的动物学考查内容分析

依据《5 年高考 3 年模拟高中生物》、历年高考生物真题试卷和高中人教版、苏教版、北师大版生物教材学生用书和教师用书，可以看出许多考题都与动物有关，这些考题主要属于生态学、动物生理学、遗传学、细胞生物学、生物技术等学科，都是以“生物体”“动物”“特定的动物如兔子”出现，并不涉及生物科学专业动物学知识。

第三节　师范院校生物科学专业动物学的学科知识体系

在《辞海》中，体系被解释为若干有关事物相互联系而构成的整体，其基本特征在于它的关联性、全面性与整体性。根据体系的概念，知识体系可定义为：属于某一知识范畴的有关事物相互联系而构成的一个整体。而学科知识体系就是把零散的、分散的知识概念或观点加以整合，使之形成具有一定联系的知识系统，是某学科内部各层次所有知识元素及其相互联系的关系构成的整体[31]。

学科知识体系包括知识领域、知识单元和知识点三个层次。一个知识领域囊括很多个知识单元，一个知识单元又可以分解成许多个知识点。知识单元又可以分为核心知识单元和非核心知识单元两部分：核心知识单元是专业教学中必要的最基本知识单元[32]，其收用是最基本的共性教学规范；非核心知识单元是对核心知识单元的增补和增添。在对动物学知识建构时，要注意与生态学、遗传学、动物生理学、人体解剖生理学等学科知识区分开，并将知识体系按三个层次展开（表 2-5）。

从表 2-5 中可以看出，生物科学专业动物学知识主要分为：“动物体的基本结构”和“动物的多样性”，由 18 个核心知识点和 16 个非核心知识点构成，涉及 4 个核心知识单元和 2 个非核心知识单元。其中“动物体基本结构”、“无脊椎动物”、“脊索动物门”和“脊椎动物”这四个知识单元是生物科学专业动物学教学中必要的最基本知识单元，是学生要重点掌握的内容。无脊椎动物和脊椎动物类群及资源价值是对核心知识单元的补充。

表 2-5　生物科学专业动物学的学科知识体系

知识领域	核心知识单元	核心知识点	非核心知识单元	非核心知识点
动物体的结构与功能	动物体基本结构	脊椎动物细胞、组织、器官和系统		

续表

知识领域	核心知识单元	核心知识点	非核心知识单元	非核心知识点
生物多样性与进化	无脊椎动物	海绵动物门、腔肠动物门、扁形动物门、原腔动物门、环节动物门、软体动物门、节肢动物门、棘皮动物门	无脊椎动物类群及资源价值	海绵动物主要类群及其差别、腔肠动物主要类群代表常见物种及其特征差别、常见吸虫和猪带绦虫的生活史、吸虫、绦虫适应寄生生活的特征、假体腔动物类群、华丽新小杆线虫(秀丽线虫)、软体动物各纲的主要特征及常见种类、昆虫分类、昆虫的资源价值、触手冠动物
	脊索动物门	尾索动物亚门(海鞘类)、头索动物亚门(文昌鱼)、脊椎动物亚门		
	脊椎动物	圆口纲、鱼纲、两栖纲、爬行纲、鸟纲、哺乳纲	脊椎动物类群及资源价值	渔业资源、鱼纲的主要类群、两栖类主要类群与资源价值、爬行类主要类群与资源价值、鸟纲分类、哺乳纲主要类群

第四节 结论与建议

一、结论

梳理生物科学专业动物学知识体系，分析比较三个版本的初高中生物教材中的动物学内容以及根据 2012—2016 年中考高考真题得出动物学考查内容占分比例和考查题型，对动物学在中学生物中的内容进行解析。

（一）初中生物动物学内容体系

“动物细胞的基本结构”“动物体的结构层次”属于核心知识单元中的“动物体基本结构”；“动物的主要类群”属于核心知识单元中的“无脊椎动物”和“脊椎动物”；“动物的运动”对应于非核心知识单元“无脊椎动物类群及资源价值”和“脊椎动物类群及资源价值”；但“动物的分类”没有在动物学学科知识体系中涉及。

（二）动物学在生物教材中的特点

初中生物教材中的动物学内容差别不大，主要知识点为“动物细胞的基本结构”“动物体的结构层次”“动物的主要类群”“动物的运动”“动物的分类”。

动物学内容在编排上存在差异性：“动物细胞的基本结构”和“动物体的结构层次”、“动物的运动”编排在七年级上册和八年级上册，“动物的主要类群”和“动物的分类”在人教版和苏教版中编排在八年级上册，北师大版中编排在八年级下册。在编排上也体现出连贯性和系统性，比如北师大版先安排“植物细胞的基本结构”，然后安排“动物细胞的基本结构”，这是基于“动物细胞的基本结构”与“植物细胞的结构”存在相同的结构即都有“细胞膜”“细胞核”“细胞质”；北师大版生物教材中“动物的运动”在八年级上册最前面就出现，八年级上册后部分谈生命通过生殖发育和遗传变异进行延续，引出生命如何演化（位于八年级下册）：从生命发生发展到物种多样，进入物种的多样性的学习，先是对生物进行分类即“生物的分类”，接下来按照原生动物-植物-动物的顺序进入“动物的主要类群”。

另外，高中生物教材中较少涉及动物学的具体知识，但在三个模块“分子与细胞”“遗传与进化”“稳态与环境”中的很多内容如遗传学、生态学、人体解剖生理学等学科内容都是以动物学内容为基础的。

（三）动物学在生物中考高考中的考查特点

同一知识点在福州市、孝感市和连云港市生物中考中的考查不一：“动物的主要类群”在2012—2016年考频最高，在福州市、孝感市和连云港市共考查14次，有的占比高达10%，属于重点考查内容；“动物的运动”共考查8次，平均占比2%左右，属一般考查内容；“动物体的结构层次”共考查5次，最高的占比达6.7%，与“动物的运动”同属于一般考查内容；“动物细胞的基本结构”和“动物的分类”都只考查2次，在孝感市5年都未作考查，但前者在连云港市生物中考中涉及3次，最高占比达6.7%，因此“动物细胞的基本结构”在连云港市属重点考查内容。

高考中与动物学内容有关的考题主要属于生态学、动物生理学、遗传学、细胞生物学、生物技术等学科，都是以“生物体”“动物”“特定的动物如兔子”出现，很少涉及动物学的具体内容。

二、建议

由于高中生物教材和高考中较少涉及动物学内容，在此主要是对初中生物教师的教学提出建议，亦是通过对比分析初中生物教材和生物科学专业动物学学科知识体系对师范生培养和师范生学习提出建议。

（一）对生物科学专业师范生培养以及师范生学习动物学的建议

第一，初中生物教材动物学内容“动物细胞的基本结构”“动物体的结构层次”属于生物科学动物学学科知识体系核心知识单元中的“动物体基本结构”，“动物的主要类群”属于核心知识单元中的“无脊椎动物”和“脊椎动物”，因此在培养师范生时要加强对“动物体基本结构”、“无脊椎动物”和“脊椎动物”核心知识单元的学习。

第二，“动物的运动”对应于非核心知识单元“无脊椎动物类群及资源价值”和“脊椎动物类群及资源价值”，因此师范生在此也要注意与这里相关的非核心知识单元的学习。

第三，“动物的分类”没有在动物学学科知识体系中涉及，而学科知识体系中的“脊索动物门”单元中的两个核心知识点即“尾索动物亚门（海鞘类）”“头索动物亚门（文昌鱼）和一些非核心知识点比如“海绵动物主要类群及其差别”“华丽新小杆线虫（秀丽线虫）”“昆虫分类”“触手冠动物”“渔业资源”都没有在中学生物中提及。因此要将“动物的分类”

纳入师范生学习的范围内，对于在中学生物中不涉及的知识点可以减少关注。

（二）对初中生物教师如何对动物学内容进行教学的建议

第一，高中生物教材和高考中较少涉及动物学的具体知识，动物学知识主要在初中生物出现，而在初中生物教材中涉及的动物学知识在编排上都具有一定的规律。比如："动物细胞的基本结构"和"动物体的结构层次"在教材中的位置都分别与"植物细胞的基本结构"和"植物体的结构层次"相邻，这是基于两者有相同的结构同时又有细小的差别。因此在进行此类知识的教学时，建议将其进行对比教学，这样有利于学生理解和掌握这种知识点。

第二，"动物的运动"、"动物的分类"和"动物的主要类群"在每个版本中出现的先后顺序不一样，这是由于不同版本的知识的系统性不一样。中学生物教师要更好地完成教学工作，必须要深入钻研教材，找到动物学知识本身的系统性和逻辑性以及动物学知识与其他学科知识在编排上的联系，这样有利于学生更好地理解这三版以"人与生物圈"为主线的教材，培养逻辑思维能力和系统思维能力。

第三，"动物的主要类群"在福州市、孝感市、连云港市生物中考中考频最高，有的高达10%，因此教师在教学时要对"动物的主要类群"引起高度重视。

参考文献

[1] 刘凌云，郑光美．普通动物学［M］．第4版．北京：高等教育出版社，2009.

[2] 张训蒲．普通生物学［M］．第2版．北京：中国农业出版社，2008.

[3] 牛景彦，闫金龙．高师院校普通动物学课程教学改革探索［J］．产品与科技论坛，2015，14（14）：205-206.

[4] 李安宁，董武子，史怀平，等．《动物学》课程理论教学改革初探［J］．家畜生态学报，2014，35（8）：94-96.

[5] 罗在柒，乙引．师范院校生物学专业进行中学生物教师培训实践与探索［J］．生物学杂志，2004，21（2）：51-52.

[6] 吴榕．浅谈生物类师范生的培养模式［J］．教育教学论坛，2017（4）：48-49.

[7] 朱正威，赵占良．生物学义务教育教科书七年级上册［M］．北京：人民教育出版社，2013.

[8] 朱正威，赵占良．生物学义务教育教科书七年级下册［M］．北京：人民教育出版社，2013.

[9] 朱正威，赵占良．生物学义务教育教科书八年级上册［M］．北京：人民教育出版社，2013.

[10] 朱正威，赵占良．生物学义务教育教科书八年级下册［M］．北京：人民教育出版社，2013.

[11] 朱正威，赵占良．普通高中课程标准实验教科书生物必修一：分子与细胞［M］．北京：人民教育出版社，2004.

[12] 朱正威，赵占良．普通高中课程标准实验教科书生物必修二：遗传与进化［M］．北京：人民教育出版社，2010.

[13] 朱正威，赵占良．普通高中课程标准实验教科书生物必修三：稳态与环境［M］．北京：人民教育出版社，2011.

[14] 汪忠．生物学义务教育教科书七年级上册［M］．南京：江苏教育出版社，2015.

[15] 汪忠．生物学义务教育教科书七年级下册［M］．南京：江苏教育出版社，2015.

[16] 汪忠．生物学义务教育教科书八年级上册［M］．南京：江苏教育出版社，2015.

[17] 汪忠．生物学义务教育教科书八年级下册［M］．南京：江苏教育出版社，2015.

[18] 汪忠．普通高中课程标准实验教科书生物必修一：分子与细胞［M］．南京：江苏教育出版社，2014.

[19] 汪忠．普通高中课程标准实验教科书生物必修二：遗传与进化［M］．南京：江苏教育出版社，2013.

[20] 汪忠．普通高中课程标准实验教科书生物必修三：稳态与环境［M］．南京：江苏教育出版社，2014.

[21] 刘恩山．生物学义务教育教科书七年级上册［M］．北京：北京师范大学出版社，2014.

[22] 刘恩山．生物学义务教育教科书七年级下册［M］．北京：北京师范大学出版社，2014.

[23] 刘恩山．生物学义务教育教科书八年级上册［M］．北京：北京师范大学出版社，2014.

[24] 刘恩山．生物学义务教育教科书八年级下册［M］．北京：北京师范大学出版社，2014.

[25] 刘植义，付尊英．普通高中课程标准实验教科书生物必修一：分子与细胞［M］．北京：北京师范大学出版社，2014.

[26] 刘植义，付尊英．普通高中课程标准实验教科书生物必修二：遗传与进化［M］．北京：北京师范大学出版社，2014.

[27] 刘植义，付尊英．普通高中课程标准实验教科书生物必修三：稳态与环境［M］．北京：北京师范大学出版社，2014.

[28] 张加一，刘春明．中美初中生物“动物学”部分教材体系比较分析［J］．现代交际，2015（2）：150-151.

[29] 刘安君．初中生物教材（动物）调查分析与改革建议［D］．武汉：华中师范大学，2000.

[30] 孙玉康．高中生物新课标必修内容浅析［J］．基础教育，2013（3）：160.

[31] 王玉云．初中英语教材知识体系构建研究［D］．重庆：西南大学，2008.

[32] 教育部高等学校生物科学与工程教学指导委员会．生物技术专业规范［J］．高校生物学教学研究（电子档），2012，2（1）：3-10.

第三章
植物生理学内容在生物教材中的内容解析

植物是地球上利用太阳能合成有机物的主要生物，它们的生理活动对人类有着极为重要的意义。植物生理学的起源一般都追溯到16世纪荷兰人范埃尔蒙的柳枝栽培称重实验。到18世纪后期和19世纪初期，英国的J. 普里斯特利、荷兰的J. 英恩豪斯等人陆续发现了光合作用的主要环节。19世纪后期德国的J. 萨克斯首先开设了植物生理学专门课程，在他和他的学生的努力下，植物生理学从植物学中独立出来，成为一个专门的学科[1]。特别是20世纪20～30年代，植物生理学深入到细胞水平；30～40年代进入细胞器水平；50年代以后，更深入到大分子的组合、生物膜的结构与功能、离体酶系的作用，以至电子传递系统机理等纵深方面，跨入分子水平或亚分子水平，成为分子生物学的一个方面[2]。

植物生理学在生物科学专业的学科知识体系中是专业知识，也是高等师范院校生物科学专业的一门必修专业主干课。广义的植物生理学（plant physiology）以高等绿色植物为主要研究对象，以揭示自养生物的生命现象本质及其与外界条件相互关系为主要任务[3]，也是植物学中的一部分，也可看作是普通生理学的一个分支。狭义的植物生理学其目的在于认识植物的物质代谢、能量转化和生长发育、生殖等的机理和其中的规律、控制和调节，以及植物体内外环境条件的变化对其生命活动带来的影响，包括“植物光合作用、植物代谢、植物呼吸作用、植物生长与发育、植物体内运输、植物水分生理、植物矿质营养、植物抗逆性和植物运动”等研究内容[4]。

植物生理学研究的核心是植物各器官和整体的功能及其调控机理，植物体内从“基因表达”到“性状表达”之间的一系列信息传递，以及能量与物质代谢过程的分子调控机制等[5]。21世纪的植物生理学从微观和宏观两个方向发展，微观方向上从细胞水平到大分子的组合以至电子传递系统机理等纵深方面，再跨入到分子水平或亚分子水平，发展成为分子生物学的一个方面；宏观方向上，是从植物个体到群体，再到群落的研究；总体上将逐步发展成为围绕植物生命活动过程的功能实现及其调控机理，在植物功能基因的水平上全面探讨植物生长发育分子机理的全新学科，同时作为一门理论与实践密切联系的学科，注重将实验技术方法与理论内容有机结合，密切联系生产实践的应用[6]。此外，植物生理学的研究还推动了农业、食品、医药等许多领域的发展。农业以栽培植物为主体，要控制作物的生命活动，增加产量并提高质量，就需要了解植物的生理活动，体现出植物生理学在人类生活中的重要性。

从2004年中学新课程教学改革以来，教育部在贯彻落实习近平总书记教师节重要讲话精神改革中，提出了卓越教师计划，“卓越中学教师培养的目标是培养一批信念坚定、基础扎实、能力突出，能够适应和引领中学教育教学改革的卓越中学教师”[7]，这就使得新课程改革下的中学生物教育成为一项应迫切重视的工作，而植物生理学又与人类生活和自然生态相贴近，环境保护、防治污染，也涉及植物生理学研究，如用植物固沙防风、净化水源等[8]；20世纪70年代提出，由于工业发展，化石燃料燃烧量大，空气中碳含量显著增加以至影响气候，增加植物光合作用来吸收碳是对策之一；更突出的问题是新能量的开发，由于古代留存的化石燃料资源总有枯竭的一天，各国对于寻求可以更新的能源均很重视，当前地球上捕获转化太阳能的最重要的途径还是绿色植物的光合作用[9]。所以在中学生物中渗透植物生理学势在必行。

国外少有对植物生理学在中学生物中的内容解析的研究，早期研究主要集中于生物学科在中学和大学教育之间的衔接，对理论与实践等方面也进行过有益的探索。美国高等教育学家Abraham Flexner最早提出要注重大学与中等教育的衔接[10]。近年国内加大了生物教材建设的力度，出版了众多版本的植物生理学教材，其中影响较大的既有师范院校潘瑞炽主编并多次再版的、综合性大学曹仪植和宋占午主编的，又有农业大学王忠主编的及李合生主编的植物生理学，其内容不断得到充实、修改和更新[11]。虽然在内容和篇幅上仍然与国外的原版教材存在差距，但比国内的教材和教学大纲要求更为丰富，并且真正意义上与国际接轨。

贵州师范大学江旭[7]的硕士学位论文《大学与高中植物生理学部分衔接研究》系统分析新课标出台后人教版高中生物教材中的植物生理学内容，突出大学与高中生物之间植物生理学的衔接，为探究高中生物中的植物生理学提供新的思路，并对生物师范生如何重视生物学知识提出建议。但是缺少对初中生物中的植物生理学的分析，且只研究了人教版教材。本章选用初高中人教版、苏教版、北师大版这3个版本生物教材，解析其中植物生理学的内容，从而对分析植物生理学在中学生物教材中的知识内容和重难点提供参考，并给中学生物教师和高等师范院校在校大学生关于植物生理学在中学生物教材中的占比及内容分析方面提供参考。以近5年来云南昆明、湖南长沙和山东济南这3个地区中考生物试卷，和近5年高考生物全国卷Ⅰ和全国卷Ⅱ真题为例来分析对植物生理学考查的重点；就全面了解中考高考中植物生理学的要点，把握植物生理学在中学生物中分布特点，为中学生物教师在生物教育中的植物生理学教学提供借鉴和参考。

选用2013年教育部审定生物学义务教育教科书人教版与苏教版七年级上册和八年级下册共四册，2012年教育部审定生物学义务教育教科书北师大版七年级上册和八年级上册共两册，对初中生物教材中的植物生理学内容进行解析。以云南昆明、湖南长沙和山东济南这3个地区的初中生物中考试卷为例，分析植物生理学在初中生物中的考查要点。选用2004年初审通过的普通高中课程标准实验教科书人教版、北师大版和苏教版生物3个版本的教材，植物生理学内容集中在必修一分子与细胞和必修三稳态与环境中，合计六本，对高中生物教材中植物生理学内容进行解析。以普通高等学校招生全国统一考试全国卷Ⅰ和全国卷Ⅱ中的生物部分为例，分析植物生理学内容在高考中的考查要点。

通过全面、正确地掌握中学生物所涉及的植物生理学内容，了解其中的研究理论、研究方法以及最新研究进展，得出结论。通过对人教版、北师大版及苏教版初、高中生物教材的植物生理学知识内容进行分析比较，为了解植物生理学在中学生物中的内容解析提供借鉴。从教材、中考高考真题中所提供的个别事例，分论点，归纳总结出其共性，从而得出一个一般性的结论。

第一节　初中生物教材中植物生理学内容解析

选用2013年教育部审定生物学义务教育教科书人教版[12-13]与苏教版[14-15]七年级上册和八年级下册共四册，2012年教育部审定生物学义务教育教科书北师大版[16-17]七年级上册和八年级上册共两册，对初中生物教材中的植物生理学内容进行解析。首先统计植物生理学在3个版本的初中生物教材中的知识单元和知识点，并对其内容排版进行对比分析；其次统计植物生理学在3个版本的初中生物教材中相关内容的比例，用版面法进行统计，公式为植物生理学内容版面比例＝植物生理学内容的版面/总版面×100％；最后对近年来中考生物中植物生理学内容的考查进行分析比较。

一、初中生物中的植物生理学所占版面分析

植物生理学在新编人教版初中生物教材中分布在七年级上册第三单元“生物圈中的绿色植物”，八年级下册第七单元“生物圈中生命的延续和发展”。人教版初中生物教材中植物生理学内容所用版面相对较少，约占7.85％。

北师大版初中生物教材中的植物生理学内容主要分布在七年级上册第三单元“生物圈中的绿色植物”，八年级上册第六单元“生命的延续”。北师大版初中生物教材中植物生理学内容所用版面约为9.38％。

苏教版初中生物教材中的植物生理学内容主要在七年级上册第三单元“生物圈中的绿色植物”，八年级下册第八单元“生物的生殖、发育与遗传”。苏教版初中生物教材中植物生理学内容所用版面相对较多，约占10.64％。

表3-1　人教版、北师大版和苏教版初中生物教材中的植物生理学相关知识所用版面占比（%）

知识点	人教版	北师大版	苏教版
植物的生长	2.75	2.28	4.23
光合作用、呼吸作用、蒸腾作用	3.30	5.35	4.43
植物的生殖	1.80	1.75	1.98
合计	7.85	9.38	10.64

由表3-1可以看出，植物生理学中“植物的生长”在苏教版初中生物教材中所用版面相对较多，约占4.23％，其次在人教版初中生物教材中所用版面约占2.75％，北师大版初中生物教材中所用版面相对较少，约占2.28％。“光合作用、呼吸作用、蒸腾作用”在

北师大版初中生物教材中所用版面相对较多，约占 5.35%，其次在苏教版初中生物教材中所用版面约占 4.43%，人教版初中生物教材中所用版面相对较少，约占 3.30%。“植物的生殖”在 3 个版本初中生物教材中所用版面相差不大，苏教版中所用版面约占 1.98%，人教版中所用版面约占 1.80%，北师大版中所用版面约占 1.75%。可见在 3 个版本初中生物教材中“光合作用、呼吸作用、蒸腾作用”所占版面均相对较多，是要求学生重点掌握的内容。

表 3-2　人教版、北师大版和苏教版初中生物教材中的植物生理学相关知识单元

<table>
<tr><th colspan="2">课程内容</th><th>人教版</th><th>北师大版</th><th>苏教版</th></tr>
<tr><td rowspan="2">植物的生长</td><td>位置</td><td>七年级上册
第三单元
生物圈中的绿色植物</td><td>七年级上册
第三单元
生物圈中的绿色植物</td><td>七年级上册
第三单元
生物圈中的绿色植物</td></tr>
<tr><td>知识单元</td><td>被子植物的一生
第一节　种子的萌发
第二节　植株的生长
第三节　开花和结果</td><td>第六章　绿色开花植物的生活史
第一节　种子萌发形成幼苗
第二节　营养器官的生长
第三节　生殖器官的生长</td><td>第五章　绿色植物的一生
第一节　植物种子的萌发
第二节　植物根的生长
第三节　植物生长需要水和无机盐
第四节　植物茎的输导功能
第五节　植物的开花和结果</td></tr>
<tr><td rowspan="2">光合作用、呼吸作用、蒸腾作用</td><td>位置</td><td>七年级上册
第三单元</td><td>七年级上册
第三单元</td><td>七年级上册
第三单元</td></tr>
<tr><td>知识单元</td><td>第三章　绿色植物与生物圈的水循环
第四章　绿色植物是生物圈中有机物的制造者
第五章　绿色植物与生物圈中的碳-氧平衡
第一节　光合作用吸收二氧化碳释放氧气
第二节　绿色植物的呼吸作用</td><td>第五章　绿色开花植物的生活方式
第一节　光合作用
第二节　呼吸作用
第三节　吸收作用
第四节　蒸腾作用
第五节　运输作用</td><td>第六章　绿色植物的光合作用和呼吸作用
第一节　植物光合作用的发现
第二节　植物光合作用的场所
第三节　植物光合作用的实质
第四节　植物的呼吸作用
第五节　光合作用和呼吸作用的原理应用
第七章　绿色植物在生物圈中的作用
第二节　绿色植物与生物圈的物质循环</td></tr>
<tr><td rowspan="2">植物的生殖</td><td>位置</td><td>八年级下册
第七单元
生物圈中生命的延续和发展</td><td>八年级上册
第六单元
生命的延续</td><td>八年级下册
第八单元
生物的生殖、发育与遗传</td></tr>
<tr><td>知识单元</td><td>第一章　生物的生殖和发育
第一节　植物的生殖</td><td>第十九章　生物的生殖和发育
第三节　植物的生殖方式</td><td>第二十一章　生物的生殖和发育
第一节　生物的无性生殖
第二节　植物的有性生殖</td></tr>
</table>

二、初中生物中的植物生理学内容分析

人教版、北师大版和苏教版 3 个版本初中教材中涉及的植物生理学相关知识点有“植物的生长，光合作用、呼吸作用、蒸腾作用和植物的生殖”。由表 3-2 可以看出，植物生理学

中“植物的生长”在人教版、北师大版、苏教版初中生物教材中均安排在七年级上册，内容组织上均安排了“种子的萌发”和“植物的生长”，不同点在于北师大版没有安排“植物的开花和结果”这一节，此外苏教版单独把“植物根的生长”列为了一节，体现了植物生长的向地性；在“植物生长”这一节中突出了其生长过程“需要水和无机盐”；同时苏教版还增加了“植物茎的输导功能”这一节，这些均体现出苏教版初中教材中植物生理学知识的广度与一定的难度。“光合作用、呼吸作用、蒸腾作用”在3个版本初中生物教材中均安排在七年级上册，人教版把“蒸腾作用”“光合作用”“呼吸作用”这3个内容依次安排在第三、四、五章，又把第五章“绿色植物与生物圈中的碳-氧平衡”分为两小节——“光合作用吸收二氧化碳释放氧气”“绿色植物的呼吸作用”，突出了光合作用和呼吸作用的联系。“植物的生殖”在人教版和苏教版初中生物教材均安排在八年级下册，北师大版安排在八年级上册。

由表3-1、表3-2看出，植物生理学在苏教版初中生物教材中所用版面相对较多，约占10.64%；其次在北师大版中所用版面约占9.38%；在人教版中所用版面相对较少，约占7.85%。可见苏教版初中生物教材中植物生理学内容相对较多，其涉及植物生理学知识点也具有较高的深度。

第二节　2012—2016年中考生物中的植物生理学内容解析

以云南昆明、湖南长沙和山东济南这3个地区的初中生物中考试卷为例，分析植物生理学在初中生物中的考查要点。

一、植物生理学在2012—2016年云南昆明中考生物中的题型及分值比例

云南昆明初中生物水平测试全卷共两个大题，共47个小题，满分100分，考试用时90分钟，其中选择题共40小题，每小题1.5分，合计60分，简答题每空1分，合计40分。

表3-3　植物生理学在2012—2016年云南昆明中考生物中的题型及分值比例

知识内容	题型	2012年分值/分	2013年分值/分	2014年分值/分	2015年分值/分	2016年分值/分	总分/分	比例/%
植物的生长繁殖	选择题	3	1.5	3	1.5	1.5	10.5	15.90
光合作用、呼吸作用	选择题	4.5	4.5	1.5	3	3	44.5	67.40
	简答题	6	5	6	2	7		
蒸腾作用	选择题					1.5	1.5	2.30
植物体内运输	选择题		1.5		1.5		5	7.60
	简答题				2			
种子萌发	选择题	1.5	1.5	1.5			4.5	6.80
总分		15	14	13	10	13		
比例/%		15.00	14.00	13.00	10.00	13.00		

从表 3-3 中可以看出，云南昆明中考生物试卷中植物生理学在这 5 年的考查中 2012 年相对较多，考查了 15 分，约占 15.00%，2015 年相对较少，考查了 10 分，约占 10.00%，由此植物生理学在中考生物中约占 10.00%～15.00%。

这 5 年云南昆明生物中考试卷中植物生理学考查的知识点主要集中在“光合作用、呼吸作用”，其内容考查比例较多，约占 67.40%；其次是“植物的生长繁殖”约占 15.90%;；“种子萌发”约占 6.80%；“植物体内运输”约占 6.70%。“光合作用、呼吸作用”是重点考查内容，“植物的生长繁殖”主要是考查“植物的生殖方式”，“蒸腾作用”只在 2016 年出现了一道选择题，“植物体内运输”的考查在 2013 和 2015 这两年出现，近两年对“种子萌发”没有考查。

二、植物生理学在 2012—2016 年湖南长沙中考生物中的题型及分值比例

湖南长沙中考生物试卷共四道大题，考试时长 60 分钟，满分 100 分。单项选择题每题 2 分，共 25 小题，合计 50 分；识图作答题每题 5 分，共 3 小题，合计 15 分；实验题每题 5 分，共 3 小题，合计 15 分；分析说明题每题 5 分，共 4 小题，合计 20 分。

表 3-4　植物生理学在 2012—2016 年湖南长沙中考生物中的题型及分值比例

知识内容	题型	2012 年分值/分	2013 年分值/分	2014 年分值/分	2015 年分值/分	2016 年分值/分	总分/分	比例/%
植物的生长繁殖	选择题	4		9	4	6	23	31.50
光合作用、呼吸作用	选择题	4	2	5	2		33	45.20
	作答题	5	1		2	1		
	实验题		5		1	5		
蒸腾作用	选择题			2	2	2	6	8.20
植物体内运输	选择题		2		2		4	5.50
种子萌发	选择题		2				7	9.60
	作答题				5			
总分		13	12	16	18	14		
比例/%		13.00	12.00	16.00	18.00	14.00		

从表 3-4 中可以看出，湖南长沙中考生物考试卷中植物生理学在这 5 年的考查中 2015 年相对较多，考查了 18 分，约占 18.00%，2013 年相对较少，考查了 12 分，约占 12.00%，由此植物生理学在中考生物中约占 12.00%～18.00%。

湖南长沙中考生物中植物生理学考查的知识点主要集中在“光合作用、呼吸作用”，其内容考查比重较多，约占 45.20%；其次是“植物的生长繁殖”，约占 31.50%；“种子萌发”“蒸腾作用”“植物体内运输”分别约占 9.60%、8.20%、5.50%。由此可见“光合作用、呼吸作用”与“植物的生长繁殖”是湖南长沙中考生物考查的重点，次重点是“种子萌发”“蒸腾作用”“植物体内运输”。

三、植物生理学在 2012—2016 年山东济南中考生物中的题型及分值比例

山东济南中考生物试卷共两道大题，考试时长 60 分钟，满分 100 分。其中单项选择题每题 2 分，共 25 小题，合计 50 分；填空题共 6 小题，合计 50 分。

表 3-5　植物生理学在 2012—2016 年山东济南中考生物中的题型及分值比例

知识内容	题型	2012 年分值/分	2013 年分值/分	2014 年分值/分	2015 年分值/分	2016 年分值/分	总分/分	比例/%
植物的生长繁殖	选择题	2	8	2	2	2	19	27.10
	填空题	2				1		
光合作用、呼吸作用	选择题	6	2	6		6	34	48.60
	填空题		3		10	1		
蒸腾作用	选择题		2	2			4	5.80
植物体内运输	填空题					1	1	1.40
种子萌发	选择题		2	2		2	8	12.90
无土栽培技术	选择题			2		2	4	4.30
	填空题				2			
总分		10	17	14	14	15		
比例/%		10.00	17.00	14.00	14.00	15.00		

从表 3-5 中可以看出，山东济南中考生物试卷中植物生理学在这 5 年的考查中 2013 年相对较多，考查了 17 分约占 17.00%，2012 年相对较少，考查了 10 分约占 10.00%，由此植物生理学在中考生物中约占 10.00%～17.00%。

山东济南中考生物中植物生理学考查的知识点主要集中在“光合作用、呼吸作用”，其内容考查比重较多，约占 48.60%；其次是“植物的生长繁殖”，约占 27.10%；“种子萌发”约占 12.90%；“蒸腾作用”约占 5.80%；“无土栽培技术”约占 4.30%；“植物体内运输”约占 1.40%。相比云南昆明和湖南长沙，在山东济南中考生物中增加“无土栽培技术”的考查。“光合作用、呼吸作用”和“植物的生长繁殖”是重点考查内容，次重点有“蒸腾作用、植物体内运输、种子萌发、无土栽培技术”，其中“蒸腾作用”这 5 年中只在 2013 年和 2014 年各考查一道选择题。

2012—2016 年云南昆明、湖南长沙和山东济南中考生物中植物生理学考查的知识点主要集中在“光合作用、呼吸作用”，该部分内容在所考查的植物生理学中具有极其重要的地位。“光合作用”和“呼吸作用”这两部分内容很少分开考查，这就要求初中生物老师在教学过程中，要加强“光合作用”和“呼吸作用”之间的联系，并考虑到各方面的关系，让学生能够透彻地理解“光合作用”和“呼吸作用”。

第三节　高中生物教材中植物生理学内容解析

我国现行的高中生物教材版本主要有人教版、苏教版、北师大版、中图版、浙科版、河北版等，其中人教版教材在全国使用地区较为广泛，具有普适性，苏教版教材则是在我国教育发达地区使用率较高的版本[18]，北师大版主要在北京地区使用，选用这 3 个版本作为材料研究具有典型性。

本章节选用2004年初审通过的普通高中课程标准实验教科书人教版[19-20]、北师大版[21-22]和苏教版[23-24]生物3个版本的教材，植物生理学内容集中在必修一分子与细胞和必修三稳态与环境中，合计六本，对高中生物教材中植物生理学内容进行解析。首先统计3个版本的高中生物教材中植物生理学相关的知识单元和知识点，并对其排版进行对比分析；其次统计3个版本的高中生物教材中植物生理学相关内容的比例，利用版面法进行统计，公式为植物生理学内容版面比例＝植物生理学内容的版面/总版面×100％；最后对近年来高考生物中植物生理学内容的考查进行分析比较。

一、高中生物教材中的植物生理学所占版面分析

如表3-6和表3-7所示。人教版高中生物教材中的植物生理学主要分布在必修一第四章“细胞的物质输入和输出”，第五章“细胞的能量供应和利用”，必修三第三章“植物的激素调节”。人教版高中生物教材中植物生理学内容所用版面约为9.13％，低于苏教版，高于北师大版。

北师大版高中生物教材中的植物生理学内容主要在必修一第四章“细胞的物质代谢”，第五章“细胞的能量代谢”；必修三第二章“生物个体的内环境与稳态”。北师大版高中生物教材中植物生理学内容所用版面相对较少，约占7.60％。

苏教版高中生物教材中的植物生理学内容主要在必修一第三章“细胞的结构和功能”，第四章“光合作用和细胞呼吸”；必修三第二章“生物个体的稳态”。苏教版高中生物教材中植物生理学内容所用版面相对较多，约占9.63％。

表3-6 人教版、北师大版和苏教版高中生物教材中的植物生理学相关知识所用版面占比（％）

知识点	人教版	北师大版	苏教版
植物细胞质壁分离复原	1.33	0.77	0.90
光合作用、呼吸作用	4.43	4.30	5.50
植物激素	3.37	2.53	3.23
合计	9.13	7.60	9.63

由表3-6可以看出，“植物细胞质壁分离复原”在人教版高中生物教材中所用版面较多，约占1.33％，其次在苏教版高中生物教材中所用版面约占0.90％，在北师大版高中生物教材中所用版面较少，约占0.77％。“光合作用、呼吸作用”在苏教版高中生物教材中所用版面较多，约占5.50％，其次在人教版高中生物教材中所用版面约占4.43％，在北师大版高中生物教材中所用版面较少，约占4.30％。“植物激素”在人教版高中生物教材中所用版面较多，约占3.37％，其次在苏教版高中生物教材中所用版面约占3.23％，在北师大版高中生物教材中所用版面较少，约占2.53％。

表3-7 人教版、北师大版和苏教版高中生物教材中的植物生理学相关知识单元

<table>
<tr><th colspan="2">课程内容</th><th>人教版</th><th>北师大版</th><th>苏教版</th></tr>
<tr><td rowspan="2">质壁分离复原</td><td>位置</td><td>必修一
第四章</td><td>必修一
第四章</td><td>必修一
第三章</td></tr>
<tr><td>知识单元</td><td>细胞的物质输入和输出
第一节 物质跨膜运输的实例</td><td>细胞的物质代谢
第二节 细胞内外的物质交换</td><td>细胞的结构和功能
第三节 物质的跨膜运输</td></tr>
</table>

续表

课程内容		人教版	北师大版	苏教版
光合作用、呼吸作用	位置	必修一 第五章	必修一 第五章	必修一 第四章
	知识单元	细胞的能量供应和利用 第三节 ATP的主要来源——细胞呼吸 第四节 能量之源——光与光合作用 一 捕获光能的色素和结构 二 光合作用的原理和应用	细胞的能量代谢 第二节 细胞呼吸 一 细胞呼吸的方式 二 细胞呼吸的过程 三 细胞呼吸在生产、生活中的应用 第三节 光合作用 一 叶绿体中的色素 二 光合作用的过程 三 光合作用与农业	光合作用和细胞呼吸 第二节 光合作用 光和色素与光能的捕获 光合作用的过程 影响光合作用的环境因素 第三节 细胞呼吸 细胞呼吸产生能量 细胞呼吸的过程 细胞呼吸原理的应用
植物激素	位置	必修三 第三章	必修三 第二章	必修三 第二章
	知识单元	植物的激素调节 第一节 植物生长素的发现 第二节 生长素的生理作用 第三节 其他植物激素	生物个体的内环境与稳态 第五节 植物生命活动的调节 一 植物的应激性 二 生长素 三 植物激素的种类 四 植物生长调节剂及其应用	生物个体的稳态 第四节 植物生命活动的调节 植物生长素的发现 生长素的特性 植物生长素类似物的应用 其他植物激素

二、高中生物教材中的植物生理学内容解析

人教版、北师大版和苏教版高中教材中的植物生理学主要内容有“质壁分离复原，光合作用、呼吸作用，植物激素”。

由表3-7可以看出，植物生理学中“质壁分离复原”在人教版、北师大版、苏教版高中生物教材中均安排在必修一。“光合作用、呼吸作用”在人教版、北师大版、苏教版高中生物教材中均安排在必修一；3个版本均把“光合作用、呼吸作用”分别列为两个小节，北师大版和苏教版均把每小节下又各分三点，人教版只在“光合作用”这一节下列出两点，没有把“光合作用的过程”这一点列出来；在顺序上苏教版不同于人教版和北师大版，先安排“呼吸作用”，再安排“光合作用”。“植物激素”在人教版、北师大版、苏教版高中生物教材中均安排在必修三，在人教版中第三章下列3个小节，在北师大版第二章中的第五节下列四点，相比另外两个版本北师大版没有“植物生长素的发现”这一节，但是增加了“植物的应激性”。在苏教版第二章中第四节下分四点。

由表3-6、表3-7可以看出，植物生理学内容在苏教版高中生物教材中所用版面相对较多，约占9.63%，其次在人教版高中生物教材中所用版面约占9.13%，在北师大版高中生物教材中所用版面相对较少，约占7.60%。

三、 2012—2016年全国综合卷高考生物中植物生理学的考查内容分析

本节以普通高等学校招生考试全国卷Ⅰ和全国卷Ⅱ中的生物部分为例，分析植物生理学内容在高考中的考查要点。普通高等学校招生考试全国卷Ⅰ中生物部分合计 90 分，题型有：选择题共 6 小题，每小题 6 分，合计 36 分；非选择题共 54 分，其中必做题 39 分，选做题 15 分。

表 3-8　植物生理学在 2012—2016 年高考生物全国卷Ⅰ中的题型及分值比例

知识内容	题型	2012 年分值/分	2013 年分值/分	2014 年分值/分	2015 年分值/分	2016 年分值/分	总分/分	比例/%
植物激素调节	选择题	6			6		18	23.00
	填空题	6						
植物组织培养技术	填空题	3					3	3.60
种子萌发	选择题		6				14	18.00
	填空题	3	5					
光合作用、呼吸作用	选择题	6		6	6	6	31	40.00
	填空题	2			3	2		
植物体内运输	选择题		6				6	7.70
植物细胞质壁分离复原	选择题			6			6	7.70
总分		26	17	12	15	8		
比例/%		28.89	18.89	13.33	16.67	8.89		

从表 3-8 中可以看出，普通高等学校招生考试全国卷Ⅰ生物中植物生理学在这 5 年的考查中 2012 年相对较多，考查了 26 分，约占 28.89%，2016 年相对较少，考查了 8 分，约占 8.89%，由此植物生理学的内容在普通高等学校招生考试全国卷Ⅰ生物中约占 8.89%～28.89%。

对植物生理学考查的知识点主要集中在“光合作用、呼吸作用”，其内容考查较多，约占 40.00%；其次是“植物激素调节”，约占 23.00%；“种子萌发”约占 18.00%；“植物体内运输”和“植物细胞质壁分离复原”分别约占 7.70%和 7.70%。从这 5 年的全国卷Ⅰ中可以看出，常考的考点是“光合作用、呼吸作用”，对“植物激素调节、植物组织培养技术、种子萌发、植物体内运输和植物细胞质壁分离复原”的考查为次重考查，考查的题型主要是选择题。

普通高等学校招生考试全国卷Ⅱ适用地区：甘肃、青海、西藏、黑龙江、吉林、辽宁、宁夏、内蒙古、新疆、重庆、陕西[18]。生物部分分值合计 90 分，题型有：选择题共 6 小题，每小题 6 分，合计 36 分；非选择题共 54 分，其中必做题 39 分，选做题 15 分。

由表 3-9 中可以看出，普通高等学校招生考试全国卷Ⅱ生物中植物生理学在这 5 年的考查中 2012 年相对较多，考查了 17 分，约占 18.89%，2013 年和 2015 年相对较少，均考查了 6 分，约占 6.67%，由此植物生理学在普通高等学校招生考试全国卷Ⅱ生物中约占 6.67%～18.89%。

表 3-9 植物生理学在 2012—2016 年高考生物全国卷Ⅱ中的题型及分值比例

知识内容	题型	2012 年分值/分	2013 年分值/分	2014 年分值/分	2015 年分值/分	2016 年分值/分	总分/分	比例/%
植物激素调节	选择题	6					6	10.10
种子萌发	填空题	5					5	8.50
光合作用、呼吸作用	选择题		6	6	6	6	48	81.40
	填空题	6		10		8		
总分		17	6	16	6	14		
比例/%		18.89	6.67	17.78	6.67	15.56		

在高考生物全国卷Ⅱ中对植物生理学内容的考查相对较少，其中知识点考查主要集中在“光合作用、呼吸作用”，其内容考查较多，约占 81.40%；其次是“植物激素调节”，约占 10.10%；“种子萌发”约占 8.50%，主要以选择题形式考查。这 5 年都有对“光合作用、呼吸作用”进行考查，足以看出其重要性，属于必考考点。“植物组织培养技术、植物体内运输和植物细胞质壁分离复原”这 5 年都没有考查过。2012—2016 年高考在考查“光合作用、呼吸作用”时，全国卷Ⅰ选择题和填空题都有涉及，全国卷Ⅱ每年都有选择题，很少分开考查“光合作用”或是“呼吸作用”，通常都是两者结合一起考查。这就要求高中生物教师在教学过程中，要加强“光合作用”和“呼吸作用”之间的联系，考虑到各个方面的关系。

第四节 结论和建议

一、结论

（一）植物生理学在初中生物中的内容解析

通过对植物生理学在人教版、北师大版、苏教版初中生物中的内容解析，以及对 2012—2016 年植物生理学在云南昆明、湖南长沙和山东济南 3 个地区中考生物真题中的内容比重进行分析，可以看出植物生理学在中学生物中具有重要地位。对人教版、北师大版和苏教版 3 个版本初中生物教材中植物生理学内容解析可以看出：初中教材中的植物生理学主要内容有“植物的生长，光合作用、呼吸作用、蒸腾作用和植物的生殖”；植物生理学在苏教版初中生物教材中所用版面相对较多，约占 10.64%，其次是在北师大版中，约占 9.38%，人教版相对较少，约占 7.85%，可见苏教版初中生物教材中植物生理学版面占比最高，其涉及的植物生理学知识具有较高的深度。

对云南昆明、湖南长沙和山东济南的中考生物卷中植物生理学的内容解析，可以看出“光合作用、呼吸作用”的考查是重点，其次在湖南长沙的中考生物中“植物的生长繁殖”也需要重点掌握，次重点是“种子萌发、蒸腾作用、植物体内运输”。

（二）植物生理学在高中生物中的内容解析

通过对植物生理学在人教版、北师大版、苏教版高中生物中的内容解析，以及对2012—2016年植物生理学在高考生物全国卷Ⅰ和全国卷Ⅱ真题中的内容比重进行分析，可以看出植物生理学在高中生物中具重要地位。高中教材中的植物生理学主要内容有“质壁分离复原、光合作用、呼吸作用、植物激素”。植物生理学在苏教版高中生物教材中所用版面占比相对较多，约占9.63%；人教版与苏教版相差不大，约占9.13%；在北师大版中相对较少，约占7.60%。另外植物生理学在高中生物教材中的知识点已经深入到机理层面，因此对学生掌握知识点的要求更高。

由2012—2016年的高考理综全国卷Ⅰ和全国卷Ⅱ中对植物生理学的考查可以看出，“光合作用、呼吸作用”是考查的重点，选择题和填空题都有涉及，很少把“光合作用”和“呼吸作用”分开考查，通常都是两者结合一起考查，足以看出其重要性，属于必考考点。次重点是“植物激素调节、植物组织培养技术、种子萌发、植物体内运输和植物细胞质壁分离复原”。

二、建议

无论是从教材版面还是中考高考考查内容占比都可以看出，植物生理学在中学生物中具有重要地位。因此对于中学生物教师有以下建议。

首先，生物教师对教材要掌握透彻，才能教给学生完整的知识体系。清楚整个学段教材的逻辑和线索，对于前后相关的知识点能够得心应手地整合。例如把“光合作用”和“呼吸作用”这两个知识点联系起来，在教学过程中从其中一个知识点切入，就都能把其余相关的知识点连接起来。

其次，生物教师要能在教学过程中灵活运用多种教学方式，适当注重实验探究，以实验的形式让学生参与到实际的动手操作中，使学生能更深刻地理解知识。例如以录像放映的形式让学生仔细观察一朵花开放的过程，还可利用多媒体以动画的形式向学生展示种子萌发的过程，让学生能够有身临其境之感，从而引发学生的学习兴趣。

最后，植物生理学在高中生物教材中的知识点已经深入到机理层面，因此对学生掌握知识点的要求更高，高中生物教师应该更加注重对植物生理学内容中“光合作用、呼吸作用”机理的把握。

参考文献

[1] 沈允钢．植物生理学的回顾与展望[C]．中国植物生理学会全国学术年会暨成立40周年庆祝大会学术论文摘要汇编．2013.

[2] 卓仁松．植物生理学的进展［J］．福建农林大学学报（自然版），2008，17（2）：118-134.

[3] 李合生．现代植物生理学［M］．北京：高等教育出版社，2012.

[4] 孙广玉．植物生理学［M］．北京：中国林业出版社，2016.

[5] 王晶，赵文东，甄纪东．植物生理学作用与发展［J］．农机化研究，2004，6（3）：265.

[6] 魏小红，龙瑞军．论现代科学技术革命对植物生理学发展的影响［J］．甘肃科技纵横，2004，33（5）：72-73.

[7] 江旭．大学与高中植物生理学部分衔接研究［D］．贵阳：贵州师范大学，2015.

[8] 佘小平．植物生理学面临的挑战及发展趋势［J］．当代教师教育，2012，19（2）：118-119.

[9] 许智宏．分子生物学与植物生理学的发展：挑战和机会［J］．植物生理学报，2011，9（2）：148-151.

[10] 马克西莫夫．植物生理学的现状及其在苏联科学院内发展的前途［M］．北京：科学出版社，2015.

[11] 蔡庆生，夏凯，沈振国．植物生理学课程双语、多媒体教学引出的思考［C］．海峡两岸植物生理与分子生物学教学研讨会论文集．2015.

[12] 朱正威，赵占良．生物学义务教育教科书七年级上册［M］．北京：人民教育出版社，2013.

[13] 朱正威，赵占良．生物学义务教育教科书八年级下册［M］．北京：人民教育出版社，2013.

[14] 汪忠，生物学义务教育教科书七年级上册［M］．南京：江苏教育出版社，2013.

[15] 汪忠，生物学义务教育教科书八年级下册［M］．南京：江苏教育出版社，2013.

[16] 齐永平，李连杰．生物学义务教育教科书七年级上册［M］．北京：北京师范大学出版社，2013.

[17] 齐永平，李连杰．生物学义务教育教科书八年级上册［M］．北京：北京师范大学出版社，2013.

[18] 吉林一考生．全国卷Ⅱ——外公的书房［J］．美文月刊，2016，9（8）：22-25.

[19] 朱正威，赵占良．普通高中课程标准实验教科书生物学必修一：分子与细胞［M］．北京：人民教育出版社，2004.

[20] 朱正威，赵占良．普通高中课程标准实验教科书生物学必修三：稳态与环境［M］．北京：人民教育出版社，2004.

[21] 刘植义，付尊英．普通高中课程标准实验教科书生物学必修一：分子与细胞［M］．北京：北京师范大学出版社，2004.

[22] 刘植义，付尊英．普通高中课程标准实验教科书生物学必修三：稳态与环境［M］．北京：北京师范大学出版社，2004.

[23] 汪忠．普通高中课程标准实验教科书生物学必修一：分子与细胞［M］．南京：江苏教育出版社，2004.

[24] 汪忠．普通高中课程标准实验教科书生物学必修三：稳态与环境［M］．南京：江苏教育出版社，2004.

第四章
生态学内容在生物教材中的内容解析

1866 年德国动物形态学家 E. Haeckel 初次给生态学定义：生态学是研究生物与其周围环境相互关系的科学[1]。如今，生态学早已拥有自身独立的研究内容、成熟的研究方法、规范的学科体制，成为一门独立的学科。20 世纪以来，科学前进的加速度越来越大，人类利用自然、改造自然的能力在不断提升。但是，过度改造自然的结果正在反过来威胁着人类的生存和发展，土地荒漠化、生物多样性丧失、臭氧层空洞、温室效应、环境污染、资源枯竭等愈来愈多的生态问题引起了全球对可持续发展的高度重视[2]。国际方面，2012 年里约热内卢联合国发展大会上启动了"未来地球"的科学计划，倡导自然科学与社会科学的交叉、融合，旨在应对全球环境变化和支持全球可持续发展。与此同时，国内党的十八大报告将生态文明建设纳入中国特色社会主义总布局，原有的"四位一体"变为"五位一体"，生态文明建设与政治、经济、文化、社会建设并列，体现了我国对生态文明建设的高度重视。

现如今，生态学与许多学科相互融合。按交叉学科划分：可分为数学生态学、化学生态学、物理生态学、进化生态学、遗传生态学、行为生态学和经济生态学等，其中行为生态学和经济生态学包含在社会生态学中，是当前生态学交叉学科中的研究热点。按层次划分：在宏观层面上，传统的生态学分为个体生态学、种群生态学、群落生态学和生态系统生态学，新兴的宏观层面上的景观生态学和全球生态学是当前生态学研究的热门方向；分子生态学将分子生物学与生态学两个学科交叉融合，利用分子生物学的原理、方法和技术从分子水平探讨生物与环境的关系，这是在微观层面上的生态学研究的前沿领域[3]。按生物类群划分：动物生态学、植物生态学、昆虫生态学等是传统的宏观生态学，人类生态学则是新兴的宏观生态学研究热点；微生物生态学属于微观生态学，是当前生态学研究的前沿领域，其基于微生物群体，运用 DNA、RNA 等标记物，研究微生物群落的构建、构成演变、多样性及其与环境的联系[4]。生态学的发展在微观层面上延伸至分子水平，在宏观层面上延伸至全球可持续发展，这符合一门学科的科学发展规律，也显现了生态学的重要性及其加速发展的必然性。

综上所述，生态学已成为 21 世纪社会科学与自然科学发展的焦点，不仅具有专业性，同时还有很强的渗透性，涉及社会生活的各个方面，任何人都可以接受并且都应该接受生态教育。无论是开展精英教育还是培养合格的社会公民，在教育中进行生态观的渗透是必不可少的。为此，原国家环保总局提出“环境保护，教育为本”的口号，教师在教学过程中要通过对生物与环境、人与生物圈、生态环境保护等知识内容的讲授，对学生渗透科学的生态观[5]。使中学生具有生态学的基础理论知识、科学辩证思维和生态价值取向的价值观，已成为提高中学生生物科学素养的重要组成部分。我国中学生物课程是由国家统一规定的、以提高学生生物科学素养为主要目的的必修课程，是科学教育的重要范畴之一[6]。提高学生生物科学素养不但在于学生掌握基础理论知识，具备科学探究能力，更在于培养学生了解科学、自然、社会三者的关系，形成正确的生态价值观。其中最重要的一环就是理解人与自然的关系，形成正确的生态学观点和人与自然和谐相处的观念。因此，在我国中学生物教育中需要触及更多生态学知识及理念。

对中学生物中生态学的内容进行解析，教材是根本。而教材中最重要的一类就是教科书，它不但包含课程的主要内容，而且也是课程改革的关键环节，是学生和教师都必须使用的，教学活动中必不可少的教学工具[7]。生态学知识在我国中学生物教科书中一直保持着较重的分量，落实生态学在中学生物课程里的教育价值，符合时代发展进程[8]。经过对教科书的剖析，我们能够挖掘到教科书中所包含的意识形态，也能够了解到课程中所含有的科学与文化的价值观念[9]。在对教科书中生态学内容研究这一方面，我国生物一级教师倪晓青老师的论文《我国中学生物教科书中生态学内容的变迁研究》从生态学和生物课程入手，分析影响我国中学生物教科书中生态学内容变迁的因素，并分别从教科书中的生态学内容的广度、深度和组织 3 个方面进行了分析论述[10]。对中学生物教材中的生态学内容分析，可从我国现有的不同版本的中学生物教材中生态学内容的比较出发。我国现在发行的中学生物教材主要有人民教育出版社、江苏教育出版社和北京师范大学出版社出版的 3 个版本，其中人教版在全国的使用范围最广，苏教版在我国教育发达地域使用率较高，北师大版在全国的各地区都有所使用，选用这 3 个版本的教材进行分析具有典型性[11]。

我国中考、高考是现阶段中国教育体制中参与人数最多、影响力最大的选拔性考试，其考查内容对学校教学有很强的导向性。因此，可从生态学在中考、高考中的考查比例这方面来分析中学生物中的生态学内容。上海师范大学田颖的硕士学位论文《新课标下的生物高考命题趋势与上海高中生物教学策略研究》系统分析了新课标出台后的生物高考试卷，突出考试促学促教的作用[12]，为笔者探究中考、高考生物中的生态学提供了思路。可通过统计近年来中考、高考生物卷中的生态学知识考点，突出中学生物中生态学的考查重点，分析中考、高考对中学生态教育的导向性。在新课程改革的背景下，这样的分析，可以使教师更加清晰把握生态学知识在中学生物中的重难点，更加注重在教学中渗透生态观念。

最后，在中学生物教育中，向学生渗透生态观念符合我国《普通高中生物课程标准（实验）》在课程目标中提出的学生要理解人与自然的相互关系，具体体现在“关心我国生物资源状况，热爱自然、珍爱生命、理解人与自然和谐发展的意义，树立可持续发展的观念”[13]。而且，中学教育中渗透生态教育，不仅包括自然生态，还包括人与人之间的关系、学生心理发展等行为生态，教师应掌握生态学的原理和方法，秉持科学的生态观念，并将其运用于课堂教学、课外实践和师生交往等各个方面。因此，从生态教育这一方面探究，可为教师开展中学生态教育提出几点建议。河南师范大学何秀霞的硕士论文《新时期中学生生态文明教育研究》提出要推进生态校园建设、打造具有生态文明素质的教师队伍、提高学生生态行为能力等观点[14]。在教学中渗透生态教育，树立学生的生态意识，让其正视当今社会的各种生态问题，对提高中学生生物科学素养有着重要意义。

第一节　初中生物教材中生态学内容解析

一、初中生物教材中生态学内容分析

新课改后，初中生物学课程标准把“人与生物圈”作为主线，而依照课程标准编写的生物教科书，生态学知识、观念占据了重要地位[8]。但不同版本的生物学义务教育教科书在对生态学知识的编排和涉及的量上都有差异，因此，本章选用教育部 2013 年审定的生物学义务教育教科书人教版、苏教版七年级和八年级教材，共有八册，教育部 2012 年审定的北师大版生物学义务教育教科书七年级和八年级教材，共有四册[15-20]。从中对初中生物教材的生态学内容进行分析，一方面，统计 3 个版本的初中生物教材中涉及生态学知识单元和知识点，并对其编排进行对比分析；另一方面，统计 3 个版本的初中生物教材中生态学内容的比例，用版面法和章节法两种方法进行统计。版面法运用公式：生态学内容版面比例＝(生态学内容的版面/总版面)×100％。章节法应用公式：生态学章节比例＝(生态学内容章节数/总章节数)×100％[21]。

二、初中生物教材中生态学内容统计分析

义务教育阶段生物学课程实质上依照初中生物课程标准分为了 10 个一级主题：“科学探究”“生物体的结构层次”“生物与环境”“生物圈中的绿色植物”“生物圈中的人”“动物的运动和行为”“生物的生殖、发育与遗传”“生物的多样性”“生物技术”“健康地生活”[6]。一级主题“生物与环境”中集中涉及生态学内容，包括“生物与环境的关系”“生态系统及生物圈”等知识。除此之外，在其他的某些一级主题之中也涉及部分生态学知识。如：“生物圈中的人”“动物的运动和行为”“生物的多样性”中涉及了“人的活动对生物圈的影响”“动物的社会行为”“生态系统多样性”等方面的生态学内容。

通过表 4-1，可以看出 3 个版本的初中生物教材在对生态学内容编排上的差异。人教版初中生物教材在七年级上册的第一章第二单元时就已将一级主题“生物与环境”的知识进行了总的阐述，在整个初中生物教学的一开始就先将生态系统及生物圈的概念引入。而苏教版和北师大版教材则将“生物与环境”这一主题分为两个部分，一部分是将“生物与环境的关系”安排在七年级上册的第一章，另一个部分是将生态系统的知识安排在八年级中。就这一点而言，人教版教材更多考虑到的是知识的连贯性，“生物与环境的关系”“生物与环境组成生态系统”“生物圈是最大的生态系统”，使知识的呈现在内容上相衔接。而苏教版和北师大版更多的是考虑学生对知识的接受性，对于刚开始接触生物的七年级学生来说，生态系统部分的知识难度较大，因此将其放在了八年级的教材中。

人教版和苏教版教材中“生物多样性及其保护”知识单元的编排基本相同，北师大版教材则没有单独涉及这部分的内容，只在七年级上册和八年级上册分别提及我国的植物、动物

资源的丰富性及对其的保护，并未直接提出生物多样性的概念。但联系我国的实际情况，符合初中生物课程标准中提出的“学生要关心我国生物资源状况，热爱自然、珍爱生命、理解人与自然和谐发展的意义，树立可持续发展的观念”[6]。

表 4-1　人教版、苏教版及北师大版初中生物教材中生态学内容统计

知识单元		人教版	知识单元		苏教版	知识单元		北师大版
了解生物圈	知识点	生物与环境的关系 生物和环境组成生态系统 生物圈是最大的生态系统	生物与环境的关系	知识点	生物的生存依赖一定的环境 生物对环境的适应及影响	认识生命	知识点	生物与环境的相互影响
				位置	七年级上册 第一章 第二节		位置	七年级上册 第一单元 第一章第二节
	位置	七年级上册 第一单元 第二章	生物与环境是统一体	知识点	生态系统的组成 生物圈中的能量流动和物质循环 生物圈是最大的生态系统	生物与环境	知识点	生物的生存依赖一定的环境 生态系统的概述 生态系统的结构和功能 生态系统的稳定性
				位置	八年级上册 第十九章、第二十章		位置	八年级下册第八单元
人类活动对生物圈的影响	知识点	人类活动对生物环境的影响 保护生态环境	人是生物圈中一员	知识点	关注生物圈——环境在恶化 保护生物圈——从自身做起	人在生物圈中的义务	知识点	人类活动对生物圈的影响 保护生物圈是全人类共同的义务
	位置	七年级下册 第四单元 第七章		位置	七年级下册 第十三章		位置	七年级下册 第四单元 第十四章
动物的行为	知识点	社会行为	动物的行为	知识点	动物行为的主要类型	动物的行为	知识点	动物行为的主要类型
	位置	八年级上册 第五单元 第二章第三节		位置	八年级上册 第六单元 第十八章第一节		位置	八年级上册 第五单元 第十六章第二节
生物多样性及其保护	知识点	认识生物的多样性 保护生物的多样性	生物的多样性及保护	知识点	生物的多样性 保护生物多样性的艰巨使命			
	位置	八年级上册 第六单元 第二、三章		位置	八年级上册 第十五章			

从总体来看，义务教育阶段生物学课程实质上主要涉及生物与环境的关系，很少涉及甚至不涉及种群、群落内容，理论知识相对简单，强调对现象的描述[8]。在初中生物教育“人与生物圈”这一主线中，其实包括了两个“人”，一个是生物圈中的自然人，即人的生理与生命活动，第二个是作为社会群体的人，即人对生物圈的影响。在初中生物的生态教育过程中，必须要提到人在生态环境中的作用，一方面人必须遵循自然规律，另一方面，也可以运用生态学的知识，适当地改造和利用自然。教师在进行“生物圈中的人”的教学过程中，不仅要讲授人的生理与生命活动，还需要从人与生物圈关系的角度，引导学生理解人类赖以生存的自然和人工环境也是生物圈的组成部分，意识到生物圈中的人对生物圈的影响，贯彻中学生物课程理念，提高中学生的生物科学素养。

三、初中生物教材中生态学内容比例统计分析

初中生物教材中生态学内容丰富，这是毋庸置疑的，但在不同版本的初中生物教材中，生态学内容多而散。在人教版、苏教版和北师大版的初中生物教材中其占据的比例，可通过将教材中生态学内容量化进行数据分析。运用版面法统计，公式：生态学内容版面比例＝(生态学内容的版面/总版面)×100％。章节法统计，公式：生态学章节比例＝(生态学内容章节数/总章节数)×100％[21]。

用版面法和章节法统计3个版本初中生物学教材中生态学内容的比例（表4-2），结果显示其比例均在10％左右。按照初中生物课程标准的10个一级主题划分，生态学内容就占据了一个一级主题，约占整个初中生物学的1/10。其中苏教版教材中生态学内容更多，超过10％，用版面法和章节法统计都在12％以上。这说明苏教版教材更加重视生态学知识，与人教版和北师大版教材相比，书中生态学部分安排了更多的课外探究和课外阅读，注重生态学知识的课外延伸，有利于提高学生的生物科学素养。人教版和北师大版初中生物教材中生态学内容比例基本相同，约占10％。北师大版教材用版面法和章节法统计出的比例差异较为明显，相差约1.69％，表明北师大版教材对生态学内容的章节划分更细。例如：生态系统部分北师大版划分为“生物的生存依赖一定的环境”“生态系统概述”“生态系统的结构和功能”“生态系统的稳定性”4个小节；而人教版仅划分为了“生物和环境组成生态系统”“生物圈是最大的生态系统”2个小节。

表4-2 人教版、苏教版及北师大版初中生物教材中生态学内容比例（％）

项目	人教版		苏教版		北师大版	
	版面占比	章节占比	版面占比	章节占比	版面占比	章节占比
七年级上册	4.55	3.75	1.01	1.27	1.19	1.37
七年级下册	2.07	2.50	2.83	2.53	1.97	2.74
八年级上册	3.31	3.75	8.48	8.86	1.78	1.37
八年级下册					4.33	5.48
总　和	9.93	10.00	12.32	12.66	9.27	10.96

综合来看，3个版本的初中生物教材中生态学内容的比例均占10％左右，也间接体现了我国现阶段对生态教育的重视。初中阶段属于我国九年义务教育，在义务教育普及的今天，

于初中阶段渗透生态教育，也就是要实现生态教育的基础化、大众化。在大力提倡可持续发展的今天，无论是培养具有生态保护意识和科学素养的中学生，还是培养理解人与自然和谐发展的合格社会公民，从义务教育阶段开始渗透科学的生态观念，是基础教育中必不可少的一环。

四、生态学内容在中考中的分析

虽然目前，初中生物在全国多地不列为中考科目，只作为会考科目。但随着生物科学的迅速发展，为了适应时代的要求，部分地区加强了对义务教育阶段的生物学考查的重视，已将初中生物纳入本地区的中考体系。参考《5 年中考 3 年模拟·中考生物》，以及一些地区的中考生物试卷，统计其中的生态学考点及其占分比例[22]。

对 2014—2016 年四川成都、福建福州和广东珠海 3 个地区的中考生物试卷进行剖析，四川成都中考生物试卷的组成包括：选择题每题 2 分，共 40 分；填空题每空 1 分，共 20 分；识图题 20 分；分析与探究题 20 分。福建福州中考生物试卷的组成包括：选择题每题 2 分，共 50 分；非选择题 50 分，有连线题、判断题、填空题、分析与探究题。而广东珠海的中考生物试卷组成只有 50 道选择题，每题 2 分，共 100 分。成都和福州的中考生物试卷都包含多类题型，而珠海却只有单选题这一种题型。表明，珠海虽然进行生物中考，但考查的只是最基础的概念知识，并没有考查初中生的生物科学思维。相较而言，成都和福州对初中生的生物科学思维的考查明显较多，其中设置的探究题符合中学生物新课程理念，考查学生是否具备了基本的生物科学素养。

统计这 3 个地区 2014—2016 年中考生物试卷中各知识考点的占比（表 4-3），按照初中课程标准的 10 个一级主题划分出知识考点。四川成都，对各知识点的考查可明显分为重点考查、次重点考查和非重点考查 3 个层次。重点考查“生物的生殖、发育与遗传”，2014—2016 年间，每年的考查比例均占整个中考生物的 32%，只这一个一级主题就占去整个中考试卷约 1/3。次重点考查“科学探究”“生物与环境”“生物的多样性”，每年其分值在生物考试中约占 10%～20%。其余都为非重点考查，每年所考查的分值在 10%以下。福建福州，考查重点在“生物圈中的人”，其对于生态知识的考查明显比成都少。广东珠海，考查重点放在“科学探究”，是 3 个地区中科学探究考查比例最高的，达到 18%左右，而对其他各部分知识考查的占分比重都在 10%左右。

表 4-3 2014—2016 年中考生物试卷中各考点占分比例（%）

考点	四川成都			福建福州			广东珠海		
	2014 年	2015 年	2016 年	2014 年	2015 年	2016 年	2014 年	2015 年	2016 年
科学探究	12	11	12	9	11	11	18	18	16
生物体的结构层次	2	4	4	7	8	5	8	4	8
生物与环境	18	16	20	6	8	10	10	10	8
生物圈中的绿色植物	4	4	4	15	17	12	12	8	12
生物圈中的人	6	2	4	16	16	18	12	10	12
动物的运动和行为	8	9	2	5	8	4	6	6	6
生物的生殖、发育与遗传	32	32	32	13	13	13	8	16	16

续表

考点	四川成都			福建福州			广东珠海		
	2014年	2015年	2016年	2014年	2015年	2016年	2014年	2015年	2016年
生物的多样性	12	18	16	15	8	13	8	12	6
生物技术	4	2	4	3	3	2	8	6	6
健康地生活	2	2	2	11	8	12	10	10	10

综上所述，生物中考中生态学内容考查比例较高，教师应该在教学中下苦功夫，激发学生对生态学的兴趣，在教学中处处渗透生态观念。如在“生物圈中的人”的教学中，要渗透人类负有保护生态环境的责任的观点。只有这样，才能为学生树立起科学的生态观点，促进学生生态素养的全面提高。

第二节　高中生物教材中生态学内容解析

一、高中生物教材中生态学内容分析

根据《普通高中生物课程标准（实验）》，高中生物课程分为必修和选修两个部分，必修部分包括必修一分子与细胞、必修二遗传与进化、必修三稳态与环境3个模块，选修部分包括选修一生物技术实践、选修二生物科学与社会、选修三现代生物科技专题3个模块。必修部分生态学内容集中在必修三稳态与环境模块，所涉及的知识单元主要包括“种群”“群落”“生态系统及稳定性”“环境保护”，知识点包括“种群的特征及数量变化”“群落的结构及演替”“生态系统的结构”“能量流动”“物质循环”“信息传递”“生态系统的稳定性”“保护生态环境”。选修部分的生态学内容主要集中在选修二生物科学与社会和选修三现代生物科技专题，涉及内容较少。因此，在对高中生物教材中生态学内容的解析时，采用2004年初审通过的普通高中课程标准实验教科书人教版、苏教版和北师大版生物3个版本的教材[23-25]。

二、高中生物教材中生态学内容统计分析

从表4-4，可以看出人教版、苏教版和北师大版3个版本的高中生物教材均按照高中生物课程标准编写，其中生态学知识单元和知识点无明显差别，而在教材章节的安排及内容的呈现方式上有所差异。在章节安排上，人教版、苏教版教材将全部生态学内容分为3章，“种群与群落”“生态系统”“生态保护”各为1章；北师大版教材将其分为2章，“生态系统”和“生态保护”各为1章。在内容的呈现上，第一，人教版教材在每章中包含若干小节，每个小节即为一个知识点，而在苏教版和北师大版教材中每章包含若干小节，每个小节再划分为若干知识点。第二，在群落这一知识单元中，人教版和苏教版都涉及“生物群落中的种间关系”的知识内容，而北师大版教材中没有涉及这个知识内容，但增加了“生态位”

的概念。第三，3个版本的教材在安排活动探究时有所差异，如：在“种群的特征”这一知识点中，根据高中生物课程标准，可安排一个实验（动物种群密度调查的标记重捕法）和一个实践（用样方法调查植物种群密度），人教版教材在“种群的特征”中设计了一个探究活动“用样方法调查草地中某种双子叶植物的种群密度”，对于标记重捕法没有设计探究活动；苏教版教材在“种群的特征”中设计了一个模拟实验“模拟动物种群密度调查的标记重捕法”，而对样方法却没有设计探究活动；北师大版教材则在“种群的特征”设计了一个标记重捕法的模拟实验和一个样方法的调查活动。

表 4-4 人教版、苏教版、北师大版高中生物教材中的生态学内容

知识单元	人教版知识点	苏教版知识点	北师大版知识点
种群	第四章 种群与群落 第一节 种群的特征 第二节 种群的数量变化	第三章 生物群落的演替 第一节 生物群落的基本单位——种群 种群的特征 种群数量的增长规律	第三章 生物群体的动态平衡 第一节 种群的相对稳定 种群的特征 种群数量的变动 种群数量的调节与平衡
群落	第三节 群落的结构 第四节 群落的演替	第二节 生物群落的构成 生物群落 生物群落中的种间关系 群落结构 第三节 生物群落的演替 群落演替的概念与类型 群落演替的影响因素	第二节 群落的先对稳定 群落的结构 生物在群落中的生态位 群落的演替
生态系统	第五章 生态系统的稳定性 第一节 生态系统的结构 第二节 生态系统的能量流动 第三节 生态系统的物质循环 第四节 生态系统的信息传递 第五节 生态系统的稳定	第四章 生态系统的稳态 第一节 生态系统和生物圈 环境对生物非常重要 生物与环境构成生态系统 生物圈是最大的生态系统 第二节 生态系统的稳定 生态系统中的能量流动 生态系统中的物质循环 生态系统中的信息传递 生态系统稳态的维持	第四章 生物与环境的协调发展 第一节 生态系统是一个相稳定的系统 生态系统的结构 生态系统中的能量流动 生态系统中的物质循环 生态系统中的信息传递 生态系统的相对稳定性 生物圈是最大的生态系统
生态保护	第六章 生态环境的保护 第一节 人口增长对生态环境 第二节 保护我们共同的家园	第五章 人与环境 第一节 人类影响环境 人口增长 人口增长对生态环境的影响 第二节 创造人与自然的和谐 保护生物多样性 人类可持续发展	第二节 人与环境的可持续发展 人类社会发展对生态环境的影响 全球性的环境问题 生态环境保护

总的来说，高中生物教材中所涉及的生态学内容包括“种群”“群落”“生态系统”“生态保护”4个知识单元，其中所含的知识、概念、原理和方法都没有太大的变化。3个版本的生物教材将生态学的基础理论知识进行精心设计和巧妙安排，是为了激发学生的学习兴趣，使之更易于接受生态学基础理论知识。设计生态学实验或实践活动，是为了引导学生用

科学探究的方法，主动地进行科学探究，体验科学探究的乐趣，培养其开展生物科学探究的能力，提高生物科学素养。特别是将生态保护单独作为一个知识单元，详细论述人作为生物圈中的重要一员，其活动对全球生态系统有着巨大的影响，保护人类赖以生存的生态环境是每个人的责任，为学生树立科学的生态观点。

三、高中生物教材中生态学内容比例统计分析

首先，用公式生态学内容版面比例=(生态学内容的版面/总版面)×100%，统计人教版、苏教版和北师大版高中生物教材中生态学内容所占比例（表4-5）。在3个版本的高中生物教材中，人教版中生态学内容最多，约占17.95%。从“种群”“群落”“生态系统”“生态保护”4个部分的生态内容来看，“种群”“群落”“生态系统”在人教版教材中所占的比例都明显高于苏教版和北师大版，“生态保护”部分所占的比例最少，约占3.33%；北师大版教材和苏教版教材的“生态保护”部分所占比例基本相同，约占4.70%。从教材中“种群”“群落”“生态系统”“生态保护”4部分各自的占比来看，人教版教材“群落”和“生态系统”两个部分所占比例明显高于“种群”和“生态保护”所占的比例，而苏教版和北师大版教材中“生态系统”和“生态保护”所占的比例明显高于“种群”和“群落”。

表4-5　人教版、苏教版、北师大版生物教材必修三中生态学内容比例（%）

知识点	人教版	苏教版	北师大版
种群	3.08	1.95	2.61
群落	4.10	3.90	2.61
生态系统	7.44	5.01	4.97
生态保护	3.33	4.74	4.67
总计	17.95	15.60	14.86

总的来看，高中阶段的生态学知识更加系统、科学。在整个高中阶段生态学所占的比例达到了15%左右，所占比重较大，对于高中生树立科学的生态观点具有重要意义。在高中生物必修模块教学的最后，增加“生态保护”的教学内容，对于已经拥有扎实的生物学基础知识的学生来说，能更好地理解生物与环境为统一的整体，人类作为生物圈中的一员，其生存和发展离不开自然环境。生态学可发挥积极作用，解决现在威胁着人类生存和可持续发展的人口剧增、环境污染、资源枯竭、生物多样性丧失等各种生态问题，通过教学为学生展现生态学前行与发展的方向，可增强学生的环保意识，培养学生热爱大自然的良好品质，提高学生生物科学素养。

四、生态学内容在高考中的分析

回顾历史，1977年中国恢复高考，但直到1981年，才将生物作为高考科目。在此之后，生物高考从30分（1981年）逐步增加到如今的90分。它对中学生物教育起到了积极的引导作用，研究高考生物中的生态学内容可以有效地帮助我们获得高中生物中生态学的重难点信息。全国高考试卷除了课标卷（全国卷Ⅰ+全国卷Ⅱ）外，还包括各个自主命题地区所出的高考试卷。因各个自主命题地区高考命题的特色和侧重各不相同，不具有代表性，所以，本节选用课标卷（全国卷Ⅰ+全国卷Ⅱ）分析高考生物中的生态学内容。

对 2013—2016 年生物新课标全国卷中生态学内容进行统计，如表 4-6 所示。从中可以看出，高考对生态学知识的考查落在“种群”、“群落”及“生态系统”3 个部分。而“生态系统”又可分为 3 个考点，分别为“生态系统的结构”“生态系统的功能”“生态系统稳定性”。“生态系统”知识是生物高考的重要考点，考查题型包括选择题和非选择题[26]。历年生物高考中，选择题主要考查“种群”“群落”“生态系统的结构”，而非选择题的分布范围则较广，每个考点都有所涉及。在 2013—2016 年间，考查频率最高的考点是“群落”，共计 6 次。2013 年对生态学知识考查最为全面，每个考点都有考查，共计 7 次。

表 4-6　2013—2016 年高考生物全国卷中生态学的各考点考查次数

知识考点	题型	考查次数				
		2013 年	2014 年	2015 年	2016 年	总　计
种群	选择题和非选择题	2	0	2	1	5
群落	选择题和非选择题	2	2	2	0	6
生态系统的结构	选择题和非选择题	1	2	1	1	5
生态系统的功能	非选择题	1	1	1	0	3
生态系统的稳定性	非选择题	1	0	0	0	1
总　计		7	5	6	2	20

统计 2013—2016 年高考生物课标卷各考点的占分比例，见表 4-7。第一，全国卷Ⅱ中生态学知识的占分比例明显要低于全国卷Ⅰ。第二，全国卷Ⅰ中，2014 年生态学内容所占的分数比例最大，达到 18.89%，约占当年生物试卷的 1/5。全国卷Ⅱ中，2013 年生态学内容所占的分数比例最大，为 11.10%。2016 年全国卷Ⅰ和全国卷Ⅱ对生态学内容只考查了一道选择题，生态学内容所占的分数比例成为历年最低，仅为 6.67%。第三，2013—2016 年高考生物课标卷中生态学考点占分比例总体呈现减少趋势。

表 4-7　2013—2016 年高考生物全国卷各考点占分比例（%）

知识点	全国卷Ⅰ				全国卷Ⅱ			
	2013 年	2014 年	2015 年	2016 年	2013 年	2014 年	2015 年	2016 年
种群	6.67		8.89		4.44		4.44	6.67
群落	2.22	12.22	6.67		4.44	1.11	3.33	
生态系统的结构	2.22	6.67		6.67		4.44	1.11	
生态系统的功能			2.22		2.22	4.44		
生态系统的稳定性	2.22							
总计	13.33	18.89	17.78	6.67	11.10	9.99	8.88	6.67

综上所述，在历年高考中对生态学的考查主要侧重在生态系统部分。对于不同的年份，知识点考查的侧重点有所不同，但却都没有对“生态保护”部分的知识进行考查。这表明，高考生物偏重对生态基础理论知识的考查，并没有联系全球生态环境变化的实际问题来对学生进行考查，这就会导致学生只重理论知识，不关心生态环境的保护，教师也轻视对学生进

行生态观念的渗透，不利于为学生树立科学的生态观点，没能发挥出高考对提高中学生生态观念的积极导向作用[11]。

第三节　结论和建议

一、结论

（一）初中生物中的生态学内容

生态学知识在初中生物教材中的分布，主要在“生物与环境的关系”“人对生物圈的影响”“生态保护”三个方面。我国现行的人教版、苏教版及北师大版 3 个版本的初中生物教材中渗透了科学生态观，生态学内容占有较高比例，在 10%左右，体现了我国对生态教育的高度重视。目前初中生物在全国多地不作为中考科目，只作为会考科目。在生物作为中考科目的部分地区中选取 3 个地区的中考生物试卷进行分析，得出结论：中考生物中对生态学内容的考查以选择题为主，考题简单，每年的考查分值在 10%～20%之间，所占比例较高。

（二）高中生物中的生态学内容

生态学内容集中在高中生物教材必修三稳态与环境模块中，按个体、种群、群落、生态系统的生态学宏观层次编排。教材中更多涉及生态学基础理论知识，同时增加许多生态学的模拟实验、调查实践，以满足高中生物课标所提出的要站在义务教育良好的基础之上，进一步提高学生的生物科学素养的要求，培养学生进行科学探究的能力。人教版、苏教版及北师大版 3 个版本的高中生物教材中，生态学内容所占比例较高，在 15%左右。2016 年新课标高考理综大纲中明确提出生物必修三稳态与环境模块的考试能力要求为实验与探究能力，高考生物对生态学内容的考查更侧重于生态基础理论知识。

二、建议

第一，不同版本的教材编写既要依照课程标准的要求，同时也要根据知识的逻辑顺序和学生的发展规律科学衔接初中生物和高中生物内容；教师要充分把握不同版本的中学生物教材，从事教学工作时，既要抓住当前所使用的教材的特点，同时也可参考其他版本教材，充实和丰富中学生物中的生态学教学。

第二，教师教学过程中，不能将教材当作课程，更不能将教材等同于教学内容，每一堂课都要精心设计教案和组织教学，充分体现新课改的精神。不仅应在生物教学中渗透科学的生态观，培养学生的可持续发展意识，同时，在其他课程教学、课外实践和师生交往等学生学习和生活的各个方面，都应渗透科学的生态观，促进学生生态素质全面提高。

第三，中考、高考的考查内容对教师教学和学生学习有很强的导向性，分析近年的生物中考、高考试题可以帮助教师和学生了解考试的考查重点，以便更好地把握教与学过程中的重点和难点，提高教学和学习的有效性。教师应将进步的、科学的生态观，潜移默化地渗透到生物教学中，学生应在学习生物知识的同时树立科学的生态观点。

参考文献

[1]阳含熙．生态学的过去、现在和未来[J]．自然资源学报，1989(04)：355-361.

[2]赵占良．生物学教育引入生态文化内涵的思考[J]．课程·教材·教法，2007(11)：74-77.

[3]王震洪，盛连喜，段昌群．生态学本科教育论析[J]．教育文化论坛，2010(05)：86-91.

[4]曹鹏，贺纪正．微生物生态学理论框架[J]．生态学报，2015(22)：7263-7273.

[5]王春燕．在中学生物教学中构建学生生态哲学观[J]．中学生物学，2008，24(10)：16-18.

[6]中华人民共和国教育部．义务教育生物课程标准(2011年版)[M]．北京：北京师范大学出版社，2012.

[7]凌云．中学生物教材科学方法训练的比较研究[D]．桂林：广西师范大学，2007.

[8]谭永平．我国中学生物教科书中生态学内容百年变迁及其启示[J]．中学生物学，2015，31(10)：59-61.

[9]李祖祥．教科书分析的三种取向[J]．湖南师范大学教育科学学报，2007，6(5)：10-13.

[10]倪晓青．我国中学生物教科书中生态学内容的变迁研究[J]．才智，2015(21)：38.

[11]剡晓婷，杨淑萍，马伟琴，等．人教版、苏教版高中生物教材比较分析[J]．教学与管理(中学版)，2016(3)：52-55.

[12]田颖．新课标下的生物高考命题趋势与上海高中生物教学策略研究[D]．上海：上海师范大学，2009.

[13]中华人民共和国教育部．普通高中生物课程标准(实验)[M]．北京：人民教育出版社．2003.

[14]何秀霞．新时期中学生生态文明教育研究[D]．新乡：河南师范大学，2011.

[15]朱正威，赵占良．生物学义务教育教科书七年级[M]．北京：人民教育出版社，2014.11.

[16]朱正威，赵占良．生物学义务教育教科书八年级[M]．北京：人民教育出版社，2014.11.

[17]汪忠．生物学义务教育教科书七年级[M]．南京：江苏教育出版社，2014.12.

[18]汪忠．生物学义务教育教科书八年级[M]．南京：江苏教育出版社，2014.12.

[19]刘恩山．生物学义务教育教科书七年级[M]．北京：北京师范大学出版社，2013.7.

[20]刘恩山．生物学义务教育教科书八年级[M]．北京：北京师范大学出版社，2014.7.

[21]陈小梅，陈霞辉，郭佳丽，等．中学生物教材中生态内容的统计分析[J]．教育教学论坛，2015(14)：274-276.

[22]曲一线．5年中考3年模拟·中考生物[M]．北京：教育科学出版社，2016.2.

[23]朱正威，赵占良．普通高中课程标准实验教科书生物必修三·稳态与环境[M]．北京：人民教育出版社，2015.12.

[24]汪忠．普通高中课程标准实验教科书生物必修三·稳态与环境[M]．南京：江苏教育出版社，2012.6.

[25]刘植义，付尊英．普通高中课程标准实验教科书生物必修三·稳态与环境[M]．北京：北京师范大学出版社，2015.12.

[26]游小兵．生态系统易错考点分析[J]．高中生之友：高三年级版，2012(1)：89-90.

第五章
微生物学内容在生物教材中的内容解析

微生物学是生物学的分支学科之一，是生命科学的专业必修课程[1]，它是在分子、细胞或群体水平上研究各类微小生物（细菌、放线菌、真菌、病毒、立克次氏体、支原体、衣原体、螺旋体、原生动物以及单细胞藻类）形态与结构、生长与繁殖、生理与代谢、遗传与变异、生态分布和分类进化等生命活动的基本规律，并将其应用于工业发酵、医学卫生和生物工程等领域的科学[2]。通过微生物学课程的学习，要求学生掌握微生物学的基本理论，学会基础的操作过程，并将所学知识应用到现实生活中。所以微生物学已然成为 21 世纪自然科学和社会科学学习的重点，它不仅是生物科学专业知识，具有专业性，同时它更具有很强的渗透性和普及性，涉及社会生活的方方面面。

17 世纪列文虎克用显微镜发现“运动的微小动物”，对微生物学的研究从 19 世纪 60 年代开始进入生理学阶段。法国科学家巴斯德对微生物生理学的研究为现代微生物学奠定了基础。20 世纪以来，生物化学和生物物理学向微生物学渗透，再加上电子显微镜的发明和同位素示踪原子的应用，推动了微生物学向生物化学阶段的发展。

当前，微生物学学科知识在中学生物教材以及中考高考中均有相关内容的涉及、运用及考查，该学科在生物科学专业中是专业核心课程。生物科学师范专业主要是培养具有生命科学基本理论、基本知识和有较强实验技能，能在中等学校从事生物课程教学的教育工作者。生物新课程改革给一线教师带来了严峻挑战，新课程实施能否顺利进行主要取决于生物学教师的素质，而师范生的培养目的是输送满足中学需求的合格教师。在课程改革的大背景之下，充分了解中学生物的教材内容以及中考高考考查重难点，加强高校课程内容选择及设置与中学课程联系很有必要。只有将中学生物教学内容与高等师范院校教学内容有针对性地契合，根据该学科在中学生物中的内容占比和中考高考中的考查重难点来进行该学科的教学安排，才能更高效地培养既能胜任新世纪中学生物教学又具有科研能力和创新精神的生物专业人才，生物师范生也才能更有针对性地进行专业知识的学习。我国中学生物是由国家统一规定的、以提高学生生物科学素养为主要目的必修课程，是科学教育的重要领域之一。初中生物属于义务教育基础课，在课程中渗透着微生物学的基础知识，包括微生物与人类的关系。高中阶段的生物学课程在义务教育的基础上，面向全体学生，促进学生全面发展，是以提高学生生物科学素养为目的的一门学科。在基础教育中学阶段，生物学在学科教育中占有重要地位。

我国现行有人教版、苏教版、北师大版、河北版、山东版、豫教版等多种版本中学教材，尽管每一版本的生物教材都是按照生物课程标准编写的，但不同教材的内容呈现形式、章节排列、实验项目类型和数目等许多环节不尽相同。北师大版生物教材在编写上充分考虑生物学科的特点，选择能够反映生物学基本规律的知识搭建基本框架，选择贴近学生生活和身心健康的知识为教材的主要内容，该版本对内容的掌握要求不算高，插图较多，相对容易；苏教版生物教材以“求实、求新、求活”为原则编写，内容较多，且包含了很多科普性、常识性内容，综合性较强，对学生实验创新的要求较高，着眼于培养学生的科学素质；人教版生物教材以学生发展为立足点，以全面提高学生的科学素养为宗旨编写，不论在知识内容上还是在对学生的要求上都相对适中，习题少而精，意在淡化训练，倡导研讨、探究的学习理念。

近几年来，国内将大学课程与中学教材联系起来的研究较少，王颖[4]的《我国中学生物教课书微生物学内容的百年变迁》分析中学生物课本中微生物学的内容变迁，但没有解析微生物学在中学生物中的内容，中学生物的研究主要放在了生物教学、教育、实验探究方面，参考价值有限。有关微生物学的研究重心主要放在微生物学的历史现状、发展趋势和实验教学等方面[5]，对于中学生物的研究则侧重于生物教学、教具和实验探究学习等方面[6]。本章根据师范院校生物科学专业微生物学的学科知识体系，解析微生物学在中学生物中的内容，一是通过分析比较不同版本的中学教材，可以帮助我们把握微生物学知识在中学教材中分布的特点；二是通过分析近五年的中考、高考试卷，了解微生物学各个知识点在中考、高考试卷中的题型以及分值比例，对中学生物教师高效教学提出建议；三是可以提高我们的教材分析能力与教育教学研究水平。

梳理高等师范院校生物科学专业微生物学知识体系，选用人教版、苏教版和北师大版三个版本的中学生物教材进行比较归纳，研究该学科知识在中学生物中的内容，对比分析中学生物中微生物学知识的相关运用，对 2012—2016 年中考高考生物真题中微生物学相关知识占比及题型进行统计分析，从而了解中考高考中对该学科的考查重点。据此对生物科学师范生培养，师范生学习该学科知识以及中学生物教师如何对该学科知识进行高效教学提出建议。

通过资料，全面、正确地了解、掌握师范院校生物科学学科知识体系。对三个版本中学生物教材中微生物学相关内容的知识单元、章节分布和知识点进行详细统计，并与生物科学专业微生物学学科核心知识体系作相应的对比分析，利用近五年中考题和近五年高考真题分析微生物学内容所占比重，从而了解微生物学在中学生物中的考查重点。从中学生物教材以及中考高考真题中归纳总结出微生物学内容在中学生物中的特点，得出结论。

第一节　初中生物教材中微生物学内容解析

一、北师大版、苏教版和人教版初中教材中的微生物内容解析

教材是学生的知识资源和学习工具[7]，我们国家中学教材使用的版本较多，例如人教

版、苏教版、北师大版、河北版、山东版、豫教版等[8]。当前，人教版教材是我国使用最普遍的教材，苏教版的教材在教育发达地区使用，能代表教育发达地区的教学水平，北师大版教材虽使用频率不及苏教版和人教版教材高，但也在北京、沈阳等多地使用，在重庆、贵州的部分地区使用，除这三个版本外的其他教材使用率较低[9]。据此，本节选取人教版、苏教版和北师大版的中学生物教材进行研究分析。北师大版为 2012 年教育部审定生物学义务教育教科书七年级和八年级共四册[10-13]，苏教版为 2013 年教育部审定生物学义务教育教科书七年级和八年级共四册[14-17]，人教版为 2013 年教育部审定生物学义务教育教科书七年级和八年级共四册[18-21]。

对初中北师大版、苏教版、人教版教材中微生物学知识单元和知识点统计见表 5-1，三个版本的初中生物教材在对微生物学内容编排上存在差异。各知识点在三个版本中的编排不同，北师大版教材在编排上注重学生的理解性，将知识“传染与免疫”编排在七年级下册，使学生初步对微生物学知识有所了解，将“真核、原核生物形态结构与功能”“病毒”“微生物的营养和培养基”“微生物的生长及其控制”这几个知识点编排在八年级上。苏教版和人教版教材在微生物学知识的编排上具有连贯性，“真、原核生物的形态构造和功能”“病毒”“微生物的营养和培养基”“微生物的生长及其控制”这几点知识被编排在八年级上册，而将“传染与免疫”编排在八年级下册。同时，将微生物学知识安排在动物学知识之后，便于学生对宏观的知识有所掌握之后理解抽象的微生物学知识。但总体看来，微生物学在三个版本的中学生物教材中涉及的知识点都基本相同。

表 5-1　初中北师大版、苏教版、人教版教材中微生物学知识单元和知识点统计

知识单元	北师大版		知识单元	苏教版		知识单元	人教版	
微生物在生物圈中的作用	知识点	真、原核生物的形态构造和功能 病毒 微生物的营养和培养基 微生物的生长及其控制 微生物生态	神奇的微生物	知识点	真、原核生物的形态构造和功能 病毒 微生物的营养和培养基 微生物生态	细菌和真菌	知识点	真、原核生物的形态构造和功能 微生物的营养和培养基
	位置	八年级上册 第十八章 第一节		位置	八年级上册 第十四章 第三节		位置	第五单元　第四章细菌和真菌 第一节 第二节
预防传染病	知识点	传染与免疫	生物的分类	知识点		病毒	知识点	病毒
	位置	七年级下册 第十三章 第二节		位置			位置	第五单元 第五章病毒

续表

<table>
<tr><th>知识单元</th><th colspan="2">北师大版</th><th>知识单元</th><th colspan="2">苏教版</th><th>知识单元</th><th colspan="2">人教版</th></tr>
<tr><td rowspan="2">人体免疫</td><td>知识点</td><td>传染与免疫</td><td rowspan="2">源远流长的发酵</td><td>知识点</td><td>微生物的新陈代谢</td><td rowspan="2">细菌和真菌在自然界的作用</td><td>知识点</td><td>微生物的新陈代谢
微生物的生长及其控制
微生物生态</td></tr>
<tr><td>位置</td><td>七年级下册
第十三章
第三节</td><td>位置</td><td>八年级上册
第二十三章
第一节</td><td>位置</td><td>八年级上册
第五单元第四章细菌和真菌
第四节
第五节</td></tr>
<tr><td rowspan="8">微生物与人类</td><td>知识点</td><td>传染与免疫</td><td rowspan="2">食品保存</td><td>知识点</td><td>微生物的新陈代谢</td><td rowspan="8">传染与免疫</td><td>知识点</td><td>传染与免疫</td></tr>
<tr><td rowspan="7">位置</td><td rowspan="7">八年级上册
第十八章
第二节</td><td>位置</td><td>八年级上册
第二十三章
第二节</td><td rowspan="7">位置</td><td rowspan="7">八年级上册
第五章病毒
八年级下册
第八单元第一章传染与免疫
第一节</td></tr>
<tr><td rowspan="2">传染病</td><td>知识点</td><td>传染与免疫</td></tr>
<tr><td>位置</td><td>八年级下册
第二十五章
第一节</td></tr>
<tr><td rowspan="2">威胁健康的主要疾病</td><td>知识点</td><td>传染与免疫</td></tr>
<tr><td>位置</td><td>八年级下册
第二十五章
第二节</td></tr>
<tr><td rowspan="2">免疫</td><td>知识点</td><td>传染与免疫</td></tr>
<tr><td>位置</td><td>八年级下册
第二十五章
第三节</td></tr>
</table>

二、 2012—2016 年中考中微生物学的考查内容分析

由于近几年中考制度在不断改革，部分地区生物学不作为中考科目，虽然不直接作为中考科目，但是会考的成绩也将经过折算纳入中考的总分值，从表 5-2、表 5-3、表 5-4 可以看出湖南长沙、浙江杭州和山东威海五年的生物中考试卷中微生物学知识在初中阶段考查较少，微生物学的相关知识在中考所占的比例不大，常以选择题的形式出现，非选择题的形式相对较少，重点考查的知识点是“细菌、真菌和病毒的主要特征以及它们与人类生活的关系”“常见传染病、病因、传播途径和预防措施”，一般考查的知识点是“人的三道防线与两

种免疫”“计划免疫”“安全用药常识”“常用急救方法”。

表 5-2、表 5-3、表 5-4 分别是对湖南长沙、浙江杭州、山东威海参加生物作为中考科目的地区的中考生物中微生物学的题型分数统计。

表 5-2　湖南长沙 2012—2016 年中考生物卷中微生物学内容考查统计

主要考点①	2012 年		2013 年		2014 年		2015 年		2016 年	
	题型	分值/占比	题型	分值/占比	题型	分值/占比	题型	分值/占比	题型	分值/占比
A	选择题 非选择题	6 分/6%	选择题	2 分/2%	选择题	2 分/2%	选择题	10 分/10%		
B			选择题	2 分/2%	非选择题	5 分/5%			选择题	2 分/2%
C			选择题	2 分/2%						
D										
E	选择题	2 分/2%								
F	非选择题	4 分/4%								

① A. 细菌、真菌和病毒的主要特征以及它们与人类生活的关系；B. 常见的传染病、病因、传播途径和预防措施；C. 人的三道防线与两种免疫；D. 计划免疫；E. 安全用药常识；F. 常用急救方法。

表 5-3　浙江杭州 2012—2016 年中考生物卷中微生物学内容考查统计

主要考点①	2012 年		2013 年		2014 年		2015 年		2016 年	
	题型	分值/占比	题型	分值/占比	题型	分值/占比	题型	分值/占比	题型	分值/占比
A	非选择题	2 分/2%			选择题	2 分/2%			非选择题	6 分/6%
B	非选择题	4 分/4%	选择题	4 分/4%	非选择题	5 分/5%				
C										
D										
E										
F										

① A. 细菌、真菌和病毒的主要特征以及它们与人类生活的关系；B. 常见的传染病、病因、传播途径和预防措施；C. 人的三道防线与两种免疫；D. 计划免疫；E. 安全用药常识；F. 常用急救方法。

在湖南长沙的中考试卷中，总分值是 100 分，但微生物的分值所占较少，考查的分值占比在 2%至 14%之间，在 2012 年所占比例最高，为 12%，2016 年所占比例最低，为 2%。这五年微生物学在生物学中考当中常考的知识点是“细菌、真菌和病毒的主要特征以及它们与人类生活的关系”“常见的传染病、病因、传播途径和预防”，这些知识点常以选择题形式出现，非选择题形式较少，仅在 2012 年和 2014 年出现，且考查分值较少。不常考的知识点是“人的三道防线与两种免疫”“计划免疫”“安全用药常识”“常用急救方法”，这些知识点也以选择题和非选择题的形式出现，考查较少，其中只有2012年和2013年考查到，2014年、2015年和2016年没有考查到，且分值也较低。

表5-4 山东威海2012—2016年中考生物卷中微生物学内容考查统计

主要考点①	2012年		2013年		2014年		2015年		2016年	
	题型	分值/占比	题型	分值/占比	题型	分值/占比	题型	分值/占比	题型	分值/占比
A	选择题 非选择题	3分/4%	选择题 非选择题	3分/4%			选择题	1分/1.4%	选择题	2分/2%
B					选择题	1分/1.4%	选择题	1分/1.4%	选择题	1分/1.4%
C					选择题	1分/1.4%	选择题	1分/1.4%	选择题	1分/1.4%
D										
E										
F					选择题	1分/1.4%				

① A. 细菌、真菌和病毒的主要特征以及它们与人类生活的关系；B. 常见的传染病、病因、传播途径和预防措施；C. 人的三道防线与两种免疫；D. 计划免疫；E. 安全用药常识；F. 常用急救方法。

浙江杭州2012—2016年中考试卷总分值为100分，微生物学知识考查的分值比例在4%至7%之间，分值比例较少，在2015年的中考题中没有考查微生物学知识。这五年微生物学重点考查“细菌、真菌和病毒的主要特征以及它们与人类生活的关系”“常见的传染病、病因、传播途径和预防措施”等知识点，都以选择题和非选择题的形式考查，但在中学生物中微生物学考查的比重较少。

在山东威海2012—2016年生物中考试卷中，微生物试卷总分值为70分，微生物学知识考查的分值比例在1.4%至5%之间，常考知识点有“细菌、真菌和病毒的主要特征以及它们与人类生活的关系”“常见的传染病、病因、传播途径和预防措施”“人的三道防线与两种免疫”。这些知识点以选择题和非选择题的形式考查。“计划免疫”“安全用药常识”“常用急救方法”这些知识点在这五年的中考试卷中考查较少，仅2014年考查一道选择题，其他年份均没有考查。

第二节 高中生物教材中微生物学内容解析

一、北师大版、苏教版和人教版高中教材中的微生物内容解析

高中生物新课程要求生物教学能够提高学生生物科学素养、面向全体学生、倡导探究式

学习并注重与现实生活的联系[22]。生物教材应当符合当下学生的年龄特征和认知水平，同时能激发学生的求知欲[23]。北师大版高中教材实验设计较多，可以充分调动学生的动手能力，苏教版高中教材在教育发达的地区使用，代表了教育发达的地区的高中教材，人教版使用的地区较多，具有普遍性。对三个版本的高中教材进行对比有助于掌握不同地区的微生物学的教学重点。微生物学内容在全国中小学教材审定委员会2004年初审通过的普通高中课程标准实验教科书北师大版（必修一、必修二、必修三）[24,25]、苏教版（必修一、必修二、必修三）[26,27] 和人教版（必修一、必修二、必修三）[28,29] 中无论是知识单元还是知识点上都无明显的差异，均按照高中生物课程标准编写。“原、真核生物的形态构造和功能”在三个版本的教材中都出现在必修三，但出现的章节位置不一样，北师大版和人教版出现在第一章，苏教版出现在第三章。“传染与免疫”“吞噬细胞”“固有免疫应答”“淋巴细胞的发育”等知识点出现在必修三第二章。总的来说微生物学的知识点在三个版本的高中生物教材中差异不大，涉及的知识点也相对较少。

微生物学知识在选修部分主要涉及的知识点是生物科学专业的核心知识点“微生物的营养和培养基”“微生物的新陈代谢”“微生物的生长及其控制”，在人教版（选修一、选修二、选修三）[30,31]、苏教版（选修一、选修二、选修三）[32,33] 和北师大版（选修一、选修二、选修三）[34,35] 的高中选修课本中这些知识点编排没有差异，主要分布在选修一和选修二。

二、 2012—2016年高考中微生物学的考查内容分析

表5-5、表5-6、表5-7是对云南、重庆、北京2012—2016年高考生物卷中微生物学内容考查统计。

通过表5-5、表5-6、表5-7可以看出这5年云南、重庆、北京高考试卷中微生物学所占的比例相对较少，主要题型以选择题为主，非选择题考查的知识相对较少。考查的内容所占分值较少，常考的知识点有“传染与免疫”“固有免疫应答”“病毒”，并且这些知识点考查的分值也较低，而知识点“吞噬细胞”“淋巴细胞的发育”在这5年的云南（新课标）卷、重庆卷和北京卷中没考查。其中“固有免疫应答”在三个地方的高考试卷中多以非选择题的形式考查，且考查得较多。

从表5-5微生物学内容在云南省生物高考中考查统计可以看出，在总分为90分的生物卷中微生物学知识点考查较少，所占的分值比例在6.6%至10%之间。在这五年的云南（新课标）卷中，仅2013、2014和2015年考查“传染与免疫”“固有免疫应答”“病毒”等知识，但分值比例不高。知识点“吞噬细胞”“淋巴细胞的发育”在近五年的云南（新课标）卷中没考查。

表5-5 云南省2012—2016年高考生物卷中微生物学内容考查统计

主要考点	2012年		2013年		2014年		2015年		2016年	
	题型	分值/占比	题型	分值/占比	题型	分值/占比	题型	分值/占比	题型	分值/占比
传染与免疫			选择题	6分/6.6%						

续表

主要考点	2012 年		2013 年		2014 年		2015 年		2016 年	
	题型	分值/占比	题型	分值/占比	题型	分值/占比	题型	分值/占比	题型	分值/占比
吞噬细胞										
固有免疫应答							选择题	6 分/6.6%		
淋巴细胞的发育										
病毒					非选择题	9 分/10%				

表 5-6　重庆市 2012—2016 年高考生物卷中微生物学内容考查统计

主要考点	2012 年		2013 年		2014 年		2015 年		2016 年	
	题型	分值/占比	题型	分值/占比	题型	分值/占比	题型	分值/占比	题型	分值/占比
传染与免疫					选择题	6 分/6.6%				
吞噬细胞										
固有免疫应答	选择题	6 分/6.6%					非选择题	10 分/10%		
淋巴细胞的发育			非选择题	14 分/15.5%						
病毒										

从表 5-6 中可以看出在总分值为 90 分的重庆生物卷中，微生物学知识的分值比例在 6.6%至 15.5%之间，2013 年占比最高为 15.5%。知识点涉及较少，常以选择题和非选择题的形式出现，以选择题的形式出现分值低，非选择题的形式相对于选择题形式分值高。常考查的知识点有“传染与免疫”“固有免疫应答”“淋巴细胞的发育”，不常考的知识点有“吞噬细胞”“病毒”。

表 5-7　北京市 2012—2016 年高考生物卷中微生物学内容考查统计

主要考点	2012 年		2013 年		2014 年		2015 年		2016 年	
	题型	分值/占比	题型	分值/占比	题型	分值/占比	题型	分值/占比	题型	分值/占比
传染与免疫	选择题	6 分/6.6%					选择题	6 分/6.6%		
吞噬细胞										

续表

主要考点	2012年		2013年		2014年		2015年		2016年	
	题型	分值/占比	题型	分值/占比	题型	分值/占比	题型	分值/占比	题型	分值/占比
固有免疫应答			选择题	6分/6.6%					非选择题	14分/15.5%
淋巴细胞的发育										
病毒					选择题	6分/6.6%				

从表5-7中可以看出，微生物学知识在这五年北京高考中均有所考查，但所占分值较少，多以选择题的形式出现，仅2016年以非选择题的形式考查。在总分为90分的生物卷中，所占的分值比例在6.6%至15.5%之间，常考的知识点有“传染与免疫”“固有免疫应答”“病毒”，知识点“吞噬细胞”“淋巴细胞的发育”在这五年高考北京卷中没考查。

第三节　师范院校生物学专业微生物学知识体系

知识体系是属于某一知识范畴的有关事物相互联系而构成的一个整体。而学科知识体系就是把零散的、分散的知识概念或观点加以整合，使之形成具有一定联系的知识系统，是某学科内部各层次所有知识元素及其相互联系的关系构成的整体[36]。生物科学专业类知识体系中理论知识体系由知识领域、知识单元和知识点三个层次构成。一个知识领域可分为若干知识单元，一个知识单元又由若干知识点组成。其中，知识单元分为核心知识单元与非核心知识单元。核心知识单元是该专业教学中必要的知识单元，是生物科学专业知识体系和组建课程的最基本要求，非核心知识单元是核心知识单元的补充及扩展[37]。

在生物学专业微生物学知识体系共有8个核心知识单元（包括44个核心知识点），及9个非核心知识单元（包括31个非核心知识点），如表5-8。其中的内容包括原核生物的形态构造和功能、真核微生物的形态构造和功能、病毒、微生物的营养和培养基、微生物的新陈代谢、微生物的生长及其控制、微生物生态、传染与免疫、微生物对环境的污染与危害、污染环境和微生物进化与修复、废水生物处理的微生物学原理、病毒感染与细胞凋亡、病毒与肿瘤、病毒的进化、补体系统、吞噬细胞、固有免疫应答、主要组织相容性复合体及其编码分子、T细胞受体及其基因重排、淋巴细胞的发育、免疫细胞膜分子、吞噬细胞膜分子、适应性细胞免疫应答、细胞因子及其受体、体液免疫应答、免疫耐受与免疫调节。这些知识点是师范院校生物专业中微生物的重点知识。

表 5-8　生物科学专业微生物学学科知识体系

知识领域	核心知识单元	核心知识点	非核心知识单元	非核心知识点
微生物的结构与功能	原核生物的形态构造和功能	1. 细菌的形态和大小 2. 细菌的细胞壁 3. 细胞壁结构与革兰氏染色的关系 4. 细菌的细胞质膜 5. 细胞壁缺陷型细菌 6. 内含物 7. 荚膜 8. 鞭毛 9. 菌毛 10. 芽孢、伴孢晶体和孢囊	微生物对环境的污染与危害	1. 环境中病原微生物的传播与危害 2. 水体富营养化 3. 微生物代谢产物的污染 4. 微生物的风险评价
	真核微生物的形态构造和功能	1. 真菌细胞的菌丝和菌丝体 2. 菌丝体的变态 3. 菌丝的组织体 4. 真菌的无性繁殖 5. 真菌的有性繁殖 6. 真菌的菌落特征		
	病毒	1. 病毒的形态与大小 2. 病毒的结构和化学组成及其功能、进化 3. 噬菌体的形态结构 4. 烈性噬菌体的增殖周期 5. 噬菌体的一步生长曲线 6. 温和性噬菌体的溶源性	污染环境和微生物净化与修复	1. 有机污染的微生物降解与转化 2. 污染环境的自净作用 3. 污染环境的生物修复
微生物的营养	微生物的营养和培养基	1. 微生物的化学组成 2. 微生物的营养要素及其功能 3. 微生物的营养物质的吸收方式 4. 微生物的营养类型 5. 微生物培养基	废水生物处理的微生物学原理	1. 废水好氧生物处理的微生物学原理 2. 废水厌氧生物处理的微生物学原理 3. 废水生物脱氧的微生物学原理 4. 废水除磷的微生物学原理
微生物的代谢	微生物的新陈代谢	1. 微生物的能量代谢 2. 分解代谢和合成代谢的联系 3. 微生物独特合成代谢途径 4. 微生物的代谢调节与发酵生产	环境监测中的微生物学方法	1. 水质的细菌学监测 2. 空气的细菌学监测 3. 污染物毒性的细菌学检测
微生物的生长繁殖及其控制	微生物的生长及其控制	1. 微生物的生长规律 2. 影响微生物生长的主要因素 3. 微生物培养法概论 4. 有害微生物的控制	病毒感染与细胞凋零	1. 病毒感染与细胞凋亡的相关关系 2. 杆状病毒与细胞凋亡 3. 痘病毒对细胞凋亡的调控 4. 疱疹病毒与细胞凋亡 5. 流感病毒诱导的细胞凋亡

续表

知识领域	核心知识单元	核心知识点	非核心知识单元	非核心知识点
微生物生态	微生物生态	1. 微生物在自然界中的分布 2. 微生物与生物环境间的关系 3. 微生物与自然界物质循环 4. 微生物与环境保护	病毒与肿瘤	1. 肿瘤病毒概述 2. DNA 肿瘤病毒 3. RNA 肿瘤病毒 4. 原癌基因与抑癌基因 5. 细胞转化与肿瘤
感染与免疫	传染与免疫	1. 传染 2. 非特异性免疫 3. 特异性免疫 4. 免疫学方法及其应用 5. 生物制品及其应用	吞噬细胞	1. 吞噬细胞的作用 2. NK 细胞表面与其杀伤活化和抑制有关的受体
			固有免疫应答	1. 参与固有免疫的组织、细胞、效应分子及其作用 2. 固有免疫应答的特点及其与适应免疫应答的关系 3. 非特异性抗感染免疫的作用及特点
			淋巴细胞的发育	1. B 细胞和 T 细胞发育的主要阶段 2. 胸腺细胞发育过程的关系

第四节　结论和建议

一、结论

（一）初中生物中的微生物学

北师大版、苏教版和人教版的初中教材对微生物学内容编排上存在差异。北师大版教材在编排上注重学生的理解性，将知识“传染与免疫”编排在七年级下册，使学生初步对微生物学知识有所了解，将“真、原核生物的形态构造和功能，病毒，微生物的营养和培养基，微生物的生长及其控制”这几个基础知识点编排在八年级上，苏教版和人教版教材在微生物学知识的编排上具有连贯性，“真、原核生物的形态构造和功能，病毒，微生物的营养和培养基，微生物的生长及其控制”这几个基础知识被编排在八年级上册，而将“传染与免疫”编排在八年级下册。

通过对三个不同的将生物列为中考科目的地区 2012—2016 年的中考试题分析可以看出微生物学在中考中所占的比例较少，主要以选择题的形式对知识点进行考查，常考的知识点有“细菌、真菌和病毒的主要特征以及它们与人类生活的关系”“常见的传染病、病因、传播途径和预防措施”。不常考的知识点是“人的三道防线与两种免疫”“计划免疫”“安全用药常识”“常用急救方法”。这些知识点出现也是以选择题和非选择题的形式出现。本节对比了北师大版、苏教版和人教版的初中教材中微生物学的相关知识点所在的位置，同时分析了湖南长沙、浙江杭州和山东威海这五年的生物中考试卷，可以看出在中学生物中考查微生物学知识较少。

（二）高中生物中的微生物学

微生物学内容在全国中小学教材审定委员会2004年初审通过的普通高中课程标准实验教科书北师大版、苏教版和人教版中无论是知识单元还是知识点上都无明显的差异，但三版教材在章节的安排和内容的呈现上有所差异。“原、真核生物的形态构造和功能”在三个版本的教材中都出现在必修三，但出现的章节不相同，北师大版和人教版出现在第一章，苏教版出现在第三章。“传染与免疫”“吞噬细胞”“固有免疫应答”“淋巴细胞的发育”等知识点出现在必修三，且出现在第二章。选修部分主要涉及的微生物知识点是生物科学专业的核心知识点“微生物的营养和培养基”“微生物的新陈代谢”“微生物的生长及其控制”，在北师大版、苏教版和人教版的高中选修课本中这些知识点主要分布在选修一和选修二。总的来说微生物学的知识点在三个版本的中学生物教材中差异不大，但是涉及的知识点相对较少。本节分析了云南（新课标）卷、重庆卷、北京卷近五年的生物高考试卷，可以看出微生物的相关知识点主要是考查“免疫系统的组成与功能”“免疫功能异常与免疫应用”，在高考中微生物的相关知识点通常会结合“免疫系统的组成、功能、二次免疫”特点来考查学生的知识掌握情况，主要题型为选择题和非选择题，但考查较少。这反映了微生物知识在高中生物学中的考查要点并不多。

二、建议

（一）对生物科学师范生培养以及师范生学习微生物学的建议

从教材分析和中考高考来看，无论是知识安排还是考试，均具有从浅入深的递进性，在考查时，还对学生的综合能力有一定要求。通过对不同版本中学生物教材的分析以及中考高考考点统计，可发现“真、原核生物的形态构造和功能”“病毒”“微生物的营养和培养基”“微生物的生长及其控制”“传染与免疫”“吞噬细胞”“固有免疫应答”“淋巴细胞的发育”这几个知识单元是微生物在中学生物中的重要内容，但并不是所有专业学科知识体系中的知识单元和知识点都会出现在中学生物教材中，也并不是所有教材中涉及的知识都会成为学习和考试的重点。在初中教材中微生物学涉及的知识点是微生物知识体系中的核心知识点，在高中教材中微生物学涉及的知识点是微生物知识体系中的非核心知识点。针对这些实际情况，应注意师范生的培养和学习不仅要关注教材涉及的内容，更值得关注的是考查重点，有计划地对这些重点进行强化教学和学习。此类情况主要有以下几点。一是生物科学知识体系中的“真、原核生物的形态构造和功能”“病毒”“微生物的营养和培养基”“微生物的生长及其控制”是核心知识点，在初中也是重点考查的内容，所以师范生在学习掌握的时候要结合学生的生活实际进行教学。二是“传染与免疫”“吞噬细胞”“固有免疫应答”“淋巴细胞的发育”这些知识点是非核心知识点，但在中学生物中与疾病和健康问题联系较为紧密，在高等师范院校教学时也应多注意增强课本知识与日常生活的联系度。

（二）对中学生物教师微生物学内容教学的建议

中学生物教师应该充分了解微生物学内容在中学生物教材中的涉及、安排情况以及考查重点，针对文中提到的“中学生物中考查微生物学知识较少”这一现象，中学生物教师在教学中应该注意，不能因为中考高考考查的微生物学内容少而忽略微生物的教学。历年考试真题反映出微生物学考查的内容少但几乎每年都有考查，所以在中学生物中微生物学知识不能忽视。在按教材扎实完成教学计划的前提下，应对历年考试真题进行分析，针对重点考查的知识，给学生进行巩固强化。尤其是“真、原核生物的形态构造和功能”“病毒”“微生物的营养和培养基”“微生物的生长及其控制”这些微生物的基础知识，掌握好微生物的基础知识才能更好地进行知识点的扩展。“传染与免疫”“吞噬细胞”“固有免疫应答”“淋巴细胞的发育”这些知识点以及免疫系统对人体生命活动的调节机制这部分知识，灵活且综合性强，同时一些相关名词以及各调节机制的特点又是中学生较容易混淆的地方。对于这类知识，教师在教学时要充分考虑中学生抽象能力较弱、学习初期知识易混淆等特点，要注重与知识的有机结合，进行系统化高效教学。

此外，中学生物教师应对照微生物学科专业知识，针对性地对专业知识进行强化学习和继续学习，夯实教师自身专业基础，提高专业素养。中学阶段的生物学教学中应结合微生物学的特点，注重其与学生生活和社会实践的联系，适当增加对微生物学的探究性实验。

参考文献

[1] 沈萍，陈向东．微生物学［M］．北京：高等教育出版社，2006.

[2] 周德庆．微生物学教程［M］．北京：高等教育出版社，2011.

[3] 教育部高等学校生物科学与工程教学指导委员会．生物科学专业规范［J］．高校生物学教学研究（电子版），2011（02）：3-9.

[4] 王颖．我国中学生物教课书微生物学内容的百年变迁［J］．课程·教材·教法，2015，35（6）：103-108.

[5] 李莉，王红妹．适应中学新课程标准　改进《微生物学》教学［J］．考试周刊，2007（34）：134.

[6] 王钰．高师与中学生物学教育适切度的研究［D］．成都：四川师范大学，2008.

[7] 马志成．彰显教材功能促进教材编制［J］．现代教育科学，2006（5）：51-53.

[8] 钱军敏．高中生物学新教材学生使用情况调查与研究［J］．生物学通报，2010，45（6）：39.

[9] 剡晓婷，杨淑萍，马伟琴，等．人教版、苏教版高中生物教材比较分析［J］．教学与管理（中学版），2016（3）：52-55.

[10] 齐永平，李连杰．生物学义务教育教科书七年级上册［M］．北京：北京师范大学出版社，2013.

[11] 齐永平，李连杰．生物学义务教育教科书七年级下册［M］．北京：北京师范大学出版社，2013.

[12] 齐永平，李连杰．生物学义务教育教科书八年级上册［M］．北京：北京师范大学出版社，2013. 49-60.

[13] 齐永平，李连杰．生物学义务教育教科书八年级下册［M］．北京：北京师范大学出版社，2013. 109-120.

[14] 汪忠．生物学义务教育教科书七年级上册［M］．南京：江苏教育出版社，2013.

[15] 汪忠．生物学义务教育教科书七年级下册［M］．南京：江苏教育出版社，2013.

[16] 汪忠．生物学义务教育教科书八年级上册［M］．南京：江苏教育出版社，2013. 27-36.

[17] 汪忠．生物学义务教育教科书八年级下册［M］．南京：江苏教育出版社，2013. 61-67，85-96.

[18] 朱正威，赵占良．生物学义务教育教科书七年级上册［M］．北京：人民教育出版社，2013.

[19] 朱正威，赵占良．生物学义务教育教科书七年级下册［M］．北京：人民教育出版社，2013.

[20] 朱正威，赵占良．生物学义务教育教科书八年级上册［M］．北京：人民教育出版社，2013. 66-93.

[21] 朱正威，赵占良．生物学义务教育教科书八年级下册［M］．北京：人民教育出版社，2013. 72-79.

[22] 吴雪梅，乔守怡，刘恩山，等．我国高校生物专业教育发展的脉络与现状［J］．高等理科教育，2007，3（73）：1-4.

[23] 许素贞．人教版高中《生物》系列教材的比较研究［D］．上海：华东师范大学，2006.

[24] 刘植义，付尊英．生物学必修一分子与细胞［M］．北京：北京师范大学出版社，2004. 6-8.

[25] 刘植义，付尊英．生物学必修三稳态与环境［M］．北京：北京师范大学出版社，2004. 21-28.

[26] 汪忠．普通高中课程标准实验教科书必修一分子与细胞［M］．南京：江苏教育出版社，2014. 37.

[27] 汪忠．普通高中课程标准实验教科书必修三稳态与环境［M］．南京：江苏教育出版社，2014. 21.

[28] 朱正威，赵占良．普通高中课程标准实验教科书必修一·分子与细胞［M］．北京：人民教育出版社，2004. 7-9.

[29] 朱正威，赵占良．普通高中课程标准实验教科书必修三·稳态与环境［M］．北京：人民教育出版社，2004. 35-41.

[30] 朱正威，赵占良．普通高中课程标准实验教科书生物选修一：生物技术实践［M］．北京：人民教育出版社，2014. 5.

[31] 朱正威，赵占良．普通高中课程标准实验教科书生物选修二：生物科学与社会［M］．北京：人民教育出版社，2014. 5.

[32] 汪忠．普通高中课程标准实验教科书生物选修一·生物技术实践［M］．南京：江苏教育出版社，2014. 6.

[33] 汪忠．普通高中课程标准实验教科书生物选修二·生物科学与社会［M］．南京：江苏教育出版社，2014. 6.

[34] 刘值义，付尊英．普通高中课程标准实验教科书生物选修一·生物技术实践［M］．北京：北京师范大学出版社，2014. 10.

[35] 刘值义，付尊英．普通高中课程标准实验教科书生物选修二·生物科学与社会［M］．北京：北京师范大学出版社，2014. 10.

[36] 王玉云．初中英语教材知识体系构建研究［D］．重庆：西南大学，2008.

[37] 生物科学专业规范［J］．高校生物学教学研究（电子版），2011（02）：3-9.

第六章

生物化学与分子生物学内容在生物教材中的内容解析

我们现在所熟知的生物化学在早期名为生理化学，后来才慢慢发展成为生物化学。从名字的变化中不难看出，这一称谓更强调它的化学成分[1]。生物化学作为一门年轻学科，到了1903年，“生物化学”这个名词才被引进，从而成为一门独立学科[2]。根据生物化学的定义，我们能够很容易知道它的内容，即生物化学作为一门科学，它的主要研究内容是探讨生命现象化学本质[3]。生物化学是生物学与化学的有机结合，是从生物学的角度来诠释化学现象和化学本质[4]。随着生物化学的不断发展，生化技术在各个领域的实际应用中取得了不小成果，能够在多领域提供支持[5]，常见的应用有中医药研究应用[6]、酶工程技术研究与应用[7]等。

德国化学家李比希（J. Liebig）首先提出将食物成分分为糖类、脂类和蛋白质类，他的研究对当时生物化学的发展有很大作用[8]。随着学科的不断发展，德国的霍佩赛勒（E. F. Hoppe-Seyler）在1877年提出“Biochemie”一词[3]，译成英语为“Biochemistry”，即我们现在熟知的生物化学。生物化学可分为三个发展阶段。

1. 静态生物化学阶段

19世纪末到20世纪30年代是生物化学的静态描述性阶段。在这一阶段，研究者们发现，生物体的组成主要包括糖、脂、蛋白质和核酸四大类有机物质，这一阶段同时对生物体各种组成成分的分离、纯化、结构测定、合成及理化性质进行了研究。

2. 动态生物化学阶段

20世纪30～50年代是动态生物化学阶段，这一阶段的主要研究内容是生物体内物质的变化，即代谢途径，所以称之为动态生物化学阶段。研究者们在此阶段确定了糖酵解、三羧酸循环以及脂肪分解等重要的分解代谢途径，同时深入了解了呼吸作用、光合作用以及腺苷三磷酸（ATP）在能量转换中的重要地位。

3. 现代生物化学阶段

从20世纪50年代起，便是现代生物化学阶段。这一阶段的主要标志是提出了DNA的双螺旋结构模型，探讨各种生物大分子的结构与其功能之间的关系是此阶段的主要研究内容。分子生物学的产生条件有2个，即生物化学在此阶段的发展，以及细胞学、微生物学、物理学、遗传学等其他学科的融入，分子生物学已经成为生物化学的主体。

在我国，最初，生物化学或生理化学是医学院校的一门基础课程[9]。20世纪初，在全国蓬勃发展的医学院中，吴宪所在的北京协和医学院最为著名，他编著了我国最早的营养学中文专著《营养学原理》，提出了蛋白质变性学说。1946年，郑集教授建立了生物化学研究所[10]；20世纪五六十年代，梁植权等成功研制了牛血清白蛋白的代血浆[11]；1965年，中国科学院生物化学研究所、中国科学院有机化学研究所和北京大学成功合成了结晶牛胰岛素[12]；1969年，中国科学院物理研究所组建了一个以测定猪胰岛素晶体结构为目标的协作研究组[13]；1981年，由中国科学院上海生物化学研究所等六个单位合作完成酵母丙氨酸tRNA的合成[14]；1971年，屠呦呦等人率先发现青蒿素是抗疟疾的有效成分[15]；改革开放后，乙肝病毒（HBV）表面抗原基因的克隆和表达、耳聋基因*GJB*3的克隆、中国加入人类基因组计划、DNA硫修饰的发现都是生物化学在中国的应用和发展。

分子生物学是一门现代生物学学科，一门带动整个生命科学的前沿学科，是在生物化学与遗传学、微生物学、细胞学、生物物理学等学科相结合的基础上发展起来的崭新学科[16]。分子生物学主要包括3部分，分别是核酸、蛋白质和细胞信号转导。

“分子生物学”一词最早于1945年，由William Astbury首先在Harvey Lecture上提出。由于它能从分子水平了解各种生命现象的根本原因，一开始就将研究对象主要集中于生物大分子——核酸（DNA和RNA）的研究，现其已成为现代生命科学的“共同语言”[16]。德国植物学家Schwann和Schleiden在1838年提出了细胞理论；英国生物学家Charles Darwin在1859年提出了进化论；奥地利科学家Gregor在1865年确立了遗传学；美国遗传学家Morgan在1915年提出基因学说；美国科学家Beadle和Tatum在1940年提出“一个基因一种酶”的关系；英国科学家Watson和Crick在1953年提出DNA双螺旋模型；Crick在1958年提出中心法则；全部（三联密码子）遗传密码在1969年被破译……分子生物学的不断发展促使生物化学、遗传学以及整个生物学科发生了深刻的“变革”。随着人类步入21世纪，分子生物学也进入到“后基因组时代”。分子生物学的研究领域，如哺乳动物克隆、遗传与进化、基因组计划、生物芯片、生物计算机、生物材料、干细胞、蛋白质组、天然药物、脑科学以及转基因等，全部都是多学科进行相互交叉与融合，是基础研究与应用的统一。在研究过程中，人们由单一分析转向综合分析，去研究生物多样性与生命本质的一致性，各个层次、各个领域的研究都和分子水平上的生物大分子研究相关联。

虽然在定义上将生物化学与分子生物学分开，但是二者的研究、技术和应用都是密切相关的，因此人们在讨论这个方面的时候都是把二者结合起来的[17]。生物化学与分子生物学是目前自然学科中进展最迅速、最具活力的前沿领域，新技术、新突破日新月异、层出不穷[18]。

生物化学与分子生物学（简称生化）在生物学及医学理论中的重要性是众所周知的，在几乎所有的综合性大学及医学院校中均是一门重要的必修基础课[19]。在高等师范院校生物科学专业中，专业类知识包括专业基础知识和专业知识两大部分，其中生物化学与分子生物学都属于专业基础知识。

随着社会的不断发展，传统的教材内容已不能满足教学的要求。因此近年来我国中学生物教材进行了几次大的改革，二十世纪九十年代以来，我国的基础教育生物课程出现了欣欣向荣的多样化局面，小综合生物课程和大综合课程的出现，改变了在我国沿用了几十年单一的学科课程的面貌[20]。以教育三个面向为原则，培养社会主义建设者，与生产劳动实践相结合，以全面推进素质教育，全面提高教育质量为宗旨，重新编写的教材起点高，知识新，充分展现了当今现代科技成果甚至前沿研究阵地的先进状况[21]。例如，20 世纪 70 年代的基因转移、重组，80 年代试管婴儿的出生，90 年代克隆羊“多利”的诞生，袁隆平系列杂交优质高产水稻的问世，20 世纪末，包括中国科学工作者参与研究人类基因测序计划的初步完成，生物理论的突破[21] 等都和高等师范院校学习的生物化学与分子生物学有很大关系。

基础教育改革后，中小学生物课程的内容和结构发生了重大变化[22]。在中学生物课程内容上，中学生物教材是生物教学的重要依据[9]，包括初中生物和高中生物。一般来说，初中生物要求学生掌握简单的生物学知识，而高中生物知识逐渐向系统化、理论化靠近[23]。生物课程自然离不开实验，我们需要转变传统观念，重视创新性实验教学，要有虚拟实验室的概念[24]。初中生物教材和高中生物教材中，生物化学与分子生物学都占有一定的比例。生物化学与分子生物学课程必须适应现代化要求，加强集体备课，强化表率作用，突出创新，循循善诱[25]。生物教材多种多样，不同版本的教材有不同特点，已有众多学者对生物教材进行不同方面的比较，如实验内容比较[26]、概念比较[27]、图像系统比较[28]、特色比较[29]、知识点比较[30] 等。

目前，国内外对本课题相关的研究鲜有报道，作者试图通过对不同版本中学生物教材中的生物化学与分子生物学内容进行解析，分析这两门学科知识在中学生物教材中的组织结构，研究这两门学科知识在中学生物教材中的占比、分布、作用及地位。在当今中学新课程改革的大背景下，对高等师范教育开设的这两门课程内容与中学生物的知识结构进行比较分析，对于高等师范院校生物专业学生如何学习这两门课程有指引意义，对于中学生物教学工作者能更加清晰把握生物化学与分子生物学知识在中学生物中的重难点具有实践指导意义，对于生物科学专业师范生的高效培养有参考意义，对于研究者自身在校学习和今后教学工作，提高教材分析能力、教育研究水平、自身业务水平有实践意义。

梳理高等师范院校生物科学专业生物化学、分子生物学学科知识体系，解析七个版本（人教版、济南版、冀少版、苏教版、北师大版、苏科版和鲁科版）的初中生物教材和四个版本（人教版、北师大版、苏教版和浙教版）的高中生物教材中的生物化学内容与分子生物学内容，并分析其与高等师范院校生物科学专业生物化学、分子生物学学科知识体系的关系。统计分析 2017—2019 年中考生物真题中考查的生物化学与分子生物学内容及其占比和题型，2015—2019 年高考生物真题中考查的生物化学与分子生物学内容及其占比和题型，从而了解中考高考对生物化学与分子生物学学科的考查重点，从而对生物科学师范生培养，师范生学习该学科知识以及中学生物教师如何对该学科知识进行教学提出建议。统计七个版本初中生物教材和四个版本高中生物教材中与生物化学、分子生物学内容有关的知识单元、知识点及其对应位置，并与生物化学、分子生物学学科知识体系进行比较分析，从而了解生物化学与分子生物学内容在中学生物中的分布特点和初中七个版本、高中四个版本教材的编排特点。利用三年中考题和五年高考真题分析生物化学与分子生物学内容的考查情况，从而了解生物化学与分子生物学在中学生物中的考查重点。

第一节　初中生物学教材中生物化学内容解析

对于研究教材，本节选择了七个版本初中生物教材：人教版、济南版、冀少版、北师大版、苏教版、苏科版和鲁科版。其中人教版、北师大版、苏教版被广泛使用；济南版主要在山东和四川部分地区使用；冀少版主要在河北部分地区使用；苏科版和浙教版主要在浙江、江苏和上海等地区使用。人教版属于基本教材，使用的学校多、学生多、地区多；北师大版属于较高层次教材，适用于学生基础好、教学条件好和师资力量强的地区；苏教版和苏科版属于开放地区教材，适用于经济、文化发达的地区；冀少版和济南版适用于经济、文化不发达地区，教材有弹性；鲁科版是不同于其他六个版本的不同学制教材。本节选择了四个版本高中生物教材：人教版、苏教版、北师大版和浙教版。

对于研究试卷，本节根据区域经济发展程度的不同，有针对性地选择了 3 个代表区域的初中生物试卷。首先选择了福建省厦门市这一经济发达地区，随后选择了山东省济宁市这一经济水平中等地区，最后再选择一个经济发展相对较弱地区，考虑到江西省中考全省统一这一特殊性，最后一个地区就选择了江西省。选择的高中生物试卷地区为重庆市、安徽省和江苏省，其中重庆市使用的是全国Ⅰ卷，安徽省使用的是全国Ⅱ卷，江苏省是典型的自主命题地区。

一、初中生物教材中生物化学内容分析

我国初中生物教材里的生物化学内容基本上都是由静态生物化学和动态生物化学两部分组成的。静态生物化学主要包括组成生命的基本化学分子，在初中生物教材中的内容体现是食物中的各种营养物质、酶对食物的消化作用、内分泌腺系统与激素，动态生物化学主要包括生物氧化及生物能学、糖代谢，在初中生物教材中的内容体现是绿色植物的光合作用与呼吸作用。

以生物科学专业生物化学的学科知识为体系，统计初中生物人教版、济南版、冀少版、北师大版、苏教版、苏科版和鲁科版这七个版本教材中，生物化学内容的知识单元以及知识单元在初中生物的体现内容和占比（表 6-1 和表 6-2）。

结合表 6-1 和表 6-2 可以看出，从结构上来讲，除了鲁科版是五四学制，生物化学内容分布较广，分布在六年级下册、七年级上册和七年级下册中，其他版本则都主要分布在两册中，大多为七年级上册和七年级下册，苏科版分布在七年级上册和八年级上册。

生物化学在苏教版版面占比最大，达到 9.29%，在人教版的章节占比最多，达到 10.86%；在济南版的版面占比最小，为 6.11%，在鲁科版的章节占比最小，为 3.17%。总的来说，各版本的版面占比相差不大，但是章节占比的差距很大。通过比较“版面占比/章

表 6-1　生物化学在不同初中版本教材中的内容

知识单元	人教版	济南版	冀少版	苏教版	北师大版	苏科版	鲁科版
生命的基本化学分子	食物中的营养物质	食物的营养成分	食物中含有多种营养成分	人体需要的主要营养物质	人类的食物	人体的物质和能量来源于食物（主要讨论营养物质提供能量）	食物中的营养物质
糖生物学	糖类的概述与作用	糖类的概述与作用	糖类的概述与作用	糖类的概述与作用	糖类的概述与作用	糖类的概述与作用	糖类的概述与作用
脂类生物化学	脂肪的概述与作用	脂肪的概述与作用	脂肪的概述与作用	脂肪的概述与作用	脂肪的概述与作用	脂肪的概述与作用 脂肪的检测	脂肪的概述与作用
蛋白质化学	蛋白质的概述与作用	蛋白质的概述与作用	蛋白质的概述与作用	蛋白质的概述与作用	蛋白质的概述与作用 蛋白质的检测	蛋白质的概述与作用 蛋白质的检测	蛋白质的概述与作用
酶化学	探究：馒头在口腔中的变化 酶的定义 酶的作用	探究：探究唾液对淀粉的消化作用 讨论：胃在消化中的作用	探究：唾液在馒头的消化过程中起什么作用 唾液淀粉酶消化淀粉的原理 胃的消化（胃蛋白酶）	酶的作用原理 探究：食物在口腔内的化学性消化	探究：唾液对淀粉的消化作用 （没有具体提到唾液淀粉酶的概念与酶的概念）	消化腺（唾液腺、胃腺、胰腺、肠腺分泌对应的酶） 唾液消化作用的实验方法	探究：馒头在口腔中的变化 酶的定义 酶作用的原理 消化腺（唾液腺、胃腺、胰腺、肠腺分泌对应的酶）
维生素与辅酶	维生素的作用	探究：比较不同果蔬中的维生素 C 的含量 维生素的主要种类、来源及缺乏症	维生素的食物来源和缺乏症 探究：哪些蔬菜和水果中含有较多的维生素 C 各类维生素的作用	维生素的概述 维生素的种类与作用	维生素的概述 部分维生素的种类、功能及相应缺乏症 维生素 C 的检测	维生素的概述 维生素的种类及缺乏症 维生素的作用	维生素的发现 维生素的种类、缺乏症、食物来源

续表

知识单元	人教版	济南版	冀少版	苏教版	北师大版	苏科版	鲁科版
激素及其受体介导的信息传递	内分泌腺分泌激素 激素调节与神经调节的关系	内分泌系统与激素 甲状腺激素、生长激素、胰岛素的调节作用	激素的定义 垂体的作用 甲状腺激素、胰岛素、生长激素的调节作用 人体主要的内分泌腺	人体主要的内分泌腺 垂体的作用 甲状腺激素、胰岛素的调节作用	内分泌系统 生长激素、性激素、甲状腺激素、胰岛素的调节作用和简单介绍作用原理	人体的内分泌腺 胰岛素、甲状腺激素、生长激素的调节作用 激素调节与神经调节的关系	内分泌腺分泌激素 生长激素、甲状腺激素、胰岛素的调节作用 激素调节与神经调节的关系
生物氧化及生物能学	绿叶在光下制造有机物 光合作用吸收二氧化碳释放氧气	实验：验证绿叶在光下制造淀粉 演示：验证光合作用产生氧气 探究：二氧化碳是光合作用的原料 光合作用原理的应用	探究：绿叶在光下制作淀粉 实验：光合作用释放氧气 光合作用原理在农业上的应用 光合作用的原料 光合作用的场所	讨论：绿色植物光合作用的发现 植物光合作用的场所 植物光合作用的实质	实验：验证绿叶在光下合成淀粉 演示：检验光合作用释放氧气 实验：验证植物进行光合作用需要叶绿素 演示：检验光合作用需要二氧化碳 活动：观察植物的叶 活动：观察叶片的结构 光合作用在提高农作物产量的应用 （全过程探究光合作用）	探究：阳光在植物生长中的作用 光合作用的定义 探究：植物进行光合作用的场所 验证绿叶在光下吸收二氧化碳 探究绿色植物在光下放出气体	实验：绿叶在光下制造有机物 实验：测定种子的有机物

续表

知识单元	人教版	济南版	冀少版	苏教版	北师大版	苏科版	鲁科版
糖代谢	绿色植物呼吸作用的过程 呼吸作用是生物的共同特征 绿色植物在维持生物圈碳-氧平衡中的作用	演示：观察种子的呼吸现象 呼吸作用原理的应用	实验：探究树叶进行呼吸作用的条件和产物 呼吸作用的过程 呼吸作用原理的应用	实验：植物呼吸作用产生二氧化碳 呼吸作用的实质 呼吸作用的意义	演示：种子萌发时吸收氧气 演示：种子萌发时释放二氧化碳 演示：种子萌发时释放能量 探究：植物细胞的呼吸作用	实验：验证呼吸过程中气体的变化 探究：种子呼吸过程中释放的能量 呼吸作用的定义 ATP的概述 自行探究呼吸作用在生产、生活中应用	演示：植物呼吸作用释放二氧化碳 呼吸作用的定义

表 6-2　生物化学在不同初中版本教材中的占比（%）

教材	人教版		济南版		冀少版		苏教版		北师大版		苏科版		鲁科版	
	版面	章节	版面	章节	版面	章节	版面	章节	版面	章节	版面	章节	版面	章节
六年级上册														
六年级下册													24.05	33.33
七年级上册	11.59	22.50	7.60	6.67	13.22	12.50	20.31	16.67	15.38	5.71	13.95	10.20	17.20	20.00
七年级下册	9.57	13.10	12.21	12.38	17.60	12.50	13.71	16.67	16.92	14.29			5.71	3.50
八年级上册											14.93	14.29		
八年级下册														
总和	8.49	10.86	6.11	6.11	8.33	8.29	9.29	5.26	8.73	6.27	8.35	10.58	8.40	3.17
版面占比/章节占比	0.782		1.000		1.005		1.766		1.392		0.789		2.650	

节占比”的比值，可以从一定程度上得出生物化学在不同版本的初中生物教材的重要程度不同，重要程度从高到低为：鲁科版、苏教版、北师大版、冀少版、济南版、苏科版、人教版。

从内容上来看，核心知识单元的核酸化学、脂代谢、蛋白质分解代谢、氨基酸代谢和核酸代谢在各个初中版本均未提到。“生命的基本化学分子”、“糖生物学”、“脂类生物化学”、“蛋白质化学”和“维生素与辅酶”都是在“食物中的营养物质”这一章提到的，且不涉及分子层面的定义，基本上从宏观上提到功能与作用。“酶化学”这一知识单元，多存在于“食物的消化”这一章节，多以探究的形式来体现酶的作用，但大多数版本没有明确提出酶的定义，只有人教版和鲁科版给出了酶的定义，冀少版、苏教版和鲁科版运用图片形象地展示了酶的作用原理。“维生素与辅酶”相对于其他基本化学分子来说，占比相对较大，主要讲述维生素的种类、作用及缺乏症，这也体现了新课标强调知识在学生实际生活中的应用，贴近学生生活的学习要求。“激素及其受体介导的信息传递”这一知识单元存在于初中生物教材中的“激素调节”，讲述人体的内分泌腺以及四种基本的激素与作用。其中北师大版详细阐述了激素的作用原理，而其他版本都没有深入讲解。“生物氧化及生物能学”在初中生物教材中只存在于“光合作用”这一节，各版本对于“光合作用”都运用较多的版面讲述，其中冀少版更将“光合作用”作为独立一章，对光合作用的定义、原理的应用、光合作用的原料及其产物和光合作用的场所都有较为详尽的阐述。另一个在此章节有特点的版本为北师大版，对于“光合作用”的阐述很少，运用“演示”“实验”“活动”的方式来得出光合作用总结性的理论。“糖代谢”在初中生物教材的存在形式为“呼吸作用”，各个版本的“呼吸作用”相对于“光合作用”的章节占比和版面占比来说，都相对较少。各版本都通过实验观察呼吸作用，探索呼吸作用的本质和意义。其中苏科版在初中版本中就提到了ATP的概念，相对于其他版本更加深入。

非核心知识单元蛋白质的结构，非核心知识点糖脂、萜类固醇、肽和蛋白质的人工合成、蛋白质折叠和结构预测、蛋白质组、免疫球蛋白的结构和功能、酶联免疫吸附实验（ELISA）和蛋白质印迹法（Western blotting）、酶工程、分子马达、果糖及半乳糖和甘露糖进入糖酵解途径、糖蛋白的生物合成、糖蛋白糖链的分解代谢、氨基酸碳骨架的氧化途径、生糖氨基酸和生酮氨基酸氨基酸代谢、奇数碳原子脂肪酸的氧化、不饱和脂肪酸的氧化、脂肪酸的α氧化、脂肪酸的ω氧化、其他脂类的生物合成、氨基酸生物合成的调节、缺陷症氨基酸的生物合成途径、短杆菌肽S的酶促合成、辅酶核苷酸的生物合成在各版本的初中生物教材中均未涉及。

在内容的编排上，人教版教材中探究活动的数量相较其他几个版本最少，对于生物化学的内容来说，文本呈现方式多为实物图和对比表格，探究活动更偏重交流且重视基础水平；北师大版的探究活动最多，在光合作用这一节中，光合作用的条件、原料、过程、产物、应用全都采取了探究活动的模式，实物图在文本呈现的数量最少，探究活动的开放水平较人教版高；苏教版的探究活动数量较为合适，文本呈现方式上，实物图、示意图和表格数量也较适中，且图片内容丰富，活动开放水平高，探究难度最大，所以，苏教版增加了适当的辅助指导内容；济南版的探究活动在数量上适中，文本呈现方式上，实物图数量适当，内容生动，活动开放水平高，较苏教版的难度低，对于初中生来说生动有趣；冀少版的探究活动在数量上也适中，文本呈现方式上较其他版本更有特点，不仅有实物图、对比表格，还运用概念图来描述复杂的动态生化过程，探究活动的开放水平较高，且更偏重动手；苏科版探究活动数量适中，文本呈现方式多为实物图、对比表格，实物图的内容较其他版本来说较新，与新科技成果联系，实物图也出现在很多探究活动中，为探究活动提供方向和参考，探究活动的开放水平较高，且更注重探究思路；鲁科版是七个版本中唯一一版五四学制的新教材，探究活动数量较少，文本呈现方式为实物图、对比表格，探究实验停留在基础水平上，难度较小，且开放性水平较低。

二、生物化学在不同地区中考考查内容分析

根据 2017—2019 年江西省、福建省厦门市和山东省济宁市的三年中考试卷，归纳出初中生物教材中的生物化学知识在中考生物中的考查情况。其中江西省这 3 年中考生物卷满分为 30 分，考试时间为 30 分钟。题型包括单项选择题和非选择题。其中每道单选分值为 1 分，非选择题中除特殊标注外，每空 1 分，1～15 题为单选题，16～18 题为非选择题。福建省厦门市近 3 年中考生物卷满分为 100 分，考试时间为 60 分钟。题型包括单项选择题和非选择题。其中每道单选分值为 2 分，非选择题中除特殊标注外，每空 1 分。2017 年、2018 年 1～25 题为单选题，26～36 题为非选择题；2019 年 1～25 题为单选题，26～34 题为非选择题。山东省济宁市近 3 年中考生物卷满分为 100 分，考试时间为 60 分钟。题型包括单项选择题和非选择题。其中每道单选分值为 2 分，非选择题中的每个空分值为 2 分。2017 年 1～20 题为单选题，21～26 题为非选择题；2018 年、2019 年 1～20 题为单选题，21～25 题为非选择题。

表 6-3　2017—2019 年江西省、福建省厦门市、山东省济宁市中考生物试卷中各考点占比分布（%）

考点	江西省			福建省厦门市			山东省济宁市		
	2017 年	2018 年	2019 年	2017 年	2018 年	2019 年	2017 年	2018 年	2019 年
生命的基本化学分子		3.33	3.33			1.00	2.00	2.00	
糖生物学				2.00			2.00		
酶化学		3.33	3.33				2.00		
激素及其受体介导的信息传递	6.67	3.33	3.33			4.00		2.00	4.00
生物氧化及生物能学	6.67	10.00	1.67	2.00	2.00	1.00	7.00	7.00	7.00
糖代谢	13.33	6.67	5.00		2.00	1.00	3.00	5.00	7.00
总和	26.67	26.67	16.67	4.00	4.00	7.00	16.00	16.00	18.00

表 6-4　2017—2019 年江西省、福建省厦门市、山东省济宁市中考生物试卷中考点题型分布

考点	江西省			福建省厦门市			山东省济宁市		
	2017 年	2018 年	2019 年	2017 年	2018 年	2019 年	2017 年	2018 年	2019 年
生命的基本化学分子		选择	填空			填空	选择	选择	
糖生物学				选择			填空		
酶化学		填空	选择				选择		

续表

考点	江西省			福建省厦门市			山东省济宁市		
	2017年	2018年	2019年	2017年	2018年	2019年	2017年	2018年	2019年
激素及其受体介导的信息传递	填空	选择	选择			选择		选择	选择
生物氧化及生物能学	填空	填空	填空	选择	填空	判断	选择 填空	选择 填空	填空
糖代谢	选择 填空	填空	选择		选择	判断	选择 填空	选择 填空	填空

由表 6-3 可知，江西省、福建省厦门市和山东省济宁市对于生物化学在中考中的考查比重不同。其中江西省对于生物化学内容的考核，分值比重最大，最高达到 26.67%，且 2017 年、2018 年都维持在这个比重上，2019 年有所下降，但也达到了 16.67%；山东省济宁市对于生物化学内容的考核，分值比重次之，比重平衡在 16.00%左右，在 2019 年的中考中，比重增至 18.00%；福建省厦门市对于生物化学内容的考核，分值比重最小，平衡在 4.00%左右，在 2019 年的中考中，比重增至 7.00%。比较三个地区的中考试卷，可得出江西省最重视生物化学内容的考核，山东省济宁市次之，福建省厦门市对生物化学内容考核占较少比例。

在出题的具体内容上，各地区出题的知识单元都比较稳定，如表 6-4 所示。江西省的出题范围固定在“生命的基本化学分子”、“酶化学”、“激素及其受体介导的信息传递”、“生物氧化及生物能学”和“糖代谢”这五个知识单元，其中对于“生命的基本化学分子”和“酶化学”的考查深度较浅，分值较低。出题方式为基础选择题和基础填空题，且这两个知识单元在 2017 年的考试中，还没有命题。可见“生命的基本化学分子”和“酶化学”这两个知识单元属于易考查的基础知识。在“激素及其受体介导的信息传递”的考查上比较多样，出题类型为较难的选择题和较难的分析填空题，且分值较重，但在 2018 年和 2019 年的考查中，分值降低但趋于稳定。“生物氧化及生物能学”和“糖代谢”这两个知识单元无论从分值占比还是题型分布来看，都是江西省中考生物科目考查的重点、难点。“生物氧化及生物能学”的考查分值占比最多能达到 10.00%，“糖代谢”的考查分值占比最多能达到 13.33%，且考查的题型都是难度较大的选择题、难度较大的综合分析填空题。两个知识单元的知识有密切的联系，因此“生物氧化及生物能学”和“糖代谢”都是“捆绑”出现在综合分析题中。山东省济宁市的出题范围主要分布在“生命的基本化学分子”、“糖生物化学”、“酶化学”、“激素及其受体介导的信息传递”、“生物氧化及生物能学”和“糖代谢”这六个知识单元，但“生命的基本化学分子”、“糖生物化学”和“酶化学”都是在 2017 年、2018 年出现，2019 年没有再考查，同时加深了对“激素及其受体介导的信息传递”、“生物氧化及生物能学”和“糖代谢”这三个知识单元的考查。表现在考查分值增加，题型由基础的选择填空转变为难度较大的综合分析题。福建省厦门市的出题范围分布在“生物氧化及生物能学”和“糖代谢”这两个知识单元中，但考查的分值较少，题型都为基础的选择题、填空题，也有较为基础的判断题。在 2017—2019 年中“生命的基本化学分子”、“糖生物学”和“激素及其受体介导的信息传递”也有考查到，但都没有规律，考查分值较少，为基础的选择题和填空题。

总的来说，各地区对于生物化学考查的分值占比虽然不同，但是重点大都围绕在“激素及其受体介导的信息传递”、“生物氧化及生物能学”和“糖代谢”这三个知识单元。其中江西省的考查难度最大，山东省济宁市次之，福建省厦门市难度最小。

第二节　高中生物教材中生物化学内容解析

高中生物教材相较初中来说，编写主线更统一。由必修和选修两部分组成，必修部分分为三册：必修一分子与细胞，必修二遗传与进化，必修三稳态与环境。选修部分也分为三册：选修一生物技术实践，选修二生物科学与社会，选修三现代生物科技专题。在高中生物中，必修部分与生物化学有关的内容主要有“组成细胞的分子”“细胞的能量供应和利用”“动物和人体生命活动的调节”“植物的激素调节”“基因的本质”“基因的表达”。选修部分与生物化学有关的内容主要有“酶的研究与应用”。

一、生物化学在高中生物教材中的内容和占比

以生物科学专业生物化学的学科知识为体系，统计高中生物人教版、北师大版、苏教版和浙教版这四个版本教材中的生物化学内容的知识单元以及知识单元在高中生物的体现内容和占比。

从表 6-5 和表 6-6 可以看出，生物化学在不同版本高中生物教材中，讲解的主要知识单元有十个：“生命的基本化学分子”、“糖生物学”、“脂类生物化学”、“蛋白质化学”、“核酸化学”、“酶化学”、“激素及其受体介导的信息传递”、“生物氧化及生物能学”、“糖代谢”和“蛋白质分解代谢和氨基酸代谢”。这些知识单元主要分布在必修一，“激素及其受体介导的信息传递”这一知识单元分布在必修三，“酶化学”是唯一一个在必修和选修部分都存在的知识单元。而“维生素与辅酶”只在浙教版中提及。“脂代谢”和“核酸代谢”这两个知识单元在四个版本中均未涉及。

在这些知识单元中，“生命的基本化学分子”在四个版本的体现形式主要是以“细胞的化学组成”的方式出现，围绕着细胞中的无机化合物和生物大分子两部分编排。四个版本中，北师大版对此知识单元最为重视，版面占比在四个版本中是最大的，达到了 20.77%，讲述内容丰富，通过表格对比、数据分析和小资料卡的形式，让学生实现自主探究。

“糖生物学”、“脂类生物化学”、“蛋白质化学”和“核酸化学”这四个知识单元在高中生物教材中，都是存在于“细胞的化学组成”这一章。四个版本对这四个知识单元的描述甚少，都是从物质分子的结构和功能、物质的分类来阐述。对于更深层次的知识，例如“糖生物学”中，糖苷键、寡糖、复合多糖并无涉及；“脂类生物化学中”中，脂肪酸、脂蛋白没有涉及；“蛋白质化学”中，人教版和浙教版内容相对简单，没有涉及蛋白质的检验，浙教版没有提及蛋白质的结构，也没有图片让学生直观感受蛋白质分子、氨基酸缩合成多肽、肽链的折叠盘绕这些内容。苏教版难度适中，有清晰的图片来描述蛋白质的结构和功能。北师大版对于蛋白质的检验用到了“尿蛋白试纸测试蛋白质”，不同于其他两个版本的传统试剂检测。

表 6-5　生物化学在不同高中版本中的内容

<table>
<tr><th colspan="4">人教版</th><th colspan="4">北师大版</th><th colspan="4">苏教版</th><th colspan="4">浙教版</th></tr>
<tr><th>知识单元</th><th>章节名称</th><th>知识点</th><th>位置</th><th>知识单元</th><th>章节名称</th><th>知识点</th><th>位置</th><th>知识单元</th><th>章节名称</th><th>知识点</th><th>位置</th><th>知识单元</th><th>章节名称</th><th>知识点</th><th>位置</th></tr>
<tr><td rowspan="5">生命的基本化学分子</td><td rowspan="5">组成细胞的分子</td><td>细胞中的元素和化合物</td><td>必修一第二章第一节（16～19页）</td><td rowspan="5">生命的基本化学分子</td><td rowspan="5">细胞的化学组成</td><td>构成生命的元素</td><td>必修一第二章第一节（12～13页）</td><td rowspan="5">生命的基本化学分子</td><td rowspan="5">细胞的化学组成</td><td>细胞中的元素和无机化合物</td><td>必修一第二章第一节（8～12页）</td><td rowspan="5">生命的基本化学分子</td><td rowspan="5">细胞的分子组成</td><td>分子和离子</td><td>必修一第一章第一节（2～4页）</td></tr>
<tr><td>生命活动的主要承担者</td><td>必修一第二章第二节（20～25页）</td><td>水和无机盐</td><td>必修一第二章第二节（14～16页）</td><td rowspan="4">细胞中的生物大分子</td><td rowspan="4">必修一第二章第二节（13～27页）</td><td>无机物</td><td>必修一第一章第二节（5～6页）</td></tr>
<tr><td>遗传信息的携带者</td><td>必修一第二章第三节（26～29页）</td><td rowspan="3">生物大分子</td><td rowspan="3">必修一第二章第三节（17～30页）</td><td rowspan="3">有机化合物及生物大分子</td><td rowspan="3">必修一第一章第三节（7～18页）</td></tr>
<tr><td>细胞中的糖类、脂质</td><td>必修一第二章第四节（30～34页）</td></tr>
<tr><td>细胞中的无机物</td><td>必修一第二章第五节（35～38页）</td></tr>
<tr><td>糖生物学</td><td>细胞中的糖类</td><td>单糖、二糖、多糖</td><td>必修一第二章第四节（30～31页）</td><td>糖生物学</td><td>糖类</td><td>糖的分类；检测还原性糖</td><td>必修一第二章第三节（30～33页）</td><td>糖生物学</td><td>糖类的种类和功能</td><td>单糖、二糖、多糖；鉴定生物组织中的糖类</td><td>必修一第二章第二节（14～15页）</td><td>糖生物学</td><td>糖类</td><td>糖类的组成元素；糖的分类</td><td>必修一第一章第三节（8页）</td></tr>
</table>

续表

<table>
<tr><th colspan="4">人教版</th><th colspan="4">北师大版</th><th colspan="4">苏教版</th><th colspan="4">浙教版</th></tr>
<tr><th>知识单元</th><th>章节名称</th><th>知识点</th><th>位置</th><th>知识单元</th><th>章节名称</th><th>知识点</th><th>位置</th><th>知识单元</th><th>章节名称</th><th>知识点</th><th>位置</th><th>知识单元</th><th>章节名称</th><th>知识点</th><th>位置</th></tr>
<tr><td>脂类生物化学</td><td>细胞中的脂质</td><td>脂肪、磷脂、固醇</td><td>必修一第二章第四节（32～33 页）</td><td>脂类生物化学</td><td>脂质</td><td>脂质的特性；检测生物组织中的脂肪、脂质的种类和功能</td><td>必修一第二章第三节（28～29 页）</td><td>脂类生物化学</td><td>脂类的种类和功能</td><td>脂肪、类脂、固醇；探究植物细胞是否都含有脂肪</td><td>必修一第二章第二节（16～17 页）</td><td>脂类生物化学</td><td>脂质</td><td>脂质的组成元素；脂质的分类；检测生物组织中的油脂</td><td>必修一第一章第三节（9～11 页）</td></tr>
<tr><td rowspan="4">蛋白质化学</td><td rowspan="4">生命活动的主要承担者</td><td>氨基酸及其种类</td><td>必修一第二章第二节（20～21 页）</td><td rowspan="4">蛋白质化学</td><td rowspan="4">蛋白质</td><td>蛋白质的结构和功能</td><td>必修一第二章第三节（21 页）</td><td rowspan="4">蛋白质化学</td><td rowspan="4">蛋白质的结构和功能</td><td>氨基酸的结构</td><td>必修一第二章第二节（17 页）</td><td rowspan="4">蛋白质化学</td><td rowspan="4">蛋白质</td><td rowspan="4">蛋白质的组成；蛋白质的元素组成；蛋白质的性质；检测生物组织中的糖类和蛋白质</td><td rowspan="4">必修一第一章第三节（12～15 页）</td></tr>
<tr><td>蛋白质的结构及其多样性</td><td>必修一第二章第二节（21～23 页）</td><td>蛋白质的分子结构</td><td>必修一第二章第三节（22～23 页）</td><td>蛋白质的结构</td><td>必修一第二章第二节（18 页）</td></tr>
<tr><td rowspan="2">蛋白质的功能</td><td rowspan="2">必修一第二章第二节（23～24 页）</td><td rowspan="2">蛋白质的种类和功能</td><td rowspan="2">必修一第二章第三节（24 页）</td><td>蛋白质的功能</td><td>必修一第二章第二节（19 页）</td></tr>
<tr><td>鉴定蛋白质</td><td>必修一第二章第二节（19 页）</td></tr>
<tr><td>核酸化学</td><td></td><td></td><td></td><td>核酸化学</td><td></td><td></td><td></td><td>核酸化学</td><td>核酸</td><td>核酸的组成；DNA、RNA 的检测</td><td>必修一第二章第二节（19～21 页）</td><td>核酸化学</td><td>核酸</td><td>核酸的组成；检测细胞中的 DNA 和 RNA</td><td>必修一第一章第三节（16～17 页）</td></tr>
</table>

续表

人教版			
知识单元	章节名称	知识点	位置
酶化学	降低化学反应活化能的酶	酶的作用和本质	必修一第五章第一节（78～82 页）
		酶的特性	必修一第五章第一节（83～86 页）
		酶的应用	必修一第五章第一节（87 页）
	酶的研究与应用	果胶酶在果汁生产中的作用	选修一专题四课题一（42～45 页）
		探讨加酶洗衣粉的洗涤效果	选修一专题四课题二（46～48 页）
		酵母细胞的固定化	选修一专题四课题三（49～52 页）
	酶在工业生产中的作用	酶的家族与酶制剂的生产	选修二第三章第二节（79～80 页）
		酶在工业生产中的应用	选修二第三章第二节（81～85 页）

北师大版			
知识单元	章节名称	知识点	位置
酶化学	生物催化剂——酶	酶的化学本质	必修一第二章第三节（24～25 页）
		酶的特点	必修一第二章第三节（25～28 页）
	酶技术	果胶酶的制作方法及作用	选修一第二章第一节（28～31 页）
		酶活力的鉴定	选修一第二章第二节（32～35 页）
		酶在食品制作和洗涤方面的应用	选修一第二章第三节（36～39 页）
		固定化酶的设备及应用	选修一第二章第四节（40～42 页）
	酶在工业生产中的作用	酶制剂的生产及应用	选修二第二章第二节（47～50 页）

苏教版			
知识单元	章节名称	知识点	位置
酶化学	酶与酶促反应	酶催化高效的实质	必修一第四章第一节（65～66 页）
		影响酶促反应速率的因素	必修一第四章第一节（67 页）
		酶与疾病	必修一第四章第一节（68 页）
		酶在合成反应中的催化作用	必修一第四章第一节（70 页）
	酶的应用技术实践	酶的制备和应用	选修一第三章第一节（56～62 页）
		固定化酶的制备和应用	选修一第三章第二节（63～70 页）
	酶工程	酶工程的概述；酶工程的应用	选修二第二章第二节（41～46 页）

浙教版			
知识单元	章节名称	知识点	位置
酶化学	酶	酶的发现	必修一第三章第三节（61 页）
		酶是生物催化剂	必修一第三章第三节（63 页）
		酶的催化活性极高	必修一第三章第三节（63 页）
		酶有专一性；酶的作用受许多因素的影响	必修一第三章第三节（64～65 页）
	酶的应用	果汁中的果胶和果胶酶	选修一第二部分实验四（33～35 页）
		加酶洗衣粉的使用条件和效果	选修一第二部分实验五（36～37 页）
		α-淀粉酶的固定化及淀粉水解作用	选修一第二部分实验六（38～40 页）
	酶在工业生产中的作用	酶及其类型；酶在工业生产中的应用	选修二第二章第二节（50～56 页）

续表

人教版

知识单元	章节名称	知识点	位置
维生素与辅酶			
激素及其受体介导的信息传递	动物和人体生命活动的调节	通过激素的调节	必修三第二章第二节（23～30 页）
		神经调节与体液调节的关系	必修三第二章第三节（31～34 页）
	植物的激素调节	植物生长素的发现	必修三第三章第一节（46～49 页）
		生长素的生理作用	必修三第三章第二节（50～52 页）
		其他植物激素	必修三第三章第三节（53～58 页）

北师大版

知识单元	章节名称	知识点	位置
维生素与辅酶			
激素及其受体介导的信息传递	动物生命活动的化学调节	化学信号——激素	必修三第二章第四节（44～46 页）
		激素的生理作用及作用特征	必修三第二章第四节（47～48 页）
		激素调节信号转导的分子机制	必修三第二章第四节（49～50 页）
		体液调节与稳态	必修三第二章第四节（51～55 页）
	人体生命活动的神经调节	人体的“通讯网”	必修三第二章第三节（32～33 页）
		神经调节的基本过程	必修三第二章第三节（34～36 页）
		神经调节与稳态	必修三第二章第三节（37～38 页）

苏教版

知识单元	章节名称	知识点	位置
维生素与辅酶			
激素及其受体介导的信息传递	人体生命活动的调节	人体生命活动的神经调节；神经调节与体液调节的关系	必修三第二章第二节（27～31 页）必修三第二章第二节（36～39 页）
	动物生命活动的调节	昆虫的激素调节	必修三第二章第三节（40～43 页）
		动物激素在生产中的应用	必修三第二章第三节（41～44 页）
	植物生命活动的调节	植物生长素的发现	必修三第二章第四节（45～47 页）
		生长素的特性与生理作用	必修三第二章第四节（48～49 页）
		其他植物激素及其应用	必修三第二章第四节（50～59 页）

浙教版

知识单元	章节名称	知识点	位置
维生素与辅酶	辅酶	辅酶的定义	必修一第三章第三节（69 页）
激素及其受体介导的信息传递	植物生命活动的调节	植物激素调节	必修三第一章第一节（2～8 页）
		其他调节	必修三第一章第二节（9～12 页）
	动物生命活动的调节	内环境与稳态	必修三第二章第一节（15～16 页）
		神经系统的结构与功能	必修三第二章第二节（17～32 页）
		高等动物的内分泌系统与体液调节	必修三第二章第三节（33～45 页）

续表

人教版				北师大版				苏教版				浙教版			
知识单元	章节名称	知识点	位置	知识单元	章节名称	知识点	位置	知识单元	章节名称	知识点	位置	知识单元	章节名称	知识点	位置
生物氧化及生物能学	细胞的能量供应和利用	细胞的能量“通货”——ATP	必修一第五章第二节（88～90页）	生物氧化及生物能学	细胞的能量代谢	生命活动的直接能源	必修一第四章第一节（64～65页）	生物氧化及生物能学	光合作用和细胞呼吸	生命活动的能量“通货”	必修一第四章第一节（63～64页）	生物氧化及生物能学	细胞的代谢	细胞与能量	必修一第三章第一节（48～51页）
		能量之源——光合作用	必修一第五章第四节（97～108页）			能量的获得	必修一第四章第二节（66～75页）			光合作用	必修一第四章第二节（72～76页）			光合作用	必修一第三章第五节（85～102页）
糖代谢	细胞的能量供应和利用	ATP的主要来源——细胞呼吸	必修一第五章第三节（91～96页）	糖代谢	细胞的能量代谢	能量转换与释放	必修一第四章第三节（76～83页）	糖代谢	细胞呼吸	细胞呼吸产生能量	必修一第四章第三节（81页）	糖代谢	细胞的代谢	细胞呼吸；糖酵解；柠檬酸循环；厌氧呼吸	必修一第三章第四节（71～84页）
										细胞呼吸的过程	必修一第四章第三节（82～84页）				
										细胞呼吸原理的应用	必修一第四章第三节（85～91页）				
蛋白质分解和氨基酸代谢	蛋白质	氨基酸及其种类	必修一第二章第二节（21页）	蛋白质分解和氨基酸代谢	蛋白质	氨基酸的合成	必修一第二章第三节（23页）	蛋白质分解和氨基酸代谢	蛋白质的结构和功能	氨基酸的合成	必修一第二章第二节（17页）	蛋白质分解和氨基酸代谢	有机化合物及大分子	氨基酸的种类及合成	必修一第一章第三节（12页）

表 6-6 生物化学在不同高中版本教材中的占比（%）

项目		人教版		北师大版		苏教版		浙教版	
		版面	章节	版面	章节	版面	章节	版面	章节
生命的基本化学分子	必修一	17.69	16.67	20.77	12.50	17.24	20.00	14.17	25.00
糖生物学	必修一	1.54	3.33	3.08	1.56	1.72	2.86	0.83	2.08
脂类生物化学	必修一	1.54	3.33	1.54	1.56	1.72	2.86	2.50	2.08
蛋白质化学	必修一	3.85	3.33	3.85	1.56	2.59	2.86	3.33	2.08
核酸化学	必修一	3.13	3.33	1.24	1.56	2.59	2.86	1.54	2.08
酶化学	必修一	7.69	4.17	3.85	1.56	5.17	3.33	4.17	5.00
	选修二	10.00	6.67	10.58	7.69	5.21	8.33	5.71	8.33
	选修三	5.47	6.67	3.67	7.69	5.04	8.33	2.22	8.33
维生素与辅酶	必修一							0.83	2.50
激素及其受体介导的信息传递	必修三	19.23	3.33	14.62	14.29	22.31	20.00	24.62	50.00
生物氧化及生物能学	必修一	11.54	4.17	9.23	4.17	6.03	6.67	15.00	5.00
糖代谢	必修一	6.92	8.33	6.92	8.33	5.17	10.00	16.67	5.00
蛋白质分解代谢和氨基酸代谢	必修一	0.77	3.33	0.77	1.56	0.86	2.86	0.83	2.08
总和		23.59	13.16	21.28	19.74	20.84	24.76	23.83	34.31

“酶化学”知识单元是唯一一个在必修和选修部分都存在的知识单元。必修一分子与细胞中，知识体现形式为酶促反应；选修二生物科学与社会中，知识体现形式为酶技术；选修三现代生物科技专题中，知识体现形式为酶在工业生产中的作用。在必修一板块，人教版更重视基础的酶的教学，例如酶的发现过程、酶的基本性质。北师大版、苏教版和浙教版对于酶的阐述更接近高等师范院校生物科学专业的核心知识点。三个版本对于酶的作用原理都用清晰的反应图示表明。其中浙教版对于酶的每一个性质，都运用探究实验的方式，让学生更加深入地理解酶的作用原理、酶的性质及影响酶活性的因素。

“维生素与辅酶”这一知识单元仅在浙教版中以“小资料”的形式提及，内容少，主要是提到辅酶的定义与作用。列举了转氨酶的辅酶是维生素 B_6；Mg^{2+} 可以暂时和酶结合，改变酶的局部性状。相较初中来说，“维生素与辅酶”这一知识单元在高中的内容较少。

“激素及其受体介导的信息传递”这一知识单元中，人教版对于“激素及其受体介导的信息传递”这一知识单元进行了细致的讲述，从动物和人体生命活动的调节、植物的技术调节两方面进行阐述。且在动物和人体生命活动的调节中运用 STS［科学（science）、技术（technology）、社会（society）］，它探讨和揭示科学、技术和社会三者之间的关系，在自我探究的过程中，遇到困难先自己想办法解决，培养学生创造性解决问题的能力、在团队中学习的能力、自我发现的优秀品质。北师大版、苏教版和浙教版对于这一单元也有较为详尽的描述。北师大版的内容深度较高，涉及了激素调节信号转导的分子机制，举例用到了含氮类激素在靶细胞的信号转导、类固醇激素在靶细胞的信号转导，难度大，但配有较为详细的过程图片。苏教版中，提到了昆虫的激素调节。苏教版则着重强调人体的激素，且提及的每一种激素都有活动实验来探究该激素的作用，相较其他版本的种类来说，苏教版还提到了“体内水分和钾、钠离子浓度的激素调节”。

“生物氧化及生物能学”这一知识单元中，在高中版本的生物教材中，主要体现形式为光合作用的氧化还原过程，其中光反应和暗反应是主要组成部分。四个版本中，浙教版的难度最大，内容最多，学习内容更加接近高等师范院校生物科学专业的生物化学核心知识点，例如在“课外读”板块中，提及光系统 1 和光系统 2，并补充光反应的电子传递链。在暗反应中，利用图示详细描述卡尔文循环中的物质变换，能量传递和氧化还原过程。还在“课外读”中，设计光呼吸和光合作用的关系，难度大，程度深。北师大版的有关内容和浙教版相似，但在语言文字描述上、图示表达上都要更简单、更生动，略去了在分子层面的具体传递过程。人教版和苏教版的内容较为简单基础，只提及光反应和暗反应的关系，没有更深入的在分子层面上的电子转移。

“糖代谢”这一知识单元，在高中版本的生物教材中，主要体现形式为细胞呼吸，其中有氧呼吸和无氧呼吸是主要组成部分。人教版、北师大版和苏教版都涉及有氧呼吸和无氧呼吸的内容。而浙教版的内容将细胞呼吸的三个阶段糖酵解、柠檬酸循环和电子传递都一并列出，且较为详细地描述了三个过程，用了高中生能接受的简单图解展示了柠檬酸循环的过程和电子传递的过程。

“蛋白质分解代谢和氨基酸代谢”这一知识单元在四个版本中都只有较少的内容，且没有单独的章节，内容在蛋白质的结构和功能处有简单介绍。

“脂代谢”和“核酸代谢”在各个版本的高中生物教材中都没有涉及。

二、生物化学在不同地区高考考查内容分析

根据 2015—2019 年重庆市、安徽省和江苏省的五年高考试卷，归纳出高中生物教材中的生物化学知识在高考生物中的考查情况，统计结果如表 6-7、表 6-8 所示。为了便于作图分析，本节将生物化学知识所涉及的 13 个考点从 1～13 进行编号。

重庆市 2015—2016 年高考生物卷，满分 90 分，题型分为单选题和非选择题，第 1～6 题为单选题，每题 6 分，共计 36 分，第 7～9 题为非选择题，其中第 7 题 20 分，第 8 题 20 分，第 9 题 14 分，共计 54 分。重庆市 2017 年高考生物卷，满分 90 分，题型分为单选题和非选择题，第 13～18 题为单选题，每题 6 分，共计 36 分，第 28～31 题为非选择题，共计 54 分。重庆市 2018 年高考生物卷，满分 90 分，题型分为单选题和非选择题，非选择题又分为必考题和选考题两部分，第 1～6 题为单选题，每题 6 分，第 29～32 题为必考题，第 39～40 题为选考题，第 39 题为选修一生物技术实践专题，第 40 题为选修三现代生物科技专题。重庆市 2019 年高考生物卷，满分 90 分，题型分为单选题和非选择题，非选择题又分为必考题和选考题两部分，第 1～6 题为单选题，每题 6 分，第 29～32 题为必考题，第 37～38 题为选考题，第 37 题为选修一生物技术实践专题，第 38 题为选修三现代生物科技专题。

安徽省 2015—2017 年高考生物卷，满分 90 分，题型分为单选题和非选择题，第 1～6 题为单选题，每题 6 分，共计 36 分，第 29～31 题为非选择题，共计 54 分。安徽省 2017 年高考生物卷，满分 90 分，题型分为单选题和非选择题，非选择题又分为必考题和选考题两部分，第 1～6 题为单选题，每题 6 分，第 29～32 题为必考题，第 35 题为选考题，第 35 题又分 80～85 题共计 5 道小题，第 80～82 题为选修一生物技术实践专题，第 83～85 题为选

表 6-7　2015—2019 年重庆市、安徽省、江苏省高考生物试卷中各考点占比分布（%）

考点	重庆市					安徽省					江苏省				
	2015 年	2016 年	2017 年	2018 年	2019 年	2015 年	2016 年	2017 年	2018 年	2019 年	2015 年	2016 年	2017 年	2018 年	2019 年
生命的基本化学分子													1.67	1.67	
糖生物学												2.50	2.50		1.67
脂类生物化学											2.50				
蛋白质化学															1.67
核酸化学											1.67	3.33	2.50		
酶化学	15.56		15.56	11.11	6.67	6.67			6.67		5.00	1.67	3.33	5.83	3.33
激素及其受体介导的信息传递	2.22	2.22	13.33	13.33	6.67	6.67	6.67	20.00		6.67	12.50	10.00	5.00	7.50	5.83
生物氧化及生物能学		15.56	6.67	4.44	5.56		11.11	6.67	13.33	11.11	9.17	9.17	9.17	6.67	7.50
糖代谢	6.67			4.44	4.44			20.00			1.67			1.67	2.50
总和	24.45	17.78	35.56	33.32	23.34	13.34	17.78	46.67	20.00	17.78	32.51	26.67	24.17	23.34	22.50

表 6-8　2015—2019 年重庆市、安徽省、江苏省高考生物试卷中考点题型分布

考点	重庆市					安徽省					江苏省				
	2015 年	2016 年	2017 年	2018 年	2019 年	2015 年	2016 年	2017 年	2018 年	2019 年	2015 年	2016 年	2017 年	2018 年	2019 年
生命的基本化学分子													单选	单选	
糖生物学												多选	多选		单选
脂类生物化学											多选				
蛋白质化学															单选
核酸化学											单选	单选	多选		
酶化学	填空		填空	填空	单选	单选			单选		单选 多选	单选	单选	单选 多选	单选
激素及其受体介导的信息传递	填空		单选	单选	单选	单选	填空	单选 填空		单选	单选 填空	单选 填空	单选 填空	单选 填空	单选 填空
生物氧化及生物能学		填空	单选	填空	填空		填空	单选	单选 填空	填空	填空	单选 填空	多选 填空	填空	填空
糖代谢	单选	填空		填空	填空			填空			单选			单选	多选

修三现代生物科技专题。安徽省 2018 年高考生物卷，满分 90 分，题型分为单选题和非选择题，非选择题又分为必考题和选考题两部分，第 1～6 题为单选题，每题 6 分，第 29～32 题为必考题，第 37～38 题为选考题，第 37 题为选修一生物技术实践专题，第 38 题为选修三现代生物科技专题。

江苏省这 5 年高考生物卷，满分 120 分，考试时间为 100 分钟。题型包括单项选择题、多项选择题和非选择题。其中每道单选分值为 2 分，每道多选分值为 3 分，非选择题中除特殊标注外，每空 1 分，1～20 题为单项选择题，21～25 题为多项选择题，26～33 题为非选择题。

综合分析表 6-7、表 6-8 可得，重庆市、安徽省和江苏省对于生物化学在高考中的考查比重大致相同。其中，重庆市和江苏省的考查比重每年较为平均，稳定在 20%～30%，安徽省考查比重波动较大，最少为 2015 年高考，占比为 13.34%，最多为 2017 年高考，占比达到 46.67%。总的来说，生物化学在不同地区高考中的命题占比相对较大。

重庆市高考对于生物化学内容的命题，主要集中在“酶化学”、“激素及其受体介导的信息传递”、“生物氧化及生物能学”和“糖代谢”四个知识单元中。其中，“激素及其受体介导的信息传递”这一知识单元在重庆高考的命题中，主要是以选择题的形式出现，结合免疫系统进行考查。“酶化学”、“生物氧化及生物能学”和“糖代谢”这三个知识单元主要是以综合分析题为主。“酶化学”主要是在综合分析题中，给出题目背景，灵活考查酶的几个特性。“生物氧化及生物能学”和“糖代谢”结合在一起命题，命题形式为植物的光合作用与呼吸作用过程中的能量和物质代谢。

安徽省高考对于生物化学内容的命题，主要集中在“激素及其受体介导的信息传递”“生物氧化及生物能学”两个知识单元，五年来两个知识单元的平均占比为 8.00%、8.44%，题型也多变，选择题和综合分析题型均有涉及。“激素及其受体介导的信息传递”主要是根据题目给出实验背景，用激素的知识来设计完成新的实验并分析。“生物氧化及生物能学”主要是结合植物蒸腾作用，分析植物光合作用的速率、CO_2 利用率。“酶化学”考查题型单一，为选择题。“糖代谢”这一单元只在 2017 年的高考出现过，但是分值较多，占比高达 20%，难度较大，植物的呼吸与植物的保鲜措施一起出题。

江苏省高考对于生物化学内容的命题，相较重庆市和安徽省来说考查的知识单元范围更广，常考的知识单元有七个：“生命的基本化学分子”、“糖生物学”、“核酸化学”、“酶化学”、“激素及其受体介导的信息传递”、“生物氧化及生物能学”和“糖代谢”。出题形式也有较多变化，除了有较为基础的单选题，还有考查对比分析能力的多选题。综合分析的非选择题难度较大。“生命的基本化学分子”、“糖生物学”、“核酸化学”和“酶化学”这四个知识单元主要是考查选择题，其中“糖生物学”和“酶化学”考查的难度相对较大。

重庆 2015—2019 年高考生物化学各考点分数占比变化如图 6-1 所示。从图中可以看出，重庆这 5 年的高考生物试卷，涉及生物化学的考点只有 6、8、9、10，分别是考点“酶化学”“激素及其受体介导的信息传递”“生物氧化及生物能学”“糖代谢”，这 5 年每年都考到的考点只有“激素及其受体介导的信息传递”。由此可见，在重庆高中生物教材中，“激素及其受体介导的信息传递”这方面的知识点非常重要。通过图还可以看出，这 5 年上述 4 个考点都考到的年份只有 2018 年和 2019 年，这说明近几年来，重庆高考生物重视知识点考查的全面性。重庆 2015—2019 年高考生物化学每年各考点分数占比如图 6-2 所示。从图中可以明显看出，2019年重庆高考生物试卷，上述提到的4个考点的分数占比相差不大，这说明

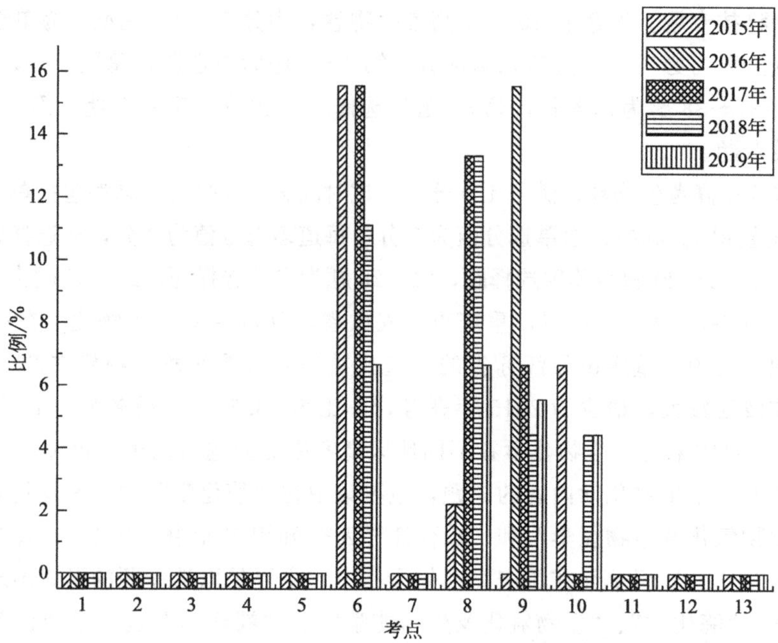

图 6-1　重庆 2015—2019 年高考生物化学各考点分数占比变化图

考点 1—生命的基本化学分子；考点 2—糖生物学；考点 3—脂类生物化学；考点 4—蛋白质化学；
考点 5—核酸化学；考点 6—酶化学；考点 7—维生素与辅酶；考点 8—激素及其受体介导的信息传递；
考点 9—生物氧化及生物能学；考点 10—糖代谢；考点 11—脂代谢；
考点 12—蛋白质分解代谢和氨基酸代谢；考点 13—核酸代谢

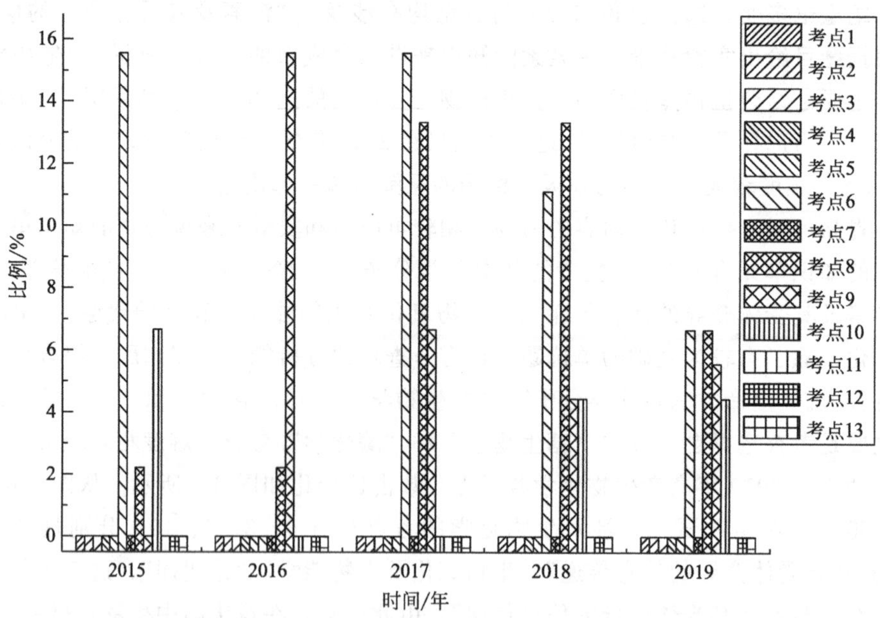

图 6-2　重庆 2015—2019 年高考生物化学每年各考点分数占比图

考点 1—生命的基本化学分子；考点 2—糖生物学；考点 3—脂类生物化学；考点 4—蛋白质化学；
考点 5—核酸化学；考点 6—酶化学；考点 7—维生素与辅酶；考点 8—激素及其受体介导的信息传递；
考点 9—生物氧化及生物能学；考点 10—糖代谢；考点 11—脂代谢；
考点 12—蛋白质分解代谢和氨基酸代谢；考点 13—核酸代谢

重庆生物教育越来越重视学生生物综合能力的考查。

安徽 2013—2019 年高考生物化学各考点分数占比变化如图 6-3 所示。从图中可以看出，安徽这 5 年的高考生物试卷，涉及生物化学的考点也只有 6、8、9、10，分别是考点“酶化学”“激素及其受体介导的信息传递”“生物氧化及生物能学”“糖代谢”，这 5 年每年都考到的考点没有，但是出现 4 年的考点有 8 和 9，即考点“激素及其受体介导的信息传递”和“生物氧化及生物能学”。由此可见，在安徽高中生物教材中，考点“激素及其受体介导的信息传递”和“生物氧化及生物能学”相对来说比较重要。安徽 2015—2019 年高考生物化学每年各考点分数占比如图 6-4 所示。从图中可以看出，安徽高考生物试卷，每年考到的生物化学的考点一般是 2 个，仅在 2017 年出现 3 个生物化学的考点。

江苏 2015—2019 年高考生物化学各考点分数占比变化如图 6-5 所示。从图中可以看出，江苏这 5 年的高考生物试卷，涉及生物化学的考点有 1、2、3、4、5、6、8、9、10，分别是“生命的基本化学分子”“糖生物学”“脂类生物化学”“蛋白质化学”“核酸化学”“酶化学”“激素及其受体介导的信息传递”“生物氧化及生物能学”“糖代谢”。这 5 年每年都考到的考点有 6、8、9，即考点“酶化学”“激素及其受体介导的信息传递”“生物氧化及生物能学”，可见在江苏高考生物中，这 3 个考点比较重要。在这 3 个比较重要的考点中，考点 9 每年的分数占比变化不大。江苏 2015—2019 年高考生物化学每年各考点分数占比如图 6-6 所示。从图中可以看出，江苏高考生物试卷，每年考到的生物化学的考点一般是 5～6 个，可见江苏高考生物比较重视试卷考查的全面性。

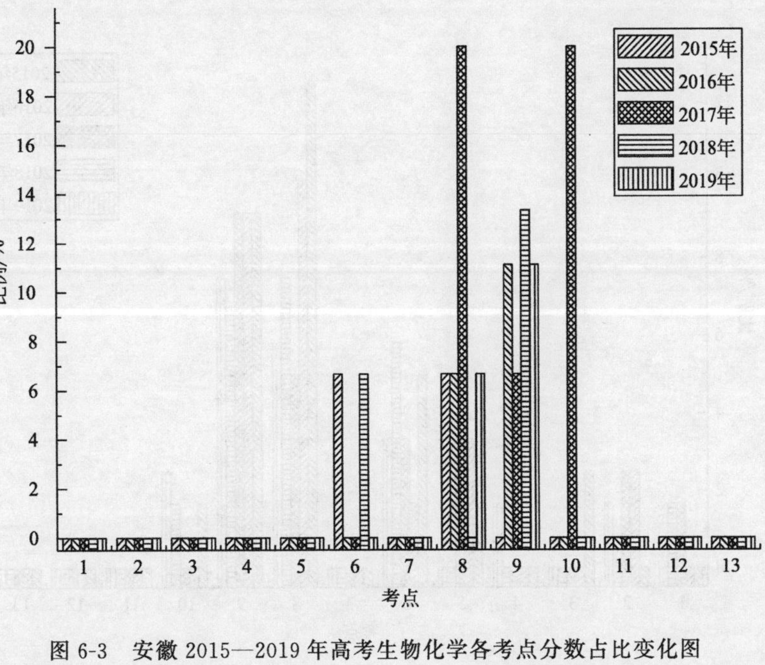

图 6-3　安徽 2015—2019 年高考生物化学各考点分数占比变化图

考点 1—生命的基本化学分子；考点 2—糖生物学；考点 3—脂类生物化学；考点 4—蛋白质化学；考点 5—核酸化学；考点 6—酶化学；考点 7—维生素与辅酶；考点 8—激素及其受体介导的信息传递；考点 9—生物氧化及生物能学；考点 10—糖代谢；考点 11—脂代谢；考点 12—蛋白质分解代谢和氨基酸代谢；考点 13—核酸代谢

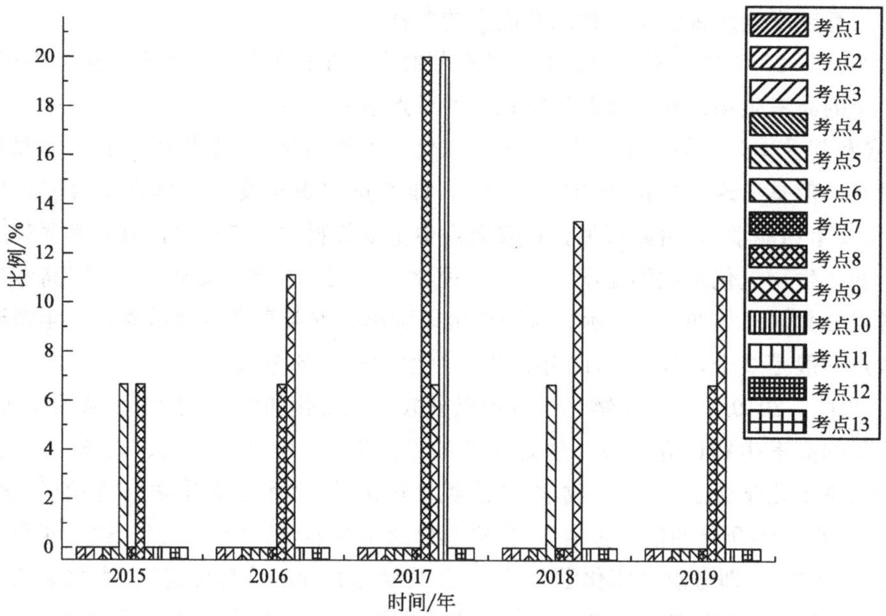

图 6-4　安徽 2015—2019 年高考生物化学每年各考点分数占比图

考点 1—生命的基本化学分子；考点 2—糖生物学；考点 3—脂类生物化学；考点 4—蛋白质化学；考点 5—核酸化学；考点 6—酶化学；考点 7—维生素与辅酶；考点 8—激素及其受体介导的信息传递；考点 9—生物氧化及生物能学；考点 10—糖代谢；考点 11—脂代谢；考点 12—蛋白质分解代谢和氨基酸代谢；考点 13—核酸代谢

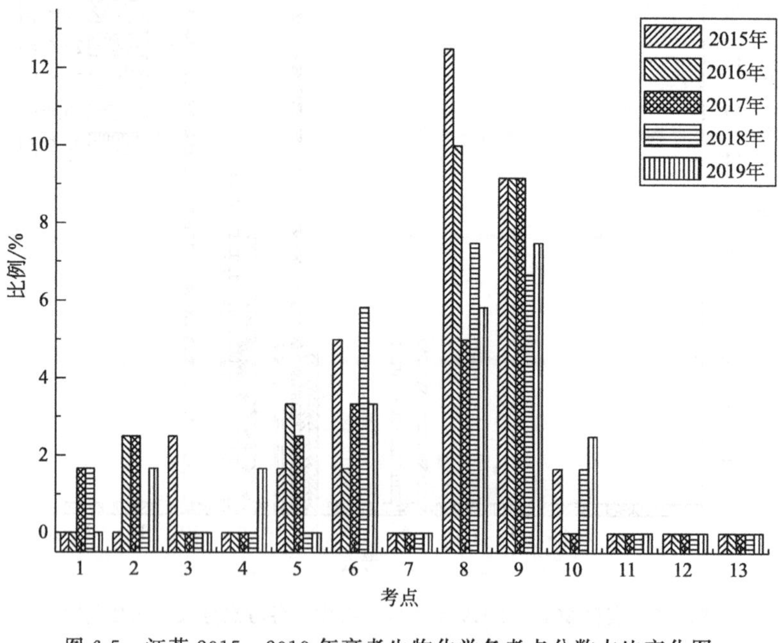

图 6-5　江苏 2015—2019 年高考生物化学各考点分数占比变化图

考点 1—生命的基本化学分子；考点 2—糖生物学；考点 3—脂类生物化学；考点 4—蛋白质化学；考点 5—核酸化学；考点 6—酶化学；考点 7—维生素与辅酶；考点 8—激素及其受体介导的信息传递；考点 9—生物氧化及生物能学；考点 10—糖代谢；考点 11—脂代谢；考点 12—蛋白质分解代谢和氨基酸代谢；考点 13—核酸代谢

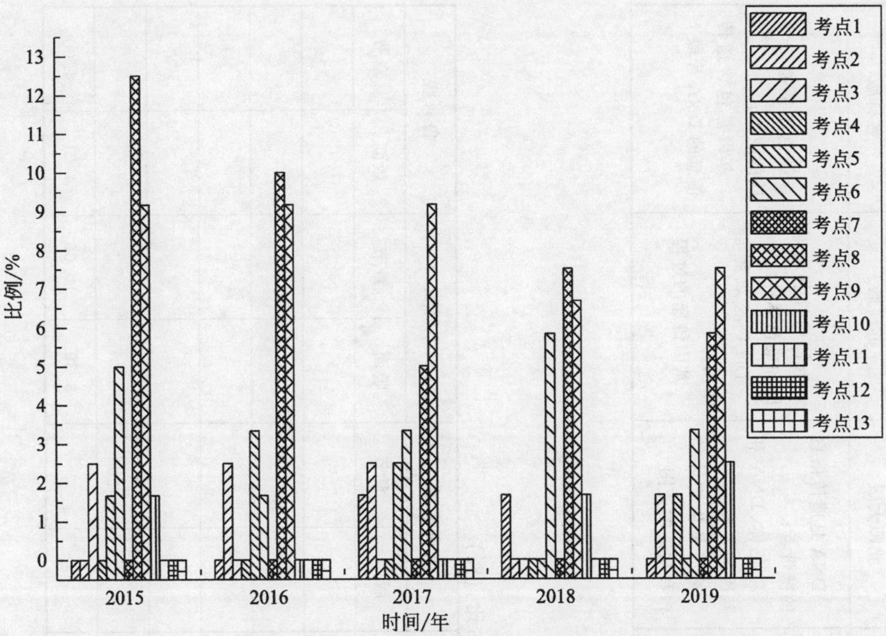

图 6-6　江苏 2015—2019 年高考生物化学每年各考点分数占比图

考点 1—生命的基本化学分子；考点 2—糖生物学；考点 3—脂类生物化学；考点 4—蛋白质化学；考点 5—核酸化学；考点 6—酶化学；考点 7—维生素与辅酶；考点 8—激素及其受体介导的信息传递；考点 9—生物氧化及生物能学；考点 10—糖代谢；考点 11—脂代谢；考点 12—蛋白质分解代谢和氨基酸代谢；考点 13—核酸代谢

第三节　初中生物教材中分子生物学内容解析

我国初中生物教材中，分子生物学在初中生物教材的体现内容为生命的延续这一单元，其中生物的生殖和发育、生物的遗传与变异是其重要组成部分。分子生物学在初中内容的具体表现有基因控制生物的性状、基因在亲子代间的传递、基因的显性和隐性及人的性别遗传。

以生物科学专业分子生物学的学科知识为体系，统计初中生物人教版、济南版、冀少版、北师大版、苏教版、苏科版和鲁科版这七个版本教材中的分子生物学内容的知识单元以及知识单元在初中生物的体现内容和占比。

一、初中生物教材中分子生物学内容统计分析

由表 6-9、表 6-10 可以看出，在七个版本的初中教材中，只对“DNA 的复制”有阐述，对于“RNA 的生物合成”、“蛋白质合成”、“原核细胞的基因表达”和“真核细胞的基因表达”这四个知识单元都没有提及。初中教材大多涉及宏观知识，例如生命现象、植物的生理过程、生态系统等。

表 6-9　分子生物学在不同初中版本教材中的内容

知识单元	人教版	济南版	冀少版	苏教版	北师大版	苏科版	鲁科版
DNA 的复制	基因、DNA 和染色体的关系； 基因经精子或卵细胞的传递	DNA 是主要的遗传物质； DNA 双螺旋结构	分析：噬菌体侵染细菌繁殖后代过程证明 DNA 是主要的遗传物质； 染色体、DNA、基因和性状的关系	细胞核中的遗传物质； DNA 的双螺旋结构	DNA 是遗传信息的携带者； 染色体、DNA 和基因的关系； 基因是生物体结构和功能的蓝图	生物的性状与基因和染色体； DNA 的双螺旋结构； 基因传递的过程	染色体是遗传物质的载体； 基因是包含遗传信息的 DNA 片段

表 6-10　分子生物学在不同初中版本教材中的占比（%）

教材	人教版		济南版		冀少版		苏教版		北师大版		苏科版		鲁科版	
	版面	章节	版面	章节	版面	章节	版面	章节	版面	章节	版面	章节	版面	章节
六年级上册														
六年级下册														
七年级上册														
七年级下册														
八年级上册	3.51	3.33	4.27	5.00					1.30	2.80				
八年级下册					3.23	1.59	2.50	3.33			3.39	10.00	4.21	4.00

对仅有的“DNA的复制”这一知识单元，七个版本都选择将它编排在八年级教材中。因为初中生对于分子和细胞层面上的基础知识积累还不够，且DNA的复制涉及“基因控制生物的性状”“基因在亲子代间的传递”“基因的显性和隐性及人的性别遗传”这些较抽象、难理解的知识点。人教版、北师大版、鲁科版只涉及“基因、DNA和染色体的关系”“基因的传递方式”，济南版、冀少版、苏教版和苏科版内容则更加深入，与高中的“核酸化学”“DNA是主要的遗传物质”知识点有部分重合。济南版、苏教版、苏科版还涉及了DNA的双螺旋结构；冀少版用噬菌体侵染细菌繁殖后代实验证明DNA是主要的遗传物质。总的来说，初中新教材的编写主线大都是以“人与生物圈”为主线的新体系，从宏观角度阐述生命，因此分子生物学内容极少。但在此知识单元中，各版本插入图片较多，美观、简单、新颖，语言优美，图文并茂的分子生物学知识对初中学生更有吸引力。

二、分子生物学在不同地区中考考查内容分析

根据2017—2019年江西省、福建省厦门市和山东省济宁市的三年中考试卷，归纳出初中生物教材中的分子生物学知识在中考生物中的考查情况。

由表6-11、表6-12可得，江西省的中考中没有对分子生物学中的知识单元进行考查，福建省厦门市和山东省济宁市对于分子生物学在中考中的考查比重和考查题型都相似，难度较小。考查分数在2分左右，考查题型大都是选择题，考查的知识点都是性状、基因和染色体的关系。

表6-11　2017—2019年江西省、福建省厦门市、山东省济宁市中考生物试卷中各考点占比分布（%）

知识点	江西省			福建省厦门市			山东省济宁市		
	2017年	2018年	2019年	2017年	2018年	2019年	2017年	2018年	2019年
DNA的复制				0.02	0.03	0.02	0.02	0.02	0.02
总和				0.02	0.03	0.02	0.02	0.02	0.02

表6-12　2017—2019年江西省、福建省厦门市、山东省济宁市中考生物试卷中考点题型分布

知识点	江西省			福建省厦门市			山东省济宁市		
	2017年	2018年	2019年	2017年	2018年	2019年	2017年	2018年	2019年
DNA的复制				选择	填空	选择	选择	选择	选择

总的来说，分子生物学在各地区的中考中，考查的知识点固定，难度较小，分值偏低。相对于生物化学来说重要程度偏低。“DNA的复制”知识单元中，性状、基因和染色体的关系是中考考查的重点。

第四节　高中生物教材中分子生物学内容解析

高中生物教材相较初中来说，编写主线更统一。在高中生物中，必修部分与分子生物学

有关的内容在必修二遗传与进化中，具体知识体现形式为基因和染色体的关系、基因的本质和基因的表达。在选修部分没有涉及与分子生物学有关的知识点。

一、高中生物教材中分子生物学内容统计分析

以生物科学专业分子生物学的学科知识为体系，统计高中生物人教版、北师大版、苏教版和浙教版这四版教材中的分子生物学内容的知识单元以及知识单元在高中生物的体现内容和占比。

由表6-13和表6-14可得分子生物学在不同高中版本生物教材中，共同讲解的知识单元有3个："DNA的复制"、""RNA的生物合成"和"蛋白质的合成"。这些知识单元主要在必修二。北师大版还有"原核细胞的基因表达与调控"和"真核细胞的基因表达与调控"这两部分内容。

在主要讲解的3个知识单元中，"DNA的复制"占据的版面和章节最多，人教版版面占比达到30.00%，北师大版版面占比达到23.38%；人教版章节占比达到28.57%；北师大版章节占比达到17.86%。通过比较"版面占比/章节占比"的比值，可以从一定程度上得出分子生物学在不同版本的高中生物教材的重要程度不同，重要程度从高到低为：苏教版、浙教版、人教版、北师大版。

从内容上来看，各版本教材是按照DNA的复制、转录和翻译蛋白质的过程来编写。"DNA的复制"具体知识包括对遗传物质的猜测、对遗传物质的证实、DNA的双螺旋结构、DNA分子的复制。"RNA的生物合成"具体知识包括遗传信息的转录。"蛋白质的合成"具体知识包括遗传密码、遗传密码的翻译、蛋白质的合成。"原核细胞的基因表达与调控"只在北师大版本出现，具体知识包括调节，如糖代谢的乳糖操纵子。"真核细胞的基因表达与调控"也只在北师大版本出现，但因知识点太复杂，只提及在调节因素的作用下，遗传信息有序表达。从内容的难度上来看，北师大版难度最大，人教版中分子生物学的内容最基础。苏教版难度适中，苏教版在此块内容中加入"知识海洋"，包括证明RNA是遗传物质的实验、DNA的粗提取和鉴定的实验。浙教版章节占比和版面占比虽然较少（描述复制、转录、翻译的过程用较少文字，较少图片），但在内容深度上更深，DNA半保留复制的创新型实验是其中的具体体现。

二、分子生物学在不同地区高考考查内容分析

根据2015—2019年重庆市、安徽省和江苏省的五年高考试卷，归纳出高中生物教材中的分子生物学知识在高考生物中的考查情况，统计结果如表6-15、表6-16所示。

由表6-15、表6-16可得，重庆市对于分子生物学的考查内容较少，2016年和2018年没有考查，且没有考查过"原核细胞的基因表达与调控"和"真核细胞的基因表达与调控"这两个知识单元，这两个知识单元也没有在重庆地区使用的人教版中涉及。重庆市对于分子生物学内容的考查，主要为综合分析的选择题。在2017年中考查分值最多，6个选择题中，有2个选择题涉及"DNA的复制"、"RNA的生物合成"和"蛋白质合成"三个知识单元。将"DNA的复制"、"RNA的生物合成"和"蛋白质合成"三个连续的过程作为综合分析考查，突出了重庆市高考命题对于整个过程的重视。较少将DNA、RNA知识与遗传学和基因工程的知识结合考查。

表 6-13 分子生物学在不同版本高中教材的内容

人教版				北师大版				苏教版				浙教版			
知识单元	章节名称	知识点	位置	知识单元	章节名称	知识点	位置	知识单元	章节名称	知识点	位置	知识单元	章节名称	知识点	位置
DNA 的复制	基因的本质	DNA 的复制	必修二第三章第一节、第二节、第三节（42～54 页）	DNA 的复制	遗传信息的复制与表达	遗传信息的复制	必修二第三章第一节（32～35 页）	DNA 的复制	遗传的分子基础	DNA 分子的结构和复制	必修二第四章第二节（67～76 页）	DNA 的复制	遗传信息的传递	半保留复制；DNA 聚合反应；DNA 的复制过程	必修二第三章第三节（61～64 页）
RNA 的生物合成	基因的表达	转录；RNA 的转录后加工；RNA 的逆转录	必修二第四章第一节、第二节（62～71 页）	RNA 的生物合成	遗传信息的复制与表达	遗传信息的表达	必修二第三章第二节（36～43 页）	RNA 的生物合成	基因控制蛋白质的合成	转录	必修二第四章第三节（77 页）	RNA 的生物合成	RNA 和蛋白质的合成	转录；RNA 的逆转录；中心法则	必修二第三章第四节（65～66 页、69 页）
										中心法则	必修二第四章第三节（82 页）				
蛋白质的合成	遗传密码及其特性	遗传信息的翻译	必修二第四章第一节（64～67 页）	蛋白质的合成	基因控制蛋白质的合成	遗传信息的转录；遗传信息的翻译；密码子；翻译的过程	必修二第三章第二节（36～40 页）	蛋白质的合成	基因控制蛋白质的合成	从基因到蛋白质；遗传密码的破译；翻译的过程；基因对性状的控制	必修二第四章第三节（77～83 页）	蛋白质的合成	蛋白质的合成	翻译；遗传密码	必修二第三章第四节（67～68 页）
原核细胞的基因表达与调控				原核细胞的基因表达与调控	基因表达的调控	原核生物基因表达的调控	必修二第三章第二节（40～41 页）	原核细胞的基因表达与调控				原核细胞的基因表达与调控			
真核细胞的基因表达与调控				真核细胞的基因表达与调控	基因表达的调控	真核生物基因表达的调控	必修二第三章第二节（41～42 页）	真核细胞的基因表达与调控				真核细胞的基因表达与调控			

表 6-14 分子生物学在不同高中版本教材中的占比（%）

项目		人教版		北师大版		苏教版		浙教版	
		版面	章节	版面	章节	版面	章节	版面	章节
DNA 的复制	必修二	30.00	28.57	23.38	17.86	17.42	8.00	13.97	13.33
RNA 的生物合成	必修二	3.85	4.76	3.23	3.57	1.52	1.33	1.47	2.50
蛋白质合成	必修二	5.38	9.52	3.23	7.14	3.03	2.66	2.21	2.50
原核细胞的基因表达与调控	必修二			0.81	3.57				
真核细胞的基因表达与调控	必修二			0.81	3.57				
总和		13.07	15.78	10.76	13.17	6.86	3.99	6.48	7.04
$\frac{版面占比}{章节占比}$		0.83		0.82		1.72		0.92	

表 6-15 2015—2019 年重庆市、安徽省、江苏省高考生物试卷中各考点占比分布（%）

知识点	重庆市					安徽省					江苏省				
	2015年	2016年	2017年	2018年	2019年	2015年	2016年	2017年	2018年	2019年	2015年	2016年	2017年	2018年	2019年
DNA 的复制			4.44		6.67	3.33		1.67	3.33		3.33	8.33	5.00	5.56	1.67
RNA 的生物合成	4.44		4.44					1.67			0.83		1.67	0.56	
蛋白质合成			4.44					1.67			2.50			3.06	2.50
总和	4.44		13.32		6.67	3.33		5.01	3.33		6.66	8.33	6.67	9.18	4.17

表 6-16 2015—2019 年重庆市、安徽省、江苏省高考生物试卷中考点题型分布

知识点	重庆市					安徽省					江苏省				
	2015年	2016年	2017年	2018年	2019年	2015年	2016年	2017年	2018年	2019年	2015年	2016年	2017年	2018年	2019年
DNA 的复制			选择		选择	填空		选择	填空		填空	单选 多选	单选 填空	单选	单选
RNA 的生物合成	填空		选择					选择			填空		单选	单选	
蛋白质合成			选择					选择			填空			单选 多选	多选

安徽省对于分子生物学的考查内容较少，2016 年和 2019 年没有考查，且没有考查过“原核细胞的基因表达与调控”和“真核细胞的基因表达与调控”这两个知识单元，这两个知识单元也没有在安徽地区使用的人教版中涉及。安徽省对于分子生物学内容的考查，主要为综合分析的非选择题，DNA 的结构与必修部分的遗传学患病概率结合考查，DNA 复制与选修部分的基因工程结合。考查分值少，但难度偏大。

江苏省对于分子生物学的考查内容较多，但分值都稳定在 5.00%左右。常考知识单元为“DNA 的复制”、“RNA 的生物合成”和“蛋白质合成”三个知识单元，没有涉及“原核细胞的基因表达与调控”和“真核细胞的基因表达与调控”的考查。这两个知识单元也没有

在江苏地区使用的人教版和苏教版中涉及。江苏省对于分子生物学内容的考查，主要为综合分析的选择题和非选择题。题型多变，包括单选、多选、综合分析题，且知识点的串联考查较多，在单选题中，DNA 结构的发现过程（肺炎双球菌侵染实验）是五年来都考查的内容，在综合分析的非选择题中，三个知识单元物质合成的连续过程作为综合分析考查，DNA 复制和基因工程作为综合分析考查。

重庆 2015—2019 年高考分子生物学各考点分数占比变化如图 6-7 所示。从图中可以看出，重庆这 5 年的高考生物试卷，涉及分子生物学的考点有 1、2、3，即考点“DNA 的复制”、“RNA 的生物合成”和“蛋白质合成”，有两年考到考点 1 和 2，考点 3 只有 1 年考到。重庆 2015—2019 年高考分子生物学每年各考点分数占比如图 6-8 所示。从图中可以清楚看出，2015 年只出现考点 2，2016 年未出现分子生物学考点，2017 年上述 3 个考点都有考到，2018 年未出现分子生物学考点，2019 年只出现考点 1，2017 年高考生物试卷涉及分子生物学考点较多，其他年份较少。总体而言，重庆高考生物试卷，涉及分子生物学考点较少。

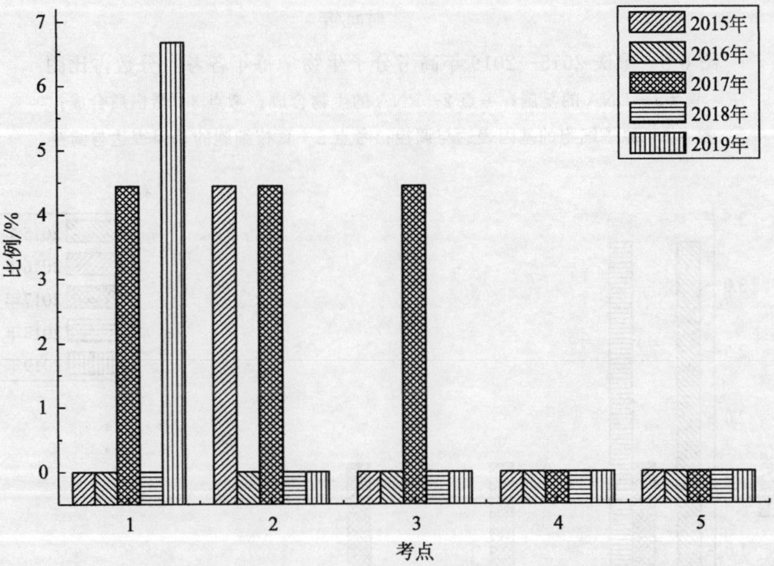

图 6-7　重庆 2015—2019 年高考分子生物学各考点分数占比变化图

考点 1—DNA 的复制；考点 2—RNA 的生物合成；考点 3—蛋白质合成；

考点 4—原核细胞的基因表达与调控；考点 5—真核细胞的基因表达与调控

安徽 2015—2019 年高考分子生物学各考点分数占比变化如图 6-9 所示。从图中可以看出，安徽这 5 年的高考生物试卷，涉及分子生物学的考点也只有 1、2、3，即考点“DNA 的复制”“RNA 的生物合成”“蛋白质合成”，有 3 年考到考点 1，考点 2 和 3 只有 1 年考到。安徽 2015—2019 年高考分子生物学每年各考点分数占比如图 6-10 所示。从图中可以清楚看出，2015 年只出现考点 1，2016 年未出现分子生物学考点，2017 年上述 3 个考点都有考到，2018 年只出现考点 1，2019 年未出现分子生物学考点。考点 1 出现较多，2017 年高考生物试卷涉及分子生物学考点较多，其他年份较少。总体而言，安徽高考生物试卷与重庆生物卷一样，涉及分子生物学考点较少。

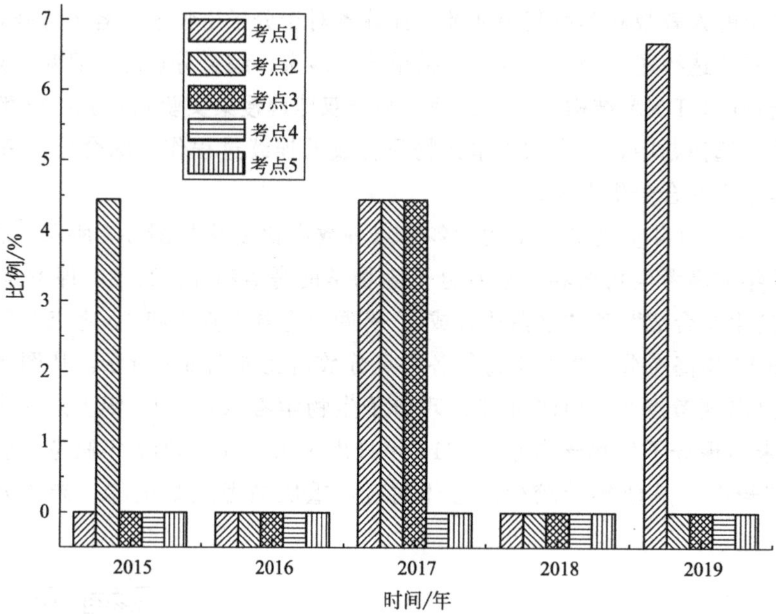

图 6-8　重庆 2015—2019 年高考分子生物学每年各考点分数占比图

考点 1—DNA 的复制；考点 2—RNA 的生物合成；考点 3—蛋白质合成；
考点 4—原核细胞的基因表达与调控；考点 5—真核细胞的基因表达与调控

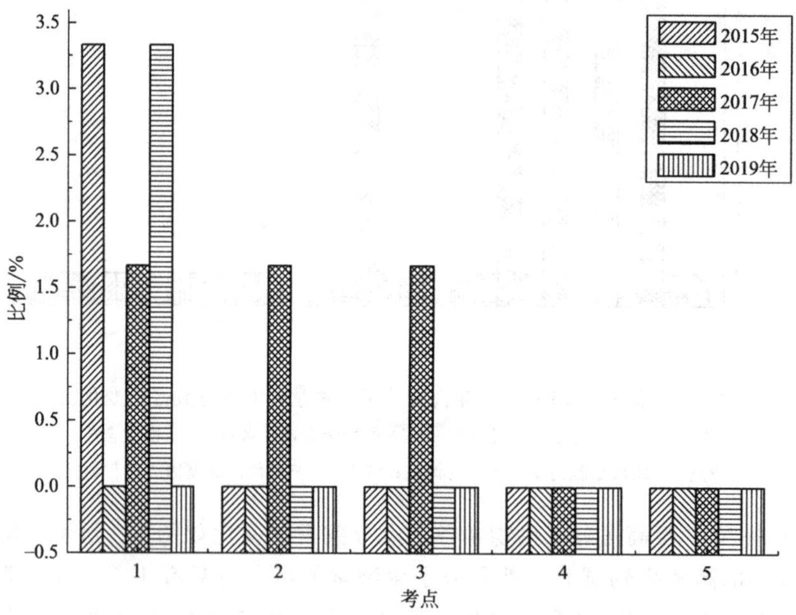

图 6-9　安徽省 2015—2019 年高考分子生物学各考点分数占比变化图

考点 1—DNA 的复制；考点 2—RNA 的生物合成；考点 3—蛋白质合成；
考点 4—原核细胞的基因表达与调控；考点 5—真核细胞的基因表达与调控

江苏 2015—2019 年高考分子生物学各考点分数占比变化如图 6-11 所示。从图中可以看出，江苏这 5 年的高考生物试卷，涉及分子生物学的考点也只有 1、2、3，即考点“DNA 的复制”“RNA 的生物合成”“蛋白质合成”，考点 1 近 5 年都有考到，而且分数占比整体相

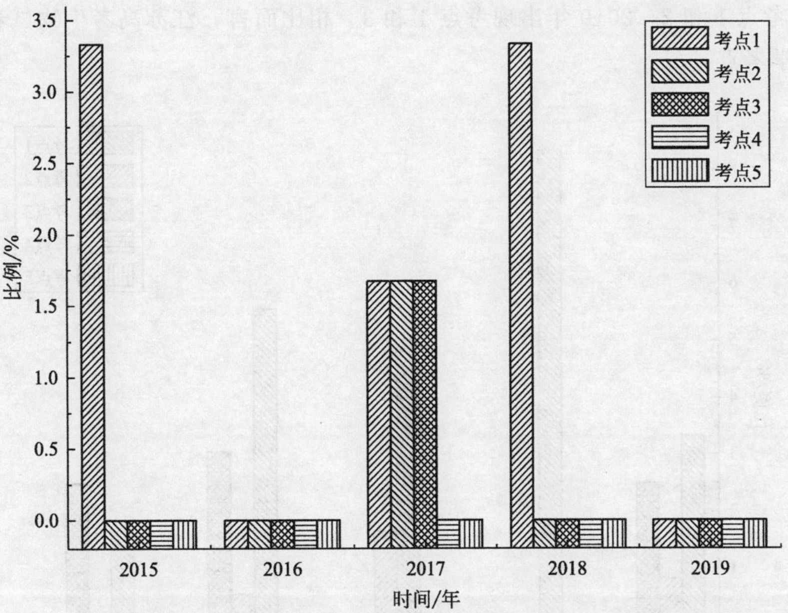

图 6-10　安徽省 2015—2019 年高考分子生物学每年各考点分数占比图

考点 1—DNA 的复制；考点 2—RNA 的生物合成；考点 3—蛋白质合成；

考点 4—原核细胞的基因表达与调控；考点 5—真核细胞的基因表达与调控

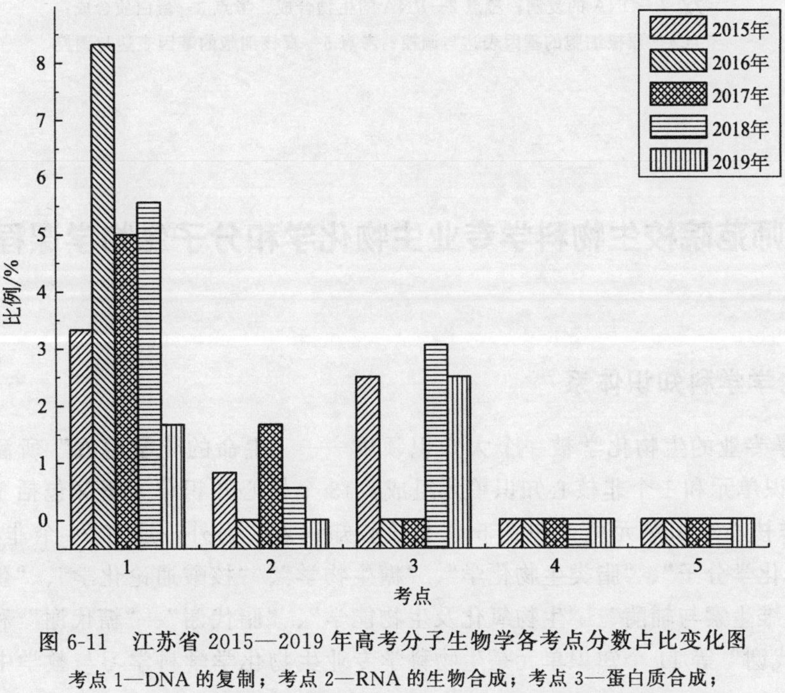

图 6-11　江苏省 2015—2019 年高考分子生物学各考点分数占比变化图

考点 1—DNA 的复制；考点 2—RNA 的生物合成；考点 3—蛋白质合成；

考点 4—原核细胞的基因表达与调控；考点 5—真核细胞的基因表达与调控

对于考点 2 和 3 较大，可见“DNA 的复制”这一考点十分重要，另外，考点 2 和 3 都出现过 3 年。江苏 2015—2019 年高考分子生物学每年各考点分数占比如图 6-12 所示。从图中可以看出，2015 年和 2018 年涉及的考点较多，上述 3 个考点都出现，2016 年只出现考点 1，

2017 年出现考点 1 和 2，2019 年出现考点 1 和 3。相比而言，江苏高考生物试卷每年都会出现分子生物学考点。

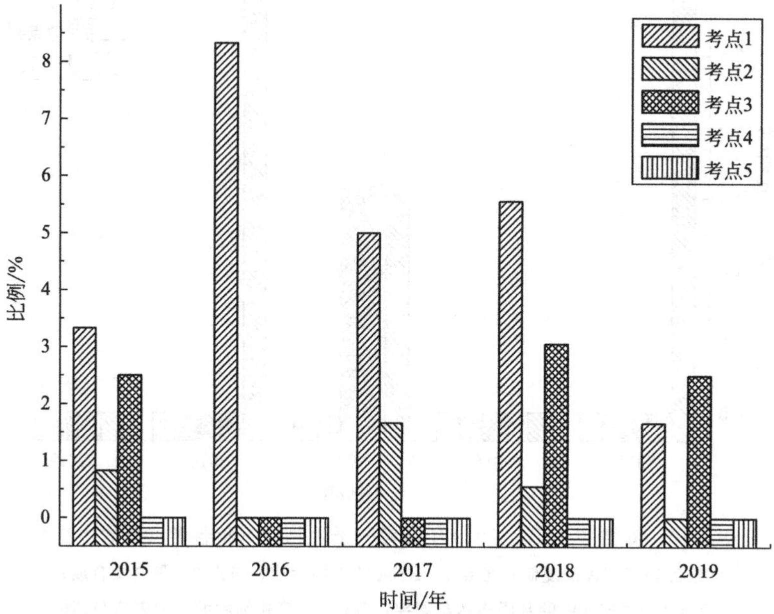

图 6-12　江苏省 2015—2019 高考分子生物学每年各考点分数占比图

考点 1—DNA 的复制；考点 2—RNA 的生物合成；考点 3—蛋白质合成；

考点 4—原核细胞的基因表达与调控；考点 5—真核细胞的基因表达与调控

第五节　师范院校生物科学专业生物化学和分子生物学课程知识体系

一、生物化学学科知识体系

生物科学专业的生物化学被一个大知识领域——“生命的化学组成”所涵盖，它是由 13 个核心知识单元和 1 个非核心知识单元组成，13 个核心知识单元里又包括 100 个核心知识点，1 个非核心知识单元里又包括 5 个非核心知识点，另外，还有 20 个非核心知识点。“生命的基本化学分子”、“脂类生物化学”、“糖生物学”、“核酸通论化学”、“蛋白质化学”、“酶化学”、“维生素与辅酶”、“生物氧化及生物能学”、“脂代谢”、“糖代谢”和“蛋白质分解和氨基酸代谢”等 11 个知识单元是生物科学专业生物化学学科学习与教学中的重点知识单元[31]。

二、分子生物学学科知识体系

生物科学专业分子生物学由 5 个核心知识单元和 1 个非核心知识单元组成，5 个核心知识单元里又包括 23 个核心知识点，1 个非核心知识单元里又包括 3 个非核心知识点。“DNA

的复制”、“RNA 的生物合成”、“蛋白质合成”、“原核细胞的基因表达与调控”和“真核细胞的基因表达与调控”等 5 个知识单元是生物科学专业分子生物学学科学习与教学中的重点知识单元[31]。

第六节　结论与建议

一、结论

初中生物中的生物化学知识主要集中在七年级上册和七年级下册。主要内容有生命的基本化学分子中的几类大分子物质（糖、脂、蛋白质等）、在人体生命活动的调节中的激素与激素调节、绿色植物的光合作用和呼吸作用。高中生物中的生物化学知识主要集中在必修一和必修三。必修一中主要有生命的基本化学分子、酶、植物的光合作用与呼吸作用、蛋白质分解代谢。必修三中主要有激素的种类和功能。生命的基本化学分子简单提到了大分子的分子结构，在初中生物的程度上，更加深层次地解释了酶的作用原理。植物的光合作用与呼吸作用涉及电子的转移、能量的转化、氧化还原的过程，从较微观的层面阐述了光合作用和呼吸作用的原料、条件和产物。

在中考中，各地区对于生物化学的出题侧重点不同，但重点大都围绕在“激素及其受体介导的信息传递”、“生物氧化及生物能学”和“糖代谢”这三个知识单元。在高考中，各地区对生物化学的考查，所占比例很大。其中酶的作用原理、激素的调节、光合作用和呼吸作用是考查的重点。

初中生物中的分子生物学知识主要集中在八年级上册或下册。主要内容有染色体、DNA 和基因的关系。从肉眼可见的层面上讲解三者与性状的关系，从而证明 DNA 是细胞核中的遗传物质。较少涉及 DNA 的双螺旋结构、DNA 的复制过程。RNA 的生物合成、蛋白质合成、原核细胞的基因表达和真核细胞的基因表达在初中生物中均未提到。初中生物中的分子生物学内容属于普及知识的层面。高中生物中的分子生物学知识主要集中在必修二中。主要内容有 DNA 的复制、转录，蛋白质的合成。在初中生物的分子生物学的基础上内容程度更深，较少版本加入基因表达调控。

在中考中，分子生物学的考查分数较少，知识点固定、难度较小。“DNA 的复制”知识单元中，性状、基因和染色体的关系是中考考查的重点。在高考中，分子生物学的考查主要为 DNA 的复制、转录和翻译整个过程的对比分析考查，将 DNA 的复制与基因工程和遗传学进行串联考查，大多为综合分析的非选择题。DNA 的复制是高考考查的重点。

总的来说，初中生物教材对于生物化学和分子生物学的内容涉及知识难度都较低，内容大致相同（部分个别版本——苏科版，将生物化学中糖代谢的内容与高中生物中糖代谢知识板块接轨），编排方式上有些许差异。高中生物教材各版本对于掌握生物化学与分子生物学的基本知识和基本规律的要求是相同的，知识点的总数和知识点的下限数基本是一定的。但是各版本教材的上限要求不同，掌握知识程度也不同。例如浙教版对于糖代谢和生物氧化部分内容上限要求较高，将细胞呼吸的三个阶段糖酵解、柠檬酸循环和电子传递都一并列出，与大学生物科学专业学生学习的生物化学内容紧密衔接。

中考生物对于生物化学考查内容占比从多到少排序为：江西省、山东省济宁市、福建省厦门市。与区域经济发展程度成负相关。对于分子生物学考查内容占比从多到少排序为：福建省厦门市、山东省济宁市、江西省。与区域经济发展程度成正相关。

高考生物对于生物化学和分子生物学两门学科来看，全国Ⅰ卷和全国Ⅱ卷的命题结构相似，难度相当，考查重点相对集中；江苏省自主命题中，生物化学与分子生物学的考查重点分布较广，难度较大。

二、建议

结合不同版本的初中教材、高中教材、不同地区的中考试卷分析和高考试卷分析，生物化学内容较分子生物学内容更多，考查内容占比更大。生物化学与分子生物学为高等师范院校生物科学专业的核心课程，在教学时应有所偏向，注重培养师范生对生物化学与分子生物学知识的内化和外化。在部分涉及中学生物化学与分子生物学知识（如组成生命的大分子物质）时，可以在进行教学前，让学生进行分组的中学教学模拟课堂，既能促使学生更清楚地明白中学生物化学与分子生物学知识与高等师范院校生物化学与分子生物学知识的联系与区别，也能更好地培养生物师范生的素质。高等师范院校生物科学专业学生学习生物化学与分子生物学知识时，不仅应学好核心知识，更应渗透初中、高中考查重点。中学生物教师应充分把握教材，精心设计教案和组织教学，从多版本的生物教材中选择适合的教学内容进行教学。

参考文献

[1] 郑昌学．生物化学教学之我见——2012年全国生物化学与分子生物学学术大会发言［J］．生命的化学，2013，33（01）：101-104.

[2] 张平．生物化学研究进展概述［J］．福建畜牧兽医，2004（01）：45-46.

[3] 王悦，彭蜀晋，周媛，等．百年诺贝尔化学奖与生物化学的发展［J］．大学化学，2011，26（05）：88-92.

[4] 古练权．生物化学［M］．北京：高等教育出版社，2000.

[5] 程静．浅析生物化学在各个领域的应用［J］．化工管理，2018（08）：9.

[6] 王彦辉．生物化学技术在中医药研究中的应用［J］．生物技术世界，2015（10）：204.

[7] 宋庆梅．现代生物化学中酶工程技术研究与应用［J］．山东工业技术，2014（18）：243.

[8] 郑集．现代生物化学的起源和发展概要［J］．生命的化学（中国生物化学会通讯），1986（05）：30-33.

[9] 叶佩珉．我国中学生物教材的历史、现状和展望［J］．课程·教材·教法，1984（02）：16-19.

[10] 蓝天鹤．中国生物化学发展史［J］．生命的化学，1981，1（05）：54-57.

[11] 张友尚．中国生物化学与分子生物学的发展［J］．生命的化学，2009，29（05）：619-624.

[12] 熊卫民．人工全合成结晶牛胰岛素的历程［J］．生命科学，2015，27（06）：692-708.
[13] 王大成，秦文明，李娜等．结构生物学研究在中国［J］．生物化学与生物物理进展，2014，41（10）：944-971.
[14] 陈常庆．漫谈酵母丙氨酸转移核糖核酸的人工合成［J］．化学通报，1982（12）：28-33+27.
[15] 郭宗儒．青蒿素类抗疟药的研制［J］．药学学报，2016，51（01）：157-164.
[16] 龙华．分子生物学的发展［J］．生物学通报，2005（05）：58-60.
[17] 王梦姣．浅谈生物化学与分子生物学进展及其在社会发展中作用［J］．陕西农业科学，2009，55（05）：112-114.
[18] 肖文娟，刘泽寰，林蒋海，等．"微课"在生物化学与分子生物学教学中的应用［J］．高教学刊，2016（7）：63-64+66.
[19] 于保锋，解军，张悦红，等．关于生物化学与分子生物学教学改革的实施与思考［J］．山西医科大学学报（基础医学教育版），2008（02）：146-148.
[20] 温计萍．高中生物教材改革小议［J］．太原大学教育学院学报，2007（S1）：210-211.
[21] 许琳．对我国几套小综合体系生物教材的比较研究（上）［J］．学科教育，1998（03）：10-12.
[22] 郑玲，刘萍．新课程下高师生物类师范生教学素质的培养［J］．科技信息，2010（15）：520+798.
[23] 叶本刚．初高中生物衔接相关问题分析［J］．社会心理科学，2012，27（Z1）：219-221+247.
[24] 冯婷婷，秦宜德，许功林，等．生物化学与分子生物学教学虚拟实验平台建设的思考［J］．科技创新导报，2014，11（28）：137-138.
[25] 江渝，彭家和，钟小林，等．生物化学与分子生物学课程必须适应现代化要求［J］．山西医科大学学报（基础医学教育版），2004，6（04）：355-356.
[26] 王洪振，滕丽冲．不同版本高中生物教材中实验内容的比较分析［J］．教学与管理，2017（22）：57-59.
[27] 杨洁，胡蓝青，胡明．两种高中生物教材核心概念系统的比较研究［J］．江苏教育学院学报（自然科学版），2009，26（04）：110-113.
[28] 孙世旸．生物教材图像系统的比较分析［J］．大连教育学院学报，2004（02）：67-69.
[29] 潘正军，邵红．人教版与苏教版高中生物教材特色之比较［J］．南昌教育学院学报，2016，31（02）：104-107.
[30] 廖春洋，孙娴，徐忠东．人教版与苏教版高中生物教材生物进化知识的比较分析［J］．合肥师范学院学报，2015，33（06）：118-119+130.
[31] 教育部高等学校生物科学与工程教学指导委员会．生物科学专业规范［J］．高校生物学教学研究（电子版），2011，1（02）：3-9.

第七章 细胞生物学内容在生物教材中的内容解析

细胞是一切生命活动的基本结构与功能单位，细胞生物学是研究和揭示细胞的基本生命活动规律的科学[1]。三百多年前，人类第一次发现了细胞，随着科学的发展与实验技术的不断改进与完善，细胞生物学逐渐发展起来成为一门独立的学科。尤其是分子生物学的概念及方法的引入，使得细胞生物学迅速发展成为当代生物科学的一门重要的学科[2]。细胞生物学是高等师范院校生物科学专业核心课程，它不仅是生物科学专业的基础学科，也是医学专业的重要学科。作为生物学的重要组成部分之一，细胞生物学与生态学、分子生物学和神经生物学被并列为生命科学中的四大基础学科，反映了现代生命科学中细胞生物学的重要地位，预示着细胞生物学在生命科学发展进程中的重要作用，同时揭示了细胞生物学的发展趋势[3]。

细胞生物学作为一门课程发展起来有着一定的历史背景和理论渊源。细胞生物学的诞生离不开显微镜的发明，荷兰的眼镜商詹森早在 1604 年制作了第一台显微镜，英国学者胡克在 1665 年用自制的显微镜去观察软木的薄片，看到了跟蜂巢差不多形状的植物细胞构造。胡克首先在《显微镜图谱》中用英文 cell 这个单词对细胞进行第一次的描述，中文翻译过来就是“细胞”一词。之后，荷兰的列文虎克设计了更好的显微镜，他开始观察了很多动植物以及原生动物的细胞，并且还从对鱼的红细胞观察中描述了细胞核的结构。德国植物学家施莱登在 1838 年的《植物发生论》中指出，构成植物的基本单位是细胞，第二年，动物学家施旺又有新发现和新论述认为动物和植物都是由细胞组成的，著名的“细胞学说”开始建立了。德偌贝提斯在 1965 年将其编著的《普通生物学》改称为《细胞生物学》，成为细胞生物学诞生的标志。

我国许多学者编写了细胞生物学的教材，周辉就科学出版社《细胞生物学》一书，认为细胞社会就是人类社会的一个微缩，人类的本质就是由微观的细胞所构成的[4]。雷忻在《细胞生物学研究进展》一文中提出细胞生物学主要的研究现状是以分子生物学的方向分别从细胞的骨架研究、细胞凋亡及其调控、细胞周期及其调控、细胞通讯与信号转导、干细胞的研究、细胞工程的研究几个方面来进行[5]，对细胞生物学及其发展进行了详细的论述。当今细胞生物学正朝着前沿的学科方向前进，不单单只停留在细胞的显微、亚显微层面，更是紧跟时代的步伐，成为越来越重要的学科，梳理和掌握高等师范院校细胞生物学知识是学习生物学的必要途径。

国内外学者们也不断地进行着教学改革探索和提出改革方案，培养更优秀更具时代性的中学生物教师。基于科研创新的人才培养模式的细胞生物学，早已有学者提出要发挥教师的主导作用和尊重学生的主体地位两种做法[6]，高校师范生培养的好坏直接影响中学教师的教学水平。师范院校培养的师范生是中小学教师的主力军，而生物科学专业的师范生培养又以普及生物知识，推广生物教学方法为目的[7]，培养优秀的中学生物教师。

中学生物教材是生物教学中的重要依据，教材质量的高低会直接影响到我国社会主义建设人才的培养[8]，而在中学生物教材中细胞生物学占据着一定的比例，承担着重要的角色。而实际上大部分中学教师对于细胞生物学在中学生物中的内容并没有一个深刻的剖析和教学侧重点，师范院校对于细胞生物学的教学与中学生物中细胞生物学的内容的衔接也没有具体的吻合度分析。因此，结合具生命性、基础性、实验性的中学学科特点[9]，分析细胞生物学在中学生物教材中的内容对中学生物教师和师范院校的教学具有重要参考和指引作用。

在当今新课程改革的大背景下，《全日制义务教育生物课程标准》将生物课程培养目标定位为学生的科学素养，提出了知识教育目标、能力培养目标、情感态度与价值观教育目标的三维目标[10]，因而在这样的背景下必须加强对学科内容的把握。教师要深入解读新教材，对教材要能深入浅出，对各章知识结构了如指掌[11]。对于生物学教学来说既是机遇又是挑战。如何更好把握中学生物学教学是值得中学生物教师和师范院校的教师们深思和探讨的问题。因此，探究细胞生物学在中学生物教材中的知识结构及在中考高考中分布特点，对高等师范院校生物科学专业细胞生物学的教学目标达成、中学生物老师把握细胞生物学学科知识体系以及在校师范生的培育都具有重要的参考意义。

试图通过这项极其有意义的工作，根据师范院校生物科学专业细胞生物学的学科知识体系，解析细胞生物学在中学生物中的知识结构，可以帮助我们把握细胞生物学学科知识在中学教材中分布的特点。通过分析比较初中 7 个版本和高中 4 个版本的中学生物教材，我们掌握各版本教材编排的特点以及异同点，从而给不同地方的生物教师提供参考。通过分析三年中考和五年高考试卷，了解细胞生物学各个知识点在中考高考试卷中的考查要点、占分比例以及题型，使老师有针对性地、有重难点地进行教学，并分析其与中学教学的吻合度，同时对生物科学专业师范生的细胞生物学内容教学提出建议。

研究内容分为初中生物和高中生物 2 个部分，每个部分又分为 3 个方面。第一部分，初中生物教材中细胞生物学知识统计分析，初中生物教材中细胞生物学内容版面占比和章节占比统计分析，中考中的细胞生物学内容统计分析。第二部分，高中生物教材中细胞生物学知识统计分析，高中生物教材中细胞生物学内容版面占比和章节占比统计分析，高考中的细胞生物学内容统计分析。

从不同的渠道查找相关文献，主要通过学校的数字图书馆中知网和万方数据库，以及百度文库等。利用 7 种不同版本的初中生物学教材和 4 种不同版本的高中生物学教材以及三年中考和五年高考的试卷进行内容统计分析。对照高等师范院校细胞生物学核心知识体系，进一步为开展课题研究工作提供资料基础。对材料数据进行归纳与总结，找出规律，从而得出课题研究的结论。

第一节　初中生物教材中细胞生物学内容解析

一、初中生物教材中细胞生物学的内容分析

本章研究选取了7个不同版本的初中生物教材，即人教版、苏教版、苏科版、北师大版、济南版、冀少版和鲁科版。其中人教版在全国的使用范围最广，苏教版在我国教育发达地域使用率较高，苏科版主要在江苏省部分地区使用，北师大版在全国的各地区都有使用，济南版和鲁科版都在山东使用且济南版四川某些地区也都有使用，冀少版主要在河北省一些地区使用，选用这些主流版本的教材进行分析具有典型性。

对细胞生物学的学科知识体系有了一定的了解和整体把握之后，在新课标初中生物的教学背景下，教学目标成为教育价值理念在教学中的具体体现[12]，对初中生物学的教学提出了更高的要求。而细胞生物学作为中学生物学教学中的一部分，占据着中学生物学教材一定的比例。由此对细胞生物学各知识点在中学生物教材中进行内容和内容占比的一系列分析，旨在得出其关于细胞生物学知识点更准确的生物课堂教学规律。

二、初中生物教材中细胞生物学的内容统计分析

九年义务教育初中生物教材除鲁科版外均为四册，即七年级上册、七年级下册、八年级上册和八年级下册。鲁科版是为配合五四制鲁科版生物六年级教材使用的同步辅导书，引进概念地图，融入点拨教学、纲要信号教学法等，采取左右栏对照、边学边练的学习和训练模式，因而与其他版本相比在学习阶段的差异较大，共有六册[13-18]。对七个版本初中生物教材中细胞生物学相关内容的核心知识单元、知识点和知识点分布进行详细统计，并与生物科学专业对应的细胞生物学学科知识体系作对比分析，见表7-1。

表7-1　初中生物教材中细胞生物学内容统计

教材版本	章节名称	对应知识体系知识单元	对应知识体系知识点	位置
人教版	细胞是生命活动的基本单位	细胞的观察和研究方法	细胞形态结构的观察方法	七年级上册第二单元第一章第一节，占比4.35%(36～41)共6页
		细胞概述	细胞的类型与结构体系	七年级上册第二单元第一章第二节、第三节，占比4.35%(42～47)共6页
		细胞概述	细胞的发现及细胞学说的创立	七年级上册第二单元第一章第三节，占比1.45%(48～49)共2页
		细胞质膜及物质的跨膜运输	细胞质膜的结构、成分、特征与功能	七年级上册第二单元第一章第四节，占比1.45%(50～51)共2页
		细胞内的膜性细胞器	线粒体的结构与功能	七年级上册第二单元第一章第四节，占比0.72%(52)共1页

续表

教材版本	章节名称	对应知识体系知识单元	对应知识体系知识点	位置
人教版	细胞是生命活动的基本单位	细胞内的膜性细胞器	叶绿体的结构与功能	七年级上册第二单元第一章第四节，占比0.72%(52)共1页
		细胞核与染色质/体	染色体	七年级上册第二单元第一章第四节、第二章第一节，占比2.17%(53～54、57)共3页
	细胞怎样构成生物体	细胞周期与细胞分裂	有丝分裂	七年级上册第二单元第二章第一节，占比2.90%(56～59)共4页
		细胞分化	胚胎发育中的细胞分化(*)	七年级上册第二单元第二章第二节、第三节、第四节，占比8.70%(59～70)共12页
北师大版	细胞	细胞的观察和研究方法	细胞形态结构的观察方法	七年级上册第二单元第三章第一节，占比2.31%(32～34)共3页
		细胞概述	细胞的类型与结构体系	七年级上册第二单元第三章第一节，占比7.69%(35～44)共10页
		细胞内的膜性细胞器	线粒体的结构与功能	七年级上册第二单元第三章第一节，占比0.77%(41)共1页
		细胞内的膜性细胞器	叶绿体的结构与功能	七年级上册第二单元第三章第一节，占比0.77%(41)共1页
		细胞质膜及物质的跨膜运输	细胞质膜的结构、成分、特征与功能	七年级上册第二单元第三章第二节，占比0.77%(46)共1页
		细胞概述	细胞的发现及细胞学说的创立	七年级上册第二单元第三章第一节、第二节，占比2.31%(42、47～48)共3页
		细胞周期与细胞分裂	有丝分裂	七年级上册第二单元第三章第三节，占比3.85%(49～53)共5页
	生物体的结构层次	细胞分化	胚胎发育中的细胞分化(*)	七年级上册第二单元第四章第一节、第二节，占比6.92%(56～64)共9页
苏科版	生物体有相同的基本结构	细胞的观察和研究方法	细胞形态结构的观察方法	七年级下册第四单元第八章第一节，占比4.10%(4～8)共5页
		细胞概述	细胞的类型与结构体系	七年级下册第四单元第八章第一节，占比2.46%(7～9)共3页
		细胞质膜及物质的跨膜运输	细胞质膜的结构、成分、特征与功能	七年级下册第四单元第八章第一节，占比0.82%(9)共1页
		细胞核与染色质/体	染色体	七年级下册第四单元第八章第一节、第二节，占比1.64%(10、13)共2页
		细胞周期与细胞分裂	有丝分裂	七年级下册第四单元第八章第二节，占比2.46%(12～14)共3页
		细胞概述	细胞的发现及细胞学说的创立	七年级下册第四单元第八章第一节，占比2.46%(3～4、16)共3页

续表

教材版本	章节名称	对应知识体系知识单元	对应知识体系知识点	位置
苏科版	生物体有相同的基本结构	细胞内的膜性细胞器	线粒体的结构与功能	七年级下册第四单元第八章第二节，占比0.82%(17)共1页
		细胞内的膜性细胞器	叶绿体的结构与功能	七年级下册第四单元第八章第二节，占比0.82%(17)共1页
	生物体有相似的结构层次	细胞分化	胚胎发育中的细胞分化(*)	七年级下册第四单元第八章第二节，第九章第一、二节，占比6.56%(15、21～25、36～37)共8页
济南版	观察生物结构	细胞概述	细胞的发现及细胞学说的创立	七年级上册第一单元第二章第一节，占比2.29%(23、28～29)共3页
		细胞的观察和研究方法	细胞形态结构的观察方法	七年级上册第一单元第二章第一节，占比1.53%(24～25)共2页
		细胞概述	细胞的类型与结构体系	七年级上册第一单元第二章第一节，占比1.53%(26～27)共2页
		细胞内的膜性细胞器	线粒体的结构与功能	七年级上册第一单元第二章第一节，占比0.76%(29)共1页
		细胞内的膜性细胞器	叶绿体的结构与功能	七年级上册第一单元第二章第一节，占比0.76%(29)共1页
		细胞核与染色质/体	染色体	七年级上册第一单元第二章第一节，占比0.76%(29)共1页
		细胞质膜及物质的跨膜运输	细胞质膜的结构、成分、特征与功能	七年级上册第一单元第二章第一节，占比0.76%(29)共1页
		细胞周期与细胞分裂	有丝分裂	七年级上册第一单元第二章第二节，占比0.76%(31)共1页
		细胞分化	胚胎发育中的细胞分化(*)	七年级上册第一单元第二章第二节第三节，占比3.82%(32～36)共5页
苏教版	探索生命	细胞的观察和研究方法	细胞形态结构的观察方法	七年级上册第一单元第二章第一节，占比7.03%(19～27)共9页
	细胞是生命活动的基本单位	细胞概述	细胞的类型与结构体系	七年级上册第二单元第三章第一节第二节，占比5.47%(35～39、40～41)共7页
		细胞概述	细胞的发现及细胞学说的创立	七年级上册第二单元第三章第一节第二节，占比1.56%(35、40)共2页
		细胞内的膜性细胞器	线粒体的结构与功能	七年级上册第二单元第三章第一节，占比0.78%(37)共1页
		细胞内的膜性细胞器	叶绿体的结构与功能	七年级上册第二单元第三章第一节，占比0.78%(37)共1页

续表

教材版本	章节名称	对应知识体系知识单元	对应知识体系知识点	位置
苏教版	细胞是生命活动的基本单位	细胞质膜及物质的跨膜运输	细胞质膜的结构、成分、特征与功能	七年级上册第二单元第三章第二节，占比0.78%(41)共1页
		细胞核与染色质/体	染色体	七年级上册第二单元第三章第二节，占比3.13%(41～44)共4页
		细胞周期与细胞分裂	有丝分裂	七年级上册第二单元第三章第三节，占比1.56%(45～46)共2页
	生物体的组成	细胞分化	胚胎发育中的细胞分化(*)	七年级上册第二单元第三章第三节，第四章第二节，占比7.03%(46～54)共9页
冀少版	生物体的结构层次	细胞的观察和研究方法	细胞形态结构的观察方法	七年级上册第一单元第二章第一节，占比2.38%(16～18)共3页
		细胞概述	细胞的发现及细胞学说的创立	七年级上册第一单元第二章第一节，占比1.59%(19～20)共2页
		细胞概述	细胞的类型与结构体系	七年级上册第一单元第二章第一节，占比1.59%(21～22)共2页
		细胞质膜及物质的跨膜运输	细胞质膜的结构、成分、特征与功能	七年级上册第一单元第二章第一节，占比0.79%(23)共1页
		细胞内的膜性细胞器	线粒体的结构与功能	七年级上册第一单元第二章第一节，占比0.79%(24)共1页
		细胞内的膜性细胞器	叶绿体的结构与功能	七年级上册第一单元第二章第一节，占比0.79%(24)共1页
		细胞核与染色质/体	染色体	七年级上册第一单元第二章第一节，占比1.59%(25～26)共2页
		细胞周期与细胞分裂	有丝分裂	七年级上册第一单元第二章第一节，占比2.38%(27～29)共3页
		细胞分化	胚胎发育中的细胞分化(*)	七年级上册第一单元第二章第二节、第三节、第四节，占比8.73%(30～40)共11页
鲁科版	观察细胞的结构	细胞的观察和研究方法	细胞形态结构的观察方法	六年级上册第二单元第一章第一节，占比7.06%(44～49)共6页
		细胞概述	细胞的类型与结构体系	六年级上册第二单元第二节，占比10.59%(50～58)共9页
	细胞是生物体生命活动的基本单位	细胞质膜及物质的跨膜运输	细胞质膜的结构、成分、特征与功能	六年级上册第二单元第二章第一节，占比2.35%(59～60)共2页
		细胞内的膜性细胞器	线粒体的结构与功能	六年级上册第二单元第二章第一节，占比2.35%(60～61)共2页
		细胞内的膜性细胞器	叶绿体的结构与功能	六年级上册第二单元第二章第一节，占比2.35%(60～61)共2页

续表

教材版本	章节名称	对应知识体系知识单元	对应知识体系知识点	位置
鲁科版	细胞是生物体生命活动的基本单位	细胞核与染色质/体	染色体	六年级上册第二单元第二章第一节，占比4.71%(61～64)共4页
		细胞概述	细胞的发现及细胞学说的创立	六年级上册第二单元第二章第二节，占比4.71%(66～69)共4页
	细胞怎样构成生物体	细胞周期与细胞分裂	有丝分裂	六年级上册第二单元第三章第一节，占比4.71%(70～73)共4页
		细胞分化	胚胎发育中的细胞分化(*)	六年级上册第二单元第三章第二节，占比14.12%(74～85)共12页

注：表中标有“(*)”字样的知识点，在细胞生物学知识体系中对应为非核心知识点，未作标注的均属知识体系中的核心知识点。

由表7-1可知，对人教版、北师大版、苏科版、济南版、苏教版、冀少版及鲁科版初中生物教材中的细胞生物学内容进行统计分析，可以清楚看出初中生物教材涉及了细胞生物学的这些核心知识单元，包括细胞概述、细胞的观察和研究方法、细胞质膜及物质的跨膜运输、细胞内的膜性细胞器、细胞核与染色质/体、细胞周期与细胞分裂、细胞分化。这些核心知识单元在不同版本的初中生物学教材中都占据一定的比例，而且7个版本教材在排版上略有差异。结果表明，所涉及的细胞生物学核心知识点大多分布在七年级上册，另外苏科版和鲁科版则把它们分别放在七年级下册和六年级上册。

表7-1中知识点占比是根据细胞生物学内容比例=(细胞生物学内容的版面/总版面)×100%计算得出。在人教版的初中生物学教材中占比最高的核心知识点是“细胞形态结构的观察方法”和“细胞的类型与结构体系”，占比都是4.35%。在北师大版的初中生物学教材中占比最高的核心知识点是“细胞的类型与结构体系”，占比7.69%。在苏科版的初中生物教材中占比最高的核心知识点是“细胞形态结构的观察方法”，占比4.10%。济南版中占比最高的为“细胞的发现及细胞学说的创立”和“细胞的类型与结构体系”，占比都是2.29%。苏教版中占比最高的是“细胞形态结构的观察方法”，占比7.03%。冀少版中占比最高的为“细胞形态结构的观察方法”和“有丝分裂”，占比都为2.38%。鲁科版中占比最高的是“细胞的类型与结构体系”，占比10.59%。结果表明，在不同版本中“细胞形态结构的观察方法”“细胞的类型与结构体系”“细胞的发现与细胞学说的创立”“有丝分裂”这些细胞生物学知识点在初中生物教材中都占据着大量的比例，说明这些知识点在初中阶段的学习中相对于其他知识点更为重要。由此，初中生物教师可以将初中教材中与细胞生物学知识相关的教学进行轻重处理，更好地进行偏重讲解。师范生与高校老师也要更加注重这些知识点的学习和把握，使课堂教学效率更大化。

三、初中生物教材中细胞生物学的内容比例统计分析

对于初中生物教材中细胞生物学内容占比，主要针对细胞生物学知识点所占版面及章节进行统计计算，见表7-2。

表 7-2　初中生物教材中细胞生物学内容比例统计（%）

教材版本	项目	六年级上册	六年级下册	七年级上册	七年级下册	八年级上册	八年级下册	总和
人教版	版面占比	—	—	26.09	0	0	0	7.45
	章节占比	—	—	20.00	0	0	0	6.45
北师大版	版面占比	—	—	25.19	0	0	0	6.50
	章节占比	—	—	28.57	0	0	0	8.00
苏科版	版面占比	—	—	0	32.79	0	0	7.95
	章节占比	—	—	0	28.57	0	0	7.69
济南版	版面占比	—	—	12.78	0	0	0	3.35
	章节占比	—	—	16.67	0	0	0	4.17
苏教版	版面占比	—	—	33.59	0	0	0	8.69
	章节占比	—	—	42.86	0	0	0	11.54
冀少版	版面占比	—	—	20.63	0	0	0	5.16
	章节占比	—	—	20.00	0	0	0	3.33
鲁科版	版面占比	49.41	0	0	0	0	0	7.84
	章节占比	60.00	0	0	0	0	0	9.68

版面占比：细胞生物学内容版面比例＝（细胞生物学内容的版面/各册总版面）×100%。章节占比：细胞生物学章节比例＝（细胞生物学内容章节数/各册章节数）×100%[19]。由表 7-2 可知，细胞生物学知识点在 7 个不同版本的初中生物教材中均有分布，除了苏科版和鲁科版的初中生物教材，其他版本的初中生物教材关于细胞生物学的知识点都分布在七年级上册教材中，占整册教材版面和章节 25%左右。其中苏教版版面和章节占比最高，分别占 33.59%和 42.86%。济南版版面和章节占比最低，分别占 12.78%和 16.67%。苏科版教材中细胞生物学知识点分布在七年级下册，占版面 32.79%，占章节 28.57%；鲁科版教材中细胞生物学知识点则分布在六年级上册，占版面 49.41%，占章节 60%。可以看出，细胞生物学在不同的版本中的分布呈现一定的规律，即细胞生物学在初中生物教材中分布都比较集中，基本上都分布在一册教材中。但占比率总和较低，说明细胞生物学在整个初中生物教材知识结构中所占比重最低，这个结论跟周兴文等人研究的中学生物教材各门知识所占比例的研究成果相同[20]。从以上分析可以看出细胞生物学虽然较为集中分布在某一册教材中，但是在总和计算时却是呈现数据下降的趋势，而且在整个初中教材知识结构中的占比也比较低。因此在中学生物教学时，细胞生物学知识所占学时较少，一线教师需要抓住教学重点进行教学。

比较不同版本之间的占比总和数据，可以看出苏教版教材的版面占比总和与章节占比总和最高，分别占 8.69%和 11.54%，人教版、北师大版、苏科版和鲁科版则次之，均占 7%左右。冀少版和济南版占比均较低，济南版版面占比总和和章节占比总和分别为 3.35%和 4.17%，冀少版占比总和分别为 5.16%和 3.33%。因此教育工作者或者未来的教育工作者们可以根据这些版本的特点，选择符合自己地区的初中生物教材版本中细胞生物学知识结构进行有效教学，进一步对初中教材中细胞生物学内容有整体把握。

四、细胞生物学内容在中考中的分析

由于各个地区的考试命题试卷都不尽相同，本章选取了较有代表性的四川成都、福建福州、广东珠海的命题试卷对其中的细胞生物学的内容进行分析。

由表 7-3 可知，不同地区 2015—2017 年的中考试卷中均涉及了“细胞的类型与结构体系”“细胞形态结构的观察方法”“有丝分裂”“线粒体的结构和功能”这几个核心知识点，其中“细胞形态结构的观察方法”这一核心知识点是中考的热门考点。福建福州 2015 年到 2017 年的知识点占分比例分别为 2%、3%和 6%，广东珠海 2015 年到 2017 年的知识点占分比例分别为 2%、4%和 4%，四川成都 2015 年到 2017 年的知识点占分比例分别为 0%、0%和 1%。明显看出，福州和珠海自主命题中细胞生物学知识点占比较成都自主命题中的知识点高，其中福州中考对细胞生物学考查的内容占比最高，珠海次之，成都最低。总体看出细胞生物学在中考中考查内容占比相较其他生物学知识结构较少，但是在近年来呈逐渐上升趋势。未来的细胞生物学内容可能会沿着这种趋势在中考命题中占据一定地位，随着细胞生物学学科知识不断普及和深入，其知识结构也会在初中生物中占据越来越重要的地位。

表 7-3　2015—2017 年中考生物试卷中细胞生物学知识点占分比例（%）

知识点	四川成都			福建福州			广东珠海		
	2015 年	2016 年	2017 年	2015 年	2016 年	2017 年	2015 年	2016 年	2017 年
细胞的类型与结构体系	0	0	1	0	0	0	0	2	2
细胞形态结构的观察方法	0	0	0	2	1	5	2	0	2
有丝分裂	0	0	0	0	2	0	0	2	0
线粒体的结构与功能	0	0	0	0	0	1	0	0	0
总比例	0	0	1	2	3	6	2	4	4

初中阶段对于细胞生物学内容的分析对教师的教学把握具有进一步帮助。初中阶段对于细胞生物学知识点的考查多以选择题出现，在初中阶段细胞生物学知识对于初中学生来说还比较抽象，在中考中都没有太深入考查。因此初中生物教师要根据学生身心发展规律来进行教学，尽可能将抽象的细胞生物学知识简单化和具体化，也可借助其他手段进行教学，使学生了解细胞生物学的奥秘，从而对细胞生物学产生浓烈的兴趣，为之后的更深入的学习阶段打下基础。

第二节　细胞生物学在高中生物中的内容解析

我国现行各版本高中生物教材均分为选修和必修两部分，共六册，其中必修三册，分为必修一[21-24]、必修二和必修三。选修三册，分为选修一、选修二和选修三。本节选用人教版、苏教版、北师大版和浙科版 4 个版本的高中生物教材，对细胞生物学的核心知识单元和知识点，在教材中的章节排布详细统计，参照高等师范院校生物科学专业细胞生物学学科知识体系，计算细胞生物学在各版本教材中的内容占比，统计考查的知识点并解析细胞生物学在高中生物中的特点。

一、高中生物教材中细胞生物学的内容统计分析

对 4 个版本高中生物教材中细胞生物学相关内容的知识单元、章节分布和知识点进行详细统计，并对照生物科学专业细胞生物学学科知识体系作相应的对比分析，见表 7-4。

表 7-4　高中生物教材中细胞生物学内容统计

知识单元	项目	人教版	苏教版	北师大版	浙科版
细胞概述	知识点	细胞的发现及细胞学说的创立	细胞的发现及细胞学说的创立	细胞的发现及细胞学说的创立	细胞的发现及细胞学说的创立
		细胞的基本共性	细胞的基本共性	细胞的基本共性	细胞的基本共性
		细胞的类型与结构体系	细胞的类型与结构体系	细胞的类型与结构体系	细胞的类型与结构体系
	位置	必修一第一章第一节、第二节，第二章第一节(2、6、8～13、16～19)共 12 页	必修一第二章第一节，第三章第一节、第二节(8、9、28、29、37)共 5 页	必修一第一章第一节第二节，第二章第一节(6～12、16～18)共 10 页	必修一第一章第一节，第二章第一节、第二节(2～3、21～40)共 22 页
细胞的观察和研究方法	知识点	细胞形态结构的观察方法	细胞形态结构的观察方法		
		细胞培养与细胞工程	细胞培养与细胞工程	细胞培养与细胞工程	细胞培养与细胞工程
	位置	必修一第一章第二节(7～8) 选修一专题 3(32～40) 选修三专题 2(51～55)共 16 页	必修一第三章第一节(29～35) 选修一第一章第三节(26～34) 选修三第二章第一节、第二节(29～47)共 35 页	选修一第四章(66～72) 选修三第三章(44～62)共 26 页	选修一第一部分实验一，第四部分实验十一(19～24、59～61) 选修三第二章第一节、第二节、第三节(18～38)共 30 页
细胞质膜及物质的跨膜运输	知识点	细胞质膜的结构、成分、特征与功能	细胞质膜的结构、成分、特征与功能	细胞质膜的结构、成分、特征与功能	细胞质膜的结构、成分、特征与功能
		小分子物质与离子的跨膜运输	小分子物质与离子的跨膜运输	小分子物质与离子的跨膜运输	小分子物质与离子的跨膜运输
	位置	必修一第三章第一节，第四章第一节、第二节(40～43、60～66、68～73)共 17 页	必修一第三章第二节、第三节(38～39、52～59)共 10 页	必修一第三章第一节，第四章第二节(38～40、53～55、67～72)共 12 页	必修一第二章第一节，第三章第二节(27～31、52～59)共 13 页
细胞信号转导	知识点			细胞信号转导的基本概念	
	位置			必修一第六章第一节(102)共 1 页	

续表

知识单元	项目	人教版	苏教版	北师大版	浙科版
细胞内的膜性细胞器	知识点	线粒体的结构与功能	线粒体的结构与功能	线粒体的结构与功能	线粒体的结构与功能
		叶绿体的结构与功能	叶绿体的结构与功能	叶绿体的结构与功能	叶绿体的结构与功能
		内质网的结构与功能	内质网的结构与功能	内质网的结构与功能	内质网的结构与功能
		高尔基体的结构与功能	高尔基体的结构与功能	高尔基体的结构与功能	高尔基体的结构与功能
		溶酶体的特点、功能与发生	溶酶体的特点、功能与发生	溶酶体的特点、功能与发生	溶酶体的特点、功能与发生
		植物液泡(*)	植物液泡(*)	植物液泡(*)	植物液泡(*)
	位置	必修一第三章第二节(44～51)共8页	必修一第三章第二节(37～44)共8页	必修一第三章第二节(41～51)共11页	必修一第二章第三节(34～37)共4页
蛋白质分选与膜泡运输	知识点	细胞内的膜泡运输	细胞内的膜泡运输	细胞内的膜泡运输	细胞内的膜泡运输
		细胞分泌与内吞作用	细胞分泌与内吞作用	细胞分泌与内吞作用	细胞分泌与内吞作用
	位置	必修一第三章第二节,第四章第三节(48、72)共2页	必修一第三章第二节、第三节(49、56)共2页	必修一第四章第二节(72)共1页	必修一第三章第二节(58、59)共2页
细胞骨架	知识点			微管及其功能	微管及其功能
				微丝与细胞运动	微丝与细胞运动
				中间丝	
	位置			必修一第三章第四节(56、57)共2页	必修一第二章第三节(37、38)共2页
细胞核与染色质/体	知识点	核被膜	核被膜	核被膜	核被膜
		染色质	染色质	染色质	染色质
		染色体	染色体	染色体	染色体
		核仁	核仁	核仁	核仁
				核骨架(*)	
	位置	必修一第三章第三节(52～56)共5页	必修一第三章第二节(45～48) 必修二第二章第一节(10～12)共7页	必修一第三章第三节(51～53)共3页	必修一第三章第四节(41～44)共4页
核糖体	知识点			核糖体的类型和结构	核糖体的类型和结构
		核糖体的功能		核糖体的功能	核糖体的功能
	位置	必修一第三章第二节(46)共1页		必修一第三章第二节(45)共1页	必修一第二章第三节(34)共1页

续表

知识单元	项目	人教版	苏教版	北师大版	浙科版
细胞周期与细胞分裂	知识点	细胞周期	细胞周期	细胞周期	细胞周期
		有丝分裂	有丝分裂	有丝分裂	有丝分裂
		减数分裂	减数分裂	减数分裂	减数分裂
	位置	必修一第六章第一节(110～114) 必修二第二章第一节(16～22)共12页	必修一第五章第一节(93～96) 必修二第二章第一节(8～14)共11页	必修一第七章第一节(106～114) 必修二第二章第一节(13～19)共16页	必修一第四章第一节(105～111) 必修二第二章第一节(25～33)共16页
细胞周期调控	知识点	细胞周期失控-癌细胞	细胞周期失控-癌细胞	细胞周期失控-癌细胞	细胞周期失控-癌细胞
	位置	必修一第六章第四节(125～127)共3页	必修一第五章第三节(109、110)共2页	必修一第七章第二节(115～117)共3页	必修一第四章第二节(113、114)共2页
细胞分化	知识点	细胞分化的分子基础	细胞分化的分子基础	细胞分化的分子基础	细胞分化的分子基础
		细胞分化的影响因素	细胞分化的影响因素		细胞分化的影响因素
		干细胞		干细胞	干细胞
				胚胎发育中的细胞分化(*)	胚胎发育中的细胞分化(*)
	位置	必修一第六章第二节(117～120) 选修一专题三(33～35)共7页	必修一第五章第二节(100～104) 选修一第一章第三节(27)共6页	必修一第八章第一节(122～124)共3页	必修一第四章第二节(113～116)共4页
细胞死亡	知识点	程序性细胞死亡的概念	程序性细胞死亡的概念	程序性细胞死亡的概念	程序性细胞死亡的概念
		细胞凋亡	细胞凋亡	细胞凋亡	细胞凋亡
		细胞坏死	细胞坏死	细胞坏死	
		细胞衰老的概念、特征及理论(*)	细胞衰老的概念、特征及理论(*)	细胞衰老的概念、特征及理论(*)	细胞衰老的概念、特征及理论(*)
	位置	必修一第六章第三节(121～124)共4页	必修一第五章第二节(100～108)共9页	必修一第八章第二节、第三节(126～131)共6页	必修一第四章第三节(117～121)共5页
细胞的社会化联系	知识点			细胞的识别与黏着	
				细胞连接	
	位置			必修一第六章第一节(101、102)共2页	

注：表中标有“(*)”的知识点，在细胞生物学知识体系中对应为非核心知识点，未作标注的均属知识体系中的核心知识点。

本次研究选取了4个不同版本的高中生物教材，即人教版、苏教版、浙科版、北师大版。由表7-4可知，人教版、苏教版、浙科版及北师大版高中生物教材中覆盖了细胞生物学所有的核心知识单元，一共14个核心知识单元都在高中生物教材中出现和涉及。相对于初中生物教材来说，高中生物教材在初中生物教材的知识基础上再深化，因此高中生物教材对细胞生物学知识点的涉及更细致和宽广。整体上人教版和苏教版在内容分布上相对一致，而浙科版和北师大版内容分布上相对一致。高中生物教材中细胞生物学知识点涉及面比初中更加精细与具体。从不同版本的知识点分布位置来看，四个版本的生物教材对于知识点的位置分布大体一致。从表格中纵向比较可知，细胞生物学的各个知识单元都占据各版本一定比例，但少数单元在个别版本中占比较少，比如“细胞骨架”“细胞的社会化联系”“核糖体”“细胞信号转导”，在4个版本中这些核心知识单元相对于其他核心知识单元来说占比相对较少，仅占了整册教材的2页左右。由此，高校教师在进行教学时可以对应中学细胞生物学分布特点，进行合理分配。

高中阶段学生身心发展也已渐渐成熟，抽象思维的形成和成熟使得学生在高中阶段学习细胞生物学内容有了更高的要求和更深入的了解。因此，中学教师要根据学生身心发展特点对其进行更细致的知识点传授，高中阶段对于细胞生物学内容的学习应该在充分和全面了解细胞生物学知识点前提下，在实验的探究中来对知识点进行更深层次的巩固和应用，教师在教学时应牢牢把握细胞生物学核心知识单元和掌握有关科技专题，提高学生的科学观和生命观。

二、高中生物教材中细胞生物学的内容比例统计分析

对高中生物教材中细胞生物学内容比例统计，主要通过对相关知识所占版面和章节的统计计算来体现，具体统计见表7-5。

表7-5 高中生物教材中细胞生物学内容比例统计分析（%）

项目	人教版		苏教版		北师大版		浙科版	
	版面占比	章节占比	版面占比	章节占比	版面占比	章节占比	版面占比	章节占比
必修一	60.77	66.67	55.17	60.00	70.59	87.50	46.67	75.00
必修二	5.43	14.29	7.52	20.00	9.45	14.29	7.35	25.00
必修三	0	0	0	0	0	0	0	0
选修一	10.47	16.67	8.41	25.00	9.52	25.00	12.86	25.00
选修二	0	0	0	0	0	0	0	0
选修三	19.53	20.00	23.17	25.00	17.86	20.00	22.58	20.00
总和	16.78	24.14	15.32	22.22	19.46	31.25	13.87	21.43

由表7-5可知，在高中生物教材中，细胞生物学在4个不同教材版本中的分布位置大体一致，即都分布在必修一、必修二、选修一和选修三中。纵向比较数据可以发现细胞生物学内容大多分布在必修一中，在版面占比中，人教版、苏教版、北师大版及浙科版占比分别为60.77％、55.17％、70.59％、46.67％，章节占比中，人教版、苏教版、北师大版及浙科版

占比分别为 66.67%、60.00%、87.50%、75.00%。由此必修一是细胞生物学在高中教学中的重中之重。在版面占比和章节占比总和上看，北师大版最高，占 19.46%和 31.25%。人教版、苏教版及浙科版次之，版面占比和章节占比分别都在 15%左右和 22%左右。

不同地区的教师和教育工作者可根据自己地方的教材特点进行不同比重的课时教学，把握好细胞生物学在所教版本中的重要性和侧重点。在选修教材部分可以看出，有关细胞生物学内容在选修教材中也占据着相当大的比例，占 20%左右。从表 7-5 得出选修中关于“细胞培养与工程”的知识点居多，而这些知识点多是在实验专题中所涉及的。因此这样的占比也要求教师要多关注细胞生物学实验部分，多了解一些前沿的科技专题来完善学生对细胞生物学实验的认识，同时也增强学生对细胞生物学在中学生物学习中的兴趣。

三、细胞生物学内容在高考中的分析

由于高考命题卷近年来一直在向全国卷方向靠拢，越来越多的地区都取消了自主命题，使用全国卷是未来的趋势所在，所以本次研究选取了高考全国卷来进行研究。表 7-6 中的知识点考查次数的统计是根据每一年的全国卷Ⅰ和全国卷Ⅱ的考查次数和来进行统计的。全国卷包括全国卷Ⅰ、全国卷Ⅱ和全国卷Ⅲ，全国卷Ⅲ是在 2015 年才推出，2016 年极少数地区开始使用，于是本次采取具有代表性的全国卷Ⅰ和全国卷Ⅱ来进行研究和分析，表格中的细胞生物学的知识点考查次数统计包括全国卷Ⅰ和全国卷Ⅱ，具体见表 7-6。

表 7-6 2013—2017 年高考生物全国卷中细胞生物学的各考点考查次数

知识考点	题型	考查次数					
		2013 年	2014 年	2015 年	2016 年	2017 年	总计
细胞的类型与结构体系	选择题和非选择题	1	0	0	2	0	3
细胞培养与细胞工程	选择题和非选择题	3	3	2	4	2	14
减数分裂	选择题	1	0	0	0	1	2
小分子物质与离子的跨膜运输	选择题和非选择题	1	0	1	0	2	4
细胞质膜的结构、成分、特征与功能	选择题	0	1	0	0	1	2
染色体	非选择题	0	1	0	0	0	1
细胞连接	选择题	0	1	0	0	0	1
细胞的识别与黏着	选择题	0	1	0	0	0	1
细胞内的膜泡运输	选择题	0	0	1	0	0	1
有丝分裂	选择题	0	0	0	1	1	2
干细胞	选择题	0	0	0	1	0	1
细胞分化的分子基础	选择题	0	0	0	1	0	1
总计		6	7	4	9	7	33

由表 7-6 可知，高考卷中覆盖了“细胞培养与细胞工程”、“细胞的类型与结构体系”、“减数分裂”、“小分子物质与离子的跨膜运输”、“细胞质膜的结构、成分、特征与功能”、“染色体”、“细胞连接”、“细胞的识别与黏着”、“细胞内的膜泡运输”、“有丝分裂”、“干细胞”及“细胞分化的分子基础”共 12 个细胞生物学知识点的考查。其中“细胞培养与细胞工程”考查频率最高，为 14 次，占总考查次数的 42.42%。“小分子物质与离子的跨膜运输”考查频率次之，为 4 次，占总考查次数的 12.12%。其他知识点考查相对较低，在 1 到 3 次频率区间波动。

从题型上看，超过一半以上的知识点考查是以选择题的题型出现的。只有“细胞的类型与结构体系”、“细胞培养与细胞工程”、“小分子物质与离子的跨膜运输”和“染色体”这四个知识点的题型包括主观题，在高考试卷中占据重要地位。从数据中还可以看出“细胞培养与细胞工程”这个知识点在这五年高考中连续出现，“细胞培养与细胞工程”是生物科技专题中一个重要的课题，在社会的发展和细胞生物学前沿发展中占有重要地位。因此这一知识点在未来高考中依旧是重要的考点，仍是教学的重点。教师在平时要多关注细胞生物学学科前沿及研究热点，并将其转化为课堂的教学资源，拉近教学与现实生活实践的距离，增强学生的学习兴趣和提高课堂效率，从而提高学生的生物科学素养。

第三节　高等师范院校生物科学专业细胞生物学学科知识体系

学科知识体系就是把零散的、分散的知识概念或观点加以整合，使之形成具有一定联系的知识系统，是某学科内部各层次所有知识元素及其相互联系的关系构成的整体[25]。我们平时在学习一门课程的时候，就是在构建和完善这门课程的学科知识体系。只有掌握了课程的学科知识体系才能对课程有一个整体的知识概括，从而提升自身的知识水平。分析中学生物教材中的细胞生物学内容，首先要对细胞生物学这门课程有一个整体的知识把握，即把握其学科知识体系。要研究细胞生物学的学科知识体系就要全面了解细胞生物学学科体系构成。

细胞生物学作为一门独立的学科形成之后，成为生物科学专业师范生学习的核心课程之一。将中学生物学教学中细胞生物学知识内容有计划地衔接到高等师范院校教学过程中，加强高等师范院校教育同基础教育的接轨是高等师范院校学生尽快适应中学生物教学工作的科学途径[26]。

高等师范院校生物科学专业的专业学科知识包括专业知识和专业基础知识，细胞生物学属于专业基础知识的范畴，旨在培养学生掌握生物科学的基础知识、基本理论和基本实验技能。在生物科学专业知识体系中，细胞生物学涉及了一个知识领域，即“细胞的结构与功能及其重要的生命活动”，一共包含了 14 个核心知识单元，即“细胞概述”、“细胞的观察和研究方法”、“细胞质膜及物质的跨膜运输”、“细胞信号转导”、“细胞内的膜性细胞器”、“蛋白质分选与膜泡运输”、“细胞骨架”、“细胞核与染色质/体”、“核糖体”、“细胞周期与细胞分裂”、“细胞周期调控”、“细胞分化”、“细胞死亡”和“细胞的社会化联系”，其中又包括 47

个核心知识点和14个非核心知识点[27]。

第四节　结论和建议

一、结论

(一) 初中生物中的细胞生物学内容

细胞生物学知识在初中生物教科书中主要分布在“细胞形态结构的观察方法”、“细胞的类型与结构体系”、“细胞的发现与细胞学说的创立”及“有丝分裂”四个方面。细胞生物学内容在苏教版中的占比最高，占比8.69%，人教版、北师大版、苏科版和鲁科版则次之，均占7%左右，冀少版和济南版占比均较低，分别占比5.16%和3.35%。细胞生物学内容主要分布在七年级上册教材。分析具有代表性的中考试卷发现，考查内容包括“细胞的类型与结构体系”、“细胞形态结构的观察方法”、“有丝分裂”、“线粒体的结构和功能”，细胞生物学在中考中分值占比不是很大，但是呈现逐年上升趋势，考题也较简单。

(二) 高中生物中的细胞生物学内容

高中生物教材中对细胞生物学学科知识体系中的14个核心知识单元都有涉及，在初中生物教材的基础上对细胞生物学内容进行更加具体化的编排以及更深入的学习，更加注重学生的实验理论和技能。选修中还有专题对应有关细胞生物学的课题实验，加深学生生物科学素养的培养。高中生物教材中北师大版的内容占比最高，占比19.46%，人教版次之，占比16.78%，再者是苏教版，占15.32%，浙科版占13.82%，最低。从高考试卷中分析可以得知，主要考点包括“细胞培养与细胞工程”、“小分子物质与离子的跨膜运输”、“细胞的类型与结构体系”、“细胞质膜的结构、成分、特征与功能”、“有丝分裂”和“减数分裂”，考试主要以主观题为主，教师要更加注重对实验的教学。

二、建议

第一，中学生物教师在课堂教学中，要把握教材，钻研教材，在进行细胞生物学有关教学时应主动关注关于细胞生物学的科技专题方面的信息，并将这种信息知识与学生分享，以丰富课堂教学资源。同时也可以指导课外实践活动，将细胞生物学渗透到学生生活的方方面面，从而加强学生的学习兴趣，提高课堂效率以及学生自身的生物科学素养。

第二，师范院校的教师和学生要根据中学生物教材中细胞生物学知识结构特点，注重细胞生物学课程知识体系与中学生物教材的接轨，有针对性地培育新一代适应中学生物教学的卓越教师。在教学工作中，中学教师要充分把握当前所使用教材特点，参考不同地方不同版本的教材，关注前沿动态，丰富课堂教学资源。

第三，中学教师除了了解教学的目的之外，还要根据历年中考高考真题，把握教学的方向，逐步实现教学的高效化和教学目标明确化。中考高考试题中有关细胞生物学的知识点基本都在主观题中出现，大多以实验探究的题型出现，教师要关注前沿的细胞生物学实验，提高学生对细胞生物学前沿领域的关注，培养学生学习细胞生物学的兴趣和热情，全面提高学生的生物素养。

参考文献

[1] 翟中和，王喜忠，丁明孝．细胞生物学［M］．北京：高等教育出版社，2000. 1.

[2] 李蕤．细胞生物学是生命科学的重要基础学科［J］．合肥联合大学学报，2000，1：88-91.

[3] 费瑞，粱彤，高元奇．细胞生物学教学与改革的几点思考［J］．长春师范学院学报，1999（5）：57-59.

[4] 周辉．精品教材演绎细胞社会［N］．中国图书商报，2004-10-08（A45）.

[5] 雷忻．细胞生物学研究进展［J］．中学生物教学，2006（07）：4-5.

[6] 余光辉，程旺远，龚汉雨．基于细胞生物学的科研创新人才培养模式探索［J］．中国细胞生物学学报，2012，34（12）：1246-1251.

[7] 吴榕．浅谈生物类师范生的培养模式［J］．教育教学论坛，2017，1（4）：48-49.

[8] 叶佩珉．我国中学生物的历史、现状和展望［J］．课程・教材・教法，1942（2）：31-34.

[9] 李建明．初中生物学科的特点［J］．生物学教学，1999（07）：8-9.

[10] 费维重．《全日制义务教育生物课程标准》解读［J］．中学生物教学，2004（Z1）：64-65.

[11] 孙建国．解读课程标准新理念，促进生物教学有效性［J］．考试周刊，2014（58）：140.

[12] 李先文，袁正仿，周巍．细胞生物学的教学目标与结构优化［J］．信阳农业高等专科学校学报，2010，20（03）：155-156.

[13] 李莉，张涛．生物学义务教育教科书（五・四学制）六年级上册［M］．济南：山东科学技术出版社，2012. 07.

[14] 李莉，张涛．生物学义务教育教科书（五・四学制）六年级下册［M］．济南：山东科学技术出版社，2012. 11.

[15] 李莉，张涛．生物学义务教育教科书（五・四学制）七年级上册［M］．济南：山东科学技术出版社，2013. 07.

[16] 李莉，张涛．生物学义务教育教科书（五・四学制）七年级下册［M］．济南：山东科学技术出版社，2012. 11.

[17] 李莉，张涛．生物学义务教育教科书（五・四学制）八年级上册［M］．济南：山东科学技术出版社，2014. 07.

[18] 李莉，张涛．生物学义务教育教科书（五・四学制）六年级上册［M］．济南：山东科学技术出版社，2014. 11.

[19] 陈小梅，陈霞辉，郭佳丽，等．中学生物教材中生态内容的统计分析［J］．教育教学论坛，2015（14）：274-276.

[20] 周兴文，张卓，郭晓华．大学生物课程与中学教材知识结构的比较分析［J］．沈阳大学学报（自然科学版），2012，24（03）：18-21.

[21] 朱正威，赵占良．普通高中课程标准实验教科书生物必修一・分子与细胞［M］．北京：人民教育出版社，2014. 05.

[22] 汪忠．普通高中课程标准实验教科书生物必修一・分子与细胞［M］．南京：江苏教育出版社，2014. 06.

[23] 刘植义，付尊英．普通高中课程标准实验教科书生物必修一・分子与细胞［M］．北京：北京师范大学出版社，2014. 06.

[24] 吴相钰，刘恩山．普通高中课程标准实验教科书生物必修一・分子与细胞［M］．杭州：浙江科学技术出版社，2016. 11.

[25] 王玉云．初中英语教材知识体系构建研究［D］．重庆：西南大学，2008.

[26] 宋金枝，孙颖，汲生荣．高师生物学教育要加强同基础教育的衔接［J］．通化师范学院学报，2003（02）：86-89.

[27] 教育部高等学校生物科学与工程教学指导委员会．生物科学专业规范［J］．高校生物学教学研究（电子版），2011，1（02）：3-9.

第八章
遗传学内容在生物教材中的内容解析

遗传学是研究生物遗传和变异的自然科学，即研究基因的结构、功能及其变异、传递和表达规律的学科[1]。遗传学是20世纪兴起的一门前沿学科，其与多个学科相互渗透，相互促进形成分支学科，如医学遗传学、分子遗传学、基因组学以及遗传工程等，是生物科学的核心。现代遗传学经历了诞生、细胞遗传学、生化和微生物遗传学等发展阶段。目前，遗传学已经发展到分子遗传学阶段，基因是客观存在的实体，成为遗传学的研究对象[2]，主要研究内容为基因的结构、功能及其变异、传递和表达规律。遗传（heredity）和变异（variation）是生物的基本特征，是最普遍和最基本的生命活动。有关遗传学的应用近年来主要集中在育种和医疗的研究，如我国的杂交水稻创造世界之最，治疗癌症从遗传学角度研究其分子机制[3]。

面对生命科学技术的飞速发展，遗传学也不断有新内容注入，同时遗传学作为高等师范院校生物科学专业的专业核心课程，其教学也面临着巨大的挑战。基础教育与高等师范教育必然是紧密联系的，首都师范大学吴晗清指出，基础教育中存在的突出问题与高等师范院校的培养方式直接相关[4]。高等师范院校遗传学课程及教学改革和中学生物遗传学内容研究经历了一个由“高校”向“高师”分化，又由“高师”向“中学”靠拢的过程。

起初，虽然国内高等师范院校开设遗传学课程，但其培养方式与普通高校差别不大。从1980年开始，我国丁巨波和董育中根据当时国情最先展开遗传学教学研究[5-6]；1983年罗鹏对美国遗传学教材的比较分析，为国内遗传学教材建设提供参考[7]，随后各高校教授、学者相继对当时遗传学教材现状进行了研究[8-10]。20世纪80年代后期到21世纪初，随着研究的深入，人们逐渐认识到高等师范院校遗传学与普通高校的培养目标不同，遗传学内容及教学也应有所区别，1987年郑先干率先对高等师范院校遗传学教学改革进行初步探究[11]；为加强高等师范院校遗传学教学质量，国内展开了一系列高等师范院校遗传学教学改革的研究，1993年钟爱芳提出高等师范院校必须要跟进刚刚毕业入职的一线教师，得到反馈信息，从而提高遗传学教学质量[12]；随后，王亚亚、彭永康、张国柱等人对遗传学课程及教学改革进行了研究[13-15]；姚世鸿等人侧重分析我国高等师范院校遗传学教学现状及未来[16]，唐蓓总结高等师范院校遗传学教学现状，并提出在遗传学教学内容与方法上与中学遗传学内容要进行有机结合[17]；杨秀荣提出遗传学教学要结合中学生物，确定相关章节的教学重点[18]，然而专门针对高等师范院校生物教育专业的遗传学课程体系研究尚未见报道。目前已经开始注意到大学和中学的遗传学内容的衔接问题，如张大乐的《中学与大学本科遗传学课程的衔接》[19]，但具体的高等师范院校和中学的遗传学在内容上的衔接研究相对较少。

2001 年，我国第一次以课程标准的形式明确规定初、高中生物要全面提高学生生物科学素养，随即展开了一系列围绕《全日制义务教育生物课程标准》和《普通高中生物学课程标准》中要求的中学生物课程及教学改革。田言辉在 2009 年已对国外高中生物教材遗传学单元的教材结构和内容进行分析，提出遗传学教学要渗透科学史的教育，提高学生人文素养，体验科学探究的过程，培养创新精神[20]；随后，张一丹、李翔琪分别对我国五种版本初、高中生物教材的特点、差异深入分析，李翔琪不仅分析各版本生物教材的特点，而且利用课程难度定量分析模型对在不同版本教材下某一知识板块进行难度分析[21-22]，但目前没有结合不同版本生物教材，针对我国中学生物的遗传学内容解析的相关研究；马玉芳、廖岩松、韩菲等人通过高考试题对遗传学相关内容进行分析，最后提出中学遗传学内容的教学要重视基础的掌握、解决问题能力的培养，以新课标为本的教育思想等建议[23-25]。综上所述，遗传学在教育领域内的研究不断进步，同时也应该结合现状不断深入研究。

遗传学作为在高等师范院校生命科学专业的一门专业核心课程，同时，初、高中课标明确规定了其内容及其教育目的。通过对遗传学在中学生物中的内容进行解析，旨在探究生物科学专业遗传学课程知识体系与中学生物学中遗传学内容的联系。首先展开对我国现行的中学生物人教版、苏教版、北师大版 3 个版本教材的遗传学内容的比较分析；其次，分别将初、高中生物学中的遗传学内容与生物科学专业遗传学课程知识体系联系起来，有助于我们理解基于中学遗传学内容，高等师范院校遗传学课程体系的基础与拓展；为了进一步使高等师范院校师范生教育与中学生物教学相适应，同时更加全面把握中学遗传学的特点，还应该对中学生物中的遗传学内容进行更加深入的解析，在对各版本教材的遗传学内容解析的同时，结合中考、高考分析中学生物中遗传学内容的考点及其考查类型、命题分值等，从不同角度深入理解中学生物中遗传学内容。通过对遗传学在中学生物中的内容解析，一方面结合中学生物遗传学内容，探讨高等师范院校遗传学课程知识体系，为高等师范院校遗传学课程内容建设提出建议；另一方面通过研究中学遗传学内容及其在中考高考中的考查情况，可以使生物科学专业的师范生更加清晰有方向、有重点地把握中学遗传学内容，并把握遗传学在中考高考中的考点。

第一，分别展开对我国现行的初、高中生物人教版、苏教版、北师大版 3 个版本教材的遗传学内容的比较分析；第二，分别将初、高中生物学中的遗传学内容与生物科学专业遗传学课程知识体系联系起来，分析遗传学内容在中考、高考中的考点及其考查类型、命题分值等，从不同角度深入理解中学生物中遗传学内容。对遗传学课程及教学的研究现状及其发展进程进行总结。对人教版、北师大版、苏教版的初、高中生物教材中遗传学相关内容及其教材结构、共同知识点等进行探讨分析和比较研究；通过比对生物科学专业遗传学课程知识体系与中学生物遗传学内容，探讨适合高等师范院校的遗传学课程知识体系。详细阅读人教版、北师大版、苏教版的初、高中生物教材，分析归纳其遗传学内容；参考最近几年各省真题试卷，提取出高考真题中的遗传学考点，归纳出以基因和科学史为线索的遗传学考点及其考查类型、命题分值等。

第一节 初中生物中遗传学内容解析

教材既是知识的载体，也是师生共同探究新知、获得发展的媒介[22]。自从我国颁布初、高中《课标》以来，我国中学生物教材呈现多样化发展，不同版本教材各有特点、优势，其章前导入、章节设计、内容编排顺序、课后习题等均存在一定的差异。其难度也有差异，难度最大的是苏教版生物教材，人教版和北师大版的难度相当[23]。经查阅资料，发现人教版使用率最高，苏教版其次，北师大版教材在北京、沈阳等多地使用，在重庆、贵州的部分地区使用。遗传学内容主要集中在各版本高中生物教材必修二遗传与进化，其与进化内容设置在同一个模块，占据必修内容接近三分之一的比例，其中遗传与变异是本章的研究重点。

对中学生物遗传学内容进行分析，是促进中学生物课程改革的一个基础环节。现行初中生物教材着重面向全体学生，其反映的是生命科学领域最基础的内容，大多范围广泛但还是处于比较浅显的层面。本章选用人教版、苏教版和北师大版 2012 年或 2013 年教育部审定通过的生物学义务教育教科书，归纳和分析初中生物中遗传学内容，并结合近年中考分析初中生物遗传学考点，从而对遗传学在初中生物中的内容进行解析。选用全国中小学教材审定委员会 2004 年初审通过的普通高中课程标准实验教科书人教版、苏教版和北师大版生物必修二遗传与进化，对遗传学在高中生物中的内容进行归纳，结合近年来生物高考试卷，分析遗传学在高考生物的考查情况。

一、初中生物教材中遗传学内容解析

小学科学初步建立了基本的生物科学常识，初中进一步对学生提高要求，初中生物知识涉及面广，即对学生掌握其范围在广度上要求较高，但对知识的掌握程度要求不高。遗传学作为理论性较强的前沿学科，中学生的生物科学素养有限，在中学生物中所占内容较少。其在初中生物中的内容解析，通过对初中人教版、苏教版和北师大版 3 个版本生物教材中的遗传学内容，在生物科学专业遗传学课程知识体系中所占知识单元（点）的数量和中考生物中遗传学的考点进行归纳分析。

二、初中生物教材中遗传学知识单元（点）分析

对初中人教版、苏教版和北师大版 3 个版本生物教材中的遗传学内容的知识单元、位置、知识点及其对应的知识单元（点）进行统计（表 8-1）。由此可以看出，遗传学内容在初中生物中相对较少，初中部分的各版本教材遗传学内容在所属单元下均只占据一章“生物的遗传与变异”，分布集中。人教版和苏教版教材在八年级下册，北师大版八年级上册分布有遗传学的相关知识，初中遗传学知识在七年级各版本教材中未有明显分布，而且章节安排普遍靠后，可见，学习初中遗传学内容必须要有一定的生物科学基础知识。此部分内容在难易程度上较简单，如揭示遗传和变异的现象，介绍遗传物质、染色体，对一些基本的概念做一定的了解和认识，只涉及一对等位基因的计算。

表 8-1　人教版、北师大版、苏教版初中生物教材中遗传学内容

版本	位置	生物科学专业遗传学核心知识单元(点)					
		遗传学的分子基础	孟德尔式遗传	性别决定	染色体变异和基因突变		
人教版	八年级(下) 第七单元 第二章	第一节　基因控制生物的性状 第二节　基因在亲子代间的传递	第三节　基因的显性和隐性	第四节　人的性别遗传	第五节　生物的变异		
北师大版	八年级(上) 第六单元 第二十章	第一节　遗传和变异现象 第二节　性状遗传的物质基础	第三节　性状遗传有一定的规律性	第四节　性别和性别的决定		第五节　遗传与环境①	第六节　遗传病和人类健康①
苏教版	八年级(下) 第八单元 第二十二章	第一节　DNA 是主要的遗传物质	第二节　人的性状和遗传	第三节　人的性别决定	第五节　生物的变异		第四节　遗传病和优生优育①

① 该部分内容不属于遗传学课程知识体系。

人教版与苏教版教材中遗传学章节知识点在生物科学专业遗传学课程知识体系中对应 4 个核心知识单元（点），两个版本教材所涉及的核心知识单元（点）也相同，苏教版增加了“遗传病和优生优育”的遗传学内容，北师大版教材中遗传学章节知识点在遗传学课程知识体系中对应 3 个核心知识单元（点），北师大版“遗传病和人类健康”“遗传与环境”、苏教版“遗传病和优生优育”中部分内容不属于遗传学课程知识体系。人教版和北师大版教材以现实生活中的不同性状的遗传和变异现象引入遗传学内容，首先讲解了遗传、变异、性状的概念；苏教版以伞藻实验内容引入遗传学内容，首先讲解了遗传、变异的概念，在呈现出染色体、基因和 DNA 的概念和关系之后，再提出性状的概念。北师大版和苏教版涉及人类遗传病的内容，但是没有明确呈现出孟德尔豌豆杂交实验的过程；人教版没有涉及人类遗传病的内容，但明确提出孟德尔实验的过程。生物的变异相关知识在北师大版教材中没有特定的章节安排，但在人教版和苏教版教材中有所安排；遗传与环境的关系在北师大版教材中有特定的章节安排，但在人教版和苏教版教材未明显呈现出来。

三、中考生物中遗传学考点分析

中学生物遗传学考点更加贴近近年来命题，使教师有针对性进行教学。目前全国多地中学生物以会考的形式结业，其成绩作为高中入学参考，但部分地区生物仍作为中考科目，直接构成中考成绩。参考《5 年高考 3 年模拟》中的中考题型分析，总体来说，遗传学在中考生物中的考点就是生物的遗传与变异，分为遗传、变异 2 个考点分别命题。考查的重点内容包括 DNA 是主要的遗传物质，染色体、DNA 和基因三者之间的关系，基因控制生物的性状，基因的显隐性，人的性别决定，生物的变异及其应用。其中，DNA 是主要的遗传物质，染色体、DNA 和基因三者之间的关系，基因控制生物的性状，人的性别决定，生物的变异及其应用往往以选择题的形式考查，基因的显隐性常结合一对等位基因的计算以选择题、填空题形式出现。

第二节　高中生物教材中遗传学内容解析

高中生物相对初中，更加注重学生分模块均衡、深入学习生物科学知识，使学生能够应用生物科学知识解释实际问题。遗传学内容相对初中生物也显著增多。对高中人教版、苏教版和北师大版生物学教材中的遗传学内容的章节分布、知识点及其在遗传学课程知识体系中的知识单元（点）进行统计。遗传学内容在高中生物中主要集中在各版本生物教材必修二遗传与进化中，3 个版本的生物教材内容无明显差异，但在内容组织、排序上有一定差异。

一、人教版高中生物教材中遗传学知识单元（点）分析

人教版生物教材必修二遗传与进化有 7 章，19 节，涉及遗传学内容的章节有“遗传因子的发现”“基因和染色体的关系”“基因突变及其他变异”“从杂交育种到基因工程”共 4 章，8 节，占总节数的 42.1%，在生物科学专业遗传学课程知识体系中对应共有 6 个核心知识单元，14 个核心知识点；高中教材涉及可遗传的基因遗传病，在遗传学课程知识体系中没有明确体现（表 8-2 和表 8-5）。

表 8-2　人教版高中生物教材中遗传学知识

章节		生物科学专业		章节知识点
		知识单元	知识点	
第一章 遗传因子的发现	第一节　孟德尔豌豆杂交实验(一)	孟德尔式遗传	分离定律	1. 分离定律 2. 假说-演绎法
	第二节　孟德尔豌豆杂交实验(二)		自由组合定律	1. 两对相对性状的杂交实验 2. 自由组合定律
第二章 基因和染色体的关系	*第一节　减数分裂和受精作用			*
	第二节　基因在染色体上		遗传的染色体学说	1. 萨顿的学说 2. 基因位于染色体上的实验证据 孟德尔遗传规律的实质
	第三节　伴性遗传	性别决定与伴性遗传	伴性遗传	1. 伴性遗传的概念 2. 人类红绿色盲症 3. 抗维生素 D 佝偻病 4. 伴性遗传在实践中的应用
第三章 基因的本质	第一节　DNA 是主要的遗传物质	细菌与噬菌体的遗传转移与作图	1. 细菌的转化 2. 噬菌体重组	DNA 是主要遗传物质的探索(肺炎双球菌的转化实验、噬菌体侵染细菌的实验)

续表

章节		生物科学专业		章节知识点
		知识单元	知识点	
第四章 基因的表达	*			*
第五章 基因突变及其他变异	第一节 基因突变和基因重组	基因突变与DNA损伤修复	1. DNA 突变的表型效应 2. 自发突变的分子基础 3. 诱发突变的分子基础	1. 镰刀贫血症 2. 基因突变的概念、原因、特点 3. 基因重组
		重组与转座	1. 重组的分子基础 2. 基因转变及其分子机制	
	第二节 染色体变异	染色体畸变	1. 染色体数目的变异	1. 染色体结构的变异 2. 染色体数目的变异 3. 单倍体、多倍体在实践中的应用
	第三节 人类遗传病		2. 染色体畸变与人类遗传病	1. 单基因遗传病 2. 多基因遗传病 3. 染色体异常遗传病
第六章 从杂交育种到基因工程	第一节 杂交育种与诱变育种	非孟德尔式遗传	1. 母性影响 2. 细胞质遗传 3. 线粒体基因组结构和功能	1. 杂交育种 2. 诱变育种
	*第二节 基因工程及其应用			*基因工程的原理、应用

注：标有“*”处不为本章的研究内容，为体现该版本教材的完整性只呈现章节标题；其余空白处表示“无”。

二、北师大版高中生物教材中遗传学知识单元（点）分析

北师大版生物教材必修二遗传与进化共 7 章，17 节，涉及遗传学内容包括“人类探索遗传物质的历程”、“遗传信息传递的结构基础”、“遗传信息的传递”、“遗传信息的改变”、“遗传信息的有害变异”，共 5 章，11 小节，占总节数的 64.7%，在生物科学专业遗传学课程知识体系中对应有 14 个核心知识单元，20 个核心知识点（表 8-3 和表 8-5）。

表 8-3 北师大版高中生物教材中遗传学知识

章节		生物科学专业遗传学核心知识单元(点)		章节知识点	
第一章 人类探索遗传物质的历程		遗传学总论	遗传学发展史	1. 早期对遗传原因的猜测	遗传的定义
				2. 寻找遗传物质	达尔文的泛生论、魏斯曼的种质论、孟德尔的遗传因子假说、萨顿的遗传染色体学说、摩尔根的基因论
				3. 从分子水平研究遗传物质	
				4. 遗传信息理论的兴起	

续表

章节		生物科学专业遗传学核心知识单元(点)		章节知识点
第二章 遗传信息传递的结构基础	第一节 染色体是遗传信息的载体			1. 染色体的形态结构
				2. 染色体在减数分裂中的行为
				单倍体、多倍体
	第二节 DNA储存遗传信息	染色体畸变	染色体数目的变异	
		细菌与噬菌体的遗传转移与作图	1. 细菌的转化 2. 噬菌体重组	DNA是主要遗传物质的探索(肺炎双球菌的转化实验、噬菌体侵染细菌的实验)
第三章 遗传信息的复制与表达	*			*
第四章 遗传信息的传递规律	第一节 基因的分离规律	孟德尔式遗传	分离定律	1. 孟德尔对遗传机制的探究 2. 分离规律的实验与分析 3. 分离规律在育种中的应用
	第二节 基因的自由组合规律		自由组合定律	1. 自由组合规律的实验与分析 2. 自由组合规律在实践中的应用
	第三节 伴性遗传	性别决定与伴性遗传	伴性遗传	1. 果蝇的伴性遗传 2. 人的伴性遗传
	第四节 环境对遗传信息表达的影响	孟德尔遗传的拓展	环境影响与基因的表型效应	1. 环境条件对性状的影响
		性别决定与伴性遗传	性染色体与性别决定	2. 环境条件对性别分化的影响
第五章 遗传信息的改变	第一节 基因突变	基因突变与DNA损伤修复	1. DNA突变的表型效应 2. 自发突变的分子基础 3. 诱发突变的分子基础	1. 基因突变的特点、原因 2. 引起基因突变的因素 3. 人工育种在育种上的作用
	第二节 基因重组	细菌和噬菌体的遗传转移与作图	细菌的结合、转化与转导	1. 细菌的基因重组
		重组与转座	1. 重组的分子基础 2. 基因转变及其分子机制	2. 高等生物的基因重组 3. 基因的人工重组——基因工程
	第三节 染色体变异	染色体畸变	染色体结构变异、数目变异	1. 染色体结构的变异 2. 染色体数目的变异
第六章 遗传信息的有害变异	第一节 遗传病的类型			1. 单基因遗传病 2. 多基因遗传病
		染色体畸变	染色体畸变与人类遗传病	3. 染色体异常遗传病
	第二节 遗传病的防治			1. 遗传病的预防 2. 遗传病的基因治疗
		基因组与基因组学	人类基因组计划	3. 人类基因组的研究

注：标有“*”处不为本章的研究内容，为体现该版本教材的完整性只呈现章节标题；其余空白处表示“无”。

三、苏教版高中生物教材中遗传学知识单元（点）分析

苏教版生物教材必修二遗传与进化共有 5 章，12 节，涉及遗传学内容共有 2 章，6 节，占总节数的 50%，包括第三章“遗传和染色体”、第四章中“基因突变和基因重组”“关注人类遗传病”，在生物科学专业遗传学课程知识体系中对应有 7 个核心知识单元，12 个核心知识点（表 8-4 和表 8-5）。

表 8-4　苏教版高中生物教材中遗传学知识

章节		生物科学专业遗传学核心知识单元(点)		教材知识点
第一章 生物科学和我们	*			*
第二章 减数分裂和有性生殖	*第一节　减数分裂			*
	*第二节　有性生殖			
第三章 遗传和染色体	第一节　基因的分离定律	孟德尔式遗传	分离定律	1. 基因的分离定律 2. 孟德尔获得成功的原因 3. 分离定律的应用
	第二节　基因的自由组合定律		自由组合定律	1. 基因的自由组合定律 2. 性别决定与伴性遗传 3. 果蝇实验
		性别决定与伴性遗传	伴性遗传	
	第三节　染色体变异及其应用	染色体畸变	染色体结构变异、数目变异	1. 染色体结构的变异 2. 染色体数目的变异 3. 染色体变异在育种上的应用
第四章 遗传的分子基础	第一节　探索遗传物质的过程	细菌与噬菌体的遗传转移与作图	1. 细菌的转化 2. 噬菌体重组	探索遗传物质的过程(肺炎双球菌的转化实验、噬菌体侵染细菌的实验)
	*第二节　DNA分子的结构和复制			*
	*第三节　基因控制蛋白质的合成			*
	第四节　基因突变和基因重组	基因突变与DNA损伤修复	1. DNA 突变的表型效应 2. 自发突变的分子基础 3. 诱发突变的分子基础	1. 基因突变 2. 基因重组 3. 基因工程及其应用
		重组与转座	4. 重组的分子基础 5. 基因转变及其分子机制	
	第五节　关注人类遗传病	染色体畸变	染色体畸变与人类遗传病	1. 人类基因遗传病 2. 人类染色体遗传病 3. 遗传病的监测和预防

注：标有“*”处不为本章的研究内容，为体现该版本教材的完整性只呈现章节标题；其余空白处表示“无”。

表 8-5 高中生物 3 个版本教材的章节数及其比例、对应核心知识单元（点）数

版本	章数		节数			遗传学课程知识体系	
	总数	遗传学涉及章数	总数	遗传学涉及节数	比例	核心知识单元数	核心知识点数
人教版	7	4	19	8	42.1%	6	14
北师大版	7	5	17	11	64.7%	14	20
苏教版	5	2	12	6	50%	7	12

四、2012—2016 年高中生物中遗传学的考点分析

对 2012—2016 年高中生物中遗传学的考点分析，结合全国新课标卷在各地区的使用情况展开（表 8-6）。2012 年有 14 个地区参与使用全国新课标卷，共 1 卷；2013 年有 18 个地区参与使用全国新课标卷，共 2 卷；2014 年有 18 个地区参与使用全国新课标卷，共 2 卷；2015 年有 19 个地区参与使用全国新课标卷，共 2 卷；2016 年有 24 个地区参与使用全国新课标卷，共 3 卷。使用全国新课标卷的地区逐年上升，从 2012 年到 2016 年，参与统考的地区增加了 10 个，卷数也从 1 卷增加到 3 卷，可供各地区选择，同时考点命题方式多样化，如 2016 年首次将染色体变异这一考点纳入选择题必考部分。因此，用全国新课标卷作为研究遗传学在高考中的特点具有代表性。对 2012—2016 年新课标卷生物部分中遗传学内容的考题进行分析，除了“遗传的细胞基础与分子基础”，遗传学内容的命题集中在“基因的分离定律”、“基因自由组合定律”、“伴性遗传”、“基因重组与基因突变”以及“染色体变异与育种”5 个专题。遗传学内容是生物高考的重要考点，共有 10 个考点（表 8-6）。在历年高考中都有不同题型出现，题型以选择题为主，非选择题主要分布在“基因的分离定律及应用”、“自由组合定律及应用”以及“伴性遗传”。遗传学内容在新课标卷中分别以一道选择和填空命题，在新课标卷中孟德尔定律是每年必考，2012—2016 年共出现 9 次，是考查的重点，其次是伴性遗传，除了 2012 年未命题，往后每年都有命题，几乎也是每年必考内容，从 2012—2016 年共出现 7 次，它与孟德尔定律结合命题。孟德尔定律和伴性遗传是高考中考查的重点，同时也是教与学的重点、难点，在教师教学和学生练习的时候，要注意将两者结合起来。人类遗传病在 2012—2016 年的新课标卷中没有单独命题，但其在全国理综高考试卷中曾多次涉及，如 2016 年全国高考试卷试题中出现 1 次，2015 年全国高考试卷中出现 2 次。基因重组也没有单独命题，通常结合基因工程、减数分裂等知识命题。

表 8-6 从 2012 至 2016 年生物全国卷中遗传学的考点统计

考点	考查类型	位置					总次数
		2012 年	2013 年	2014 年	2015 年	2016 年	
孟德尔遗传实验的科学方法	选择	—	全国卷Ⅱ,5；全国卷Ⅰ,6	—	—	—	2
基因的分离定律及应用	选择、非选择题	全国卷,31	—	全国卷Ⅰ,6；全国卷Ⅱ,32	全国卷Ⅱ,32	全国卷Ⅲ,32	5
自由组合定律及应用	非选择题	—	全国卷Ⅱ,32；全国卷Ⅰ,31	—	全国卷Ⅰ,32	全国卷Ⅱ,32；全国卷Ⅰ,32	5

续表

考点	考查类型	位置					总次数
		2012 年	2013 年	2014 年	2015 年	2016 年	
性状分离比 9∶3∶3∶1 的变式及应用	选择	—	—	全国卷Ⅰ,32	—	全国卷Ⅲ,6;全国卷Ⅱ,6	3
伴性遗传	非选择题为主	—	全国卷Ⅱ,32	全国卷Ⅱ,32;全国卷Ⅰ,6	全国卷Ⅱ,32;全国卷Ⅰ,6	全国卷Ⅱ,6;全国卷Ⅰ,32	7
人类遗传病		—	—	—	—	全国卷Ⅰ,6	1
基因突变	非选择题	全国卷,31	—	—	—	全国卷Ⅲ,32	2
基因重组	选择	—	—	—	—	—	0
染色体变异	选择、非选择题	—	全国卷Ⅱ,40	—	全国卷Ⅱ,6	全国卷Ⅲ,32	3
变异在育种上的应用	选择						0

五、各地区高考生物遗传学内容命题分值分析

对 2014—2016 年参与高考的地区的理综生物部分试卷进行分析（表 8-7）。直到 2016 年高考为止，全国有 24 个地区使用全国新课标卷，其余 7 个地区自主命题，如北京、海南、天津、江苏、浙江、四川、上海。在全国新课标卷中，3 年来，遗传学内容较多其中包括一道选择题 6 分，非选择题 10 分。其余 7 个地区除了江苏以外，高考生物试卷中遗传学内容命题分值均超过 10%，浙江卷中遗传学内容高达 30%，可见，遗传学内容是高中生物的重要考查内容之一。

表 8-7　各地区 2014—2016 年高考生物遗传学内容命题分值分析

省份	总分/分	2014 年		2015 年		2016 年		历年平均值	
		分值/分	题型	分值/分	题型	分值/分	题型	平均分值/分	比例/%
新课标卷 1	90	15	选择、填空	15	选择、填空	18	选择、填空	15.86	17.61
新课标卷 2	90	11	选择、填空	16	选择、填空	18	选择、填空		
新课标卷 3	90	—	—	—	—	18	选择、填空		
北京	80	14	选择、填空	17	选择、填空	16	选择、填空	15.67	19.58
海南	100	14	选择、填空	14	选择、填空	16	选择、填空	14.67	14.67
天津	80	16	填空	13	填空	10	填空	13.00	16.25
江苏	120	13	选择、填空	9	选择、填空	12	选择、填空	11.33	9.44
浙江	80	24	选择、填空	24	选择、填空	24	选择、填空	24.00	30.00
四川	90	22	选择、填空	20	选择、填空	14	选择、填空	18.67	20.74
上海	150	23	选择、填空	20	选择、填空	21	选择、填空	21.30	14.22

注：此表选择各地区高考卷的依据是以 2016 年参与使用全国新课标卷的地区为准，在此之前未参与新课标卷的地区的高考卷不做统计。

第三节　遗传学内容在师范院校中的课程知识体系

21世纪被誉为“生命科学的世纪”[26]，21世纪的生命科学将会在社会经济与技术发展中发挥重要作用[27]，随着生物科学迅速发展，我国也逐步加强生物科学教育。自建国以来，我国各高校陆续设立生物科学专业。为适应社会发展需要，生物科学专业的任务是为生命科学领域培养能从事科学研究的应用型人才或者能开展教学研究的新型师资。因而，在人才培养过程中生物科学专业类知识体系也逐渐完善，遗传与进化内容在生物科学专业类知识体系中占据一个知识领域。遗传与进化领域下包括知识单元，若相关知识点是本专业对遗传与进化领域最基本的要求，则归纳为核心知识单元，反之，则为非核心知识单元。遗传与进化领域内的遗传学知识归纳为遗传学课程知识体系（学科知识体系是把零散的、分散的知识概念或观点加以整合，使之形成具有一定联系的知识系统，是某学科内部各层次所有知识元素及其相互联系的关系构成的整体[28]），主要包括遗传、变异两部分内容，共14个核心知识单元，58个核心知识点，4个非核心知识单元，15个非核心知识点（表8-8）。通过对遗传学课程知识体系进行归纳分析，为将知识单元（点）与中学遗传学内容联系起来奠定基础。

生物科学（师范类）专业遗传学课程知识体系中的“遗传学总论”、“孟德尔式遗传”、“孟德尔式遗传的拓展”、“非孟德尔式遗传”、“遗传的细胞学基础”、“性别的决定与伴性遗传”、“染色体畸变”以及“基因突变与DNA损伤修复”8个核心知识单元与中学生物遗传学内容关系紧密，它们是对师范生最基本的要求，也是师范生自身专业素养的最基本要求。其余6个核心知识单元和4个非核心知识单元可作为师范生的专业拓展。“进化遗传学”和“肿瘤遗传学”既是遗传学的分支学科，也是生物科学专业遗传学课程知识体系中的非核心知识单元。“群体遗传学”既是遗传学的分支学科，也是生物科学专业类遗传学课程体系中的核心知识单元。遗传学的学习需要一定的生物科学知识作为基础，在该体系中，则将“遗传的细胞学基础”单独列为一个核心知识单元，这样尽量避免学生的基础不同而带来学习的障碍，应针对不同高等师范院校的课程设置，根据学生学情具体安排。

表8-8　生物科学专业遗传学课程知识体系

<table>
<tr><th>核心知识单元</th><th>核心知识点</th><th>非核心知识单元</th><th>非核心知识点</th></tr>
<tr><td rowspan="4">▲1. 遗传学总论</td><td>遗传学发展史</td><td rowspan="4">*动物发展的遗传控制</td><td>遗传与发育</td></tr>
<tr><td>遗传与变异</td><td>母体基因与发育</td></tr>
<tr><td rowspan="2">遗传学与社会发展的关系</td><td>合子基因与发育</td></tr>
<tr><td>脊椎动物发育的遗传</td></tr>
<tr><td rowspan="4">▲2. 孟德尔式遗传</td><td>分离定律</td><td rowspan="4"></td><td rowspan="4"></td></tr>
<tr><td>自由组合定律</td></tr>
<tr><td>遗传学数据的数理统计</td></tr>
<tr><td>人类中的孟德尔遗传</td></tr>
</table>

续表

核心知识单元	核心知识点	非核心知识单元	非核心知识点
▲3. 遗传的细胞学基础	细胞分裂和配子发生	*进化遗传学	进化论
	模式有机体的生活史		自然群体的遗传变异
	基因的染色体学说		分子进化
			物种形成
			人类进化
▲4. 孟德尔式遗传的拓展	环境影响与基因的表型效应	*肿瘤遗传学	肿瘤及其遗传基础
	显隐性的相对性		原癌基因
	致死基因		抑癌基因
	复等位现象		肿瘤发生的遗传途径
	非等位基因间的相互作用		
▲5. 非孟德尔式遗传	母性影响		
	细胞质遗传		
	线粒体和叶绿体基因组结构和功能		
	线粒体突变与人类健康		
▲6. 性别的决定与伴性遗传	性染色体与性别决定		
	伴性遗传		
	遗传的染色体学说的直接证明		
	其他类型的性别决定		
	人类的性别畸形		
	基因与性别决定		
	X连锁基因的剂量补偿效应		
*7. 真核生物的遗传连锁与作图	连锁与交换		
	重组作图		
	分子标记作图		
	真菌类的连锁作图		
*8. 细菌和噬菌体的遗传转移与作图	细菌的接合与染色体作图		
	中断杂交与重组作图		
	细菌的转化与转导作图		
	噬菌体重组与作图		
▲9. 染色体畸变	染色体结构变异及其遗传学效应		
	染色体数目变异		
	染色体畸变在基因定位中的应用		
	染色体畸变与人类疾病		
▲10. 基因突变与DNA损伤修复	DNA突变的表型效应		
	自发突变的分子基础		
	诱发突变的分子基础		
	DNA损伤的生物学修复机制		

续表

核心知识单元	核心知识点	非核心知识单元	非核心知识点
*11. 重组与转座	重组的分子基础		
	基因转变及其分子机制		
	转座与转座因子		
*12. 复杂性状的遗传	数量性状		
	数量性状遗传分析的统计学参数		
	数量性状分析		
	QTL 定位		
*13. 群体遗传学	群体的遗传结构		
	Hardy-Weinberg 定律		
	近亲繁殖的平衡群体		
	影响群体遗传平衡的因素		
*14. 基因组与基因组学	基因组	*序列比对 基因预测	常用多序列比对软件的使用
	核酸的核苷酸序列测定		基因预测原则及运用
	基因组学		
	二代测序技术		
	生物信息学在基因组学中的应用		

注：空白处表示无相应的非核心知识单元；"▲"表示与中学生物遗传学内容关系紧密；"*"表示可作为师范生的专业拓展。

第四节　结论与建议

一、结论

（一）遗传学在初中生物的内容解析

首先，初中 3 个版本生物教材中遗传学内容有以下特点：第一，涉及的遗传学内容均占据一章的内容，它们均从遗传学基础和经典的遗传学两个方面呈现遗传学内容中最基本的概念、现象，为学生高中生物的学习奠定基础；第二，通过比较各版本遗传学内容可见，各版本教材在编写思路上有一定的区别，各版本在引入遗传学内容上，人教版和北师大版采取了现实中常见的遗传与变异现象引入的方式，苏教版采取伞藻实验引入的方式，无论是以生命现象还是以实验引入遗传学内容，均使学生能够更容易接受遗传学内容，但是笔者认为以大家都熟悉生命现象引入遗传学知识使学生更容易理解，以伞藻实验引入，加深了学生理解的难度；第三，在内容选择上，各版本在孟德尔实验、人类遗传病、生物的变异、遗传与环境等章节分布上有一定差异，北师大版和苏教版涉及人类遗传病的内容而人教版明确呈现孟德尔实验的过程，生物的变异在人教版和苏教版教材中有所安排，遗传与环境的关系在北师大版教材中有特定的章节安排。

其次，目前全国多地中学生物以会考的形式结业，其成绩作为高中入学参考，但部分地区生物仍作为中考科目，直接构成中考成绩，其中遗传学在中考中注重对基础知识考查，遗传学的考查主要为选择或填空的命题形式。

最后，人教版初中教材的遗传学内容与遗传学课程知识体系比较吻合。人教版与苏教版教材中遗传学章节知识点在生物科学专业遗传学课程知识体系中对应4个核心知识单元（点），两个版本教材所涉及的核心知识单元（点）也相同，苏教版增加了“遗传病和优生优育”的遗传学内容；北师大版教材中遗传学章节知识点在遗传学课程知识体系中对应3个核心知识单元（点）。

（二）遗传学在高中生物的内容解析

首先，高中3个版本生物教材中遗传学内容有以下特点。第一，人教版和北师大版重视以遗传学发展进程为思路编写，注重学习科学家们的发现过程，领悟科学之路的曲折与进步，但两者不同的是，人教版中第一章从孟德尔发现遗传因子开始，揭示遗传规律，然后过渡到染色体、基因及其应用，而北师大版第一章就呈现出遗传学发展进程，同时在其后的章节章前均介绍该章主体内容的探索历程，而且章节排序是按照遗传学内在逻辑编写，第二章开始依次呈现染色体、基因、遗传规律；苏教版首章就以“生物科学和我们”开头，先呈现减数分裂，充分考虑学生学情，然后第三章开始再以遗传学发展为线索呈现内容，也按照遗传学发展历程编写教材，相对来说，苏教版更加注重理论联系实际。第二，在3个版本高中必修二遗传与进化教材中，遗传学内容所占节数最多的是北师大版，其次是苏教版，最后是人教版，说明了北师大版更加注重遗传学内容的呈现，人教版则稍微偏向遗传学的基础内容讲解。

其次，遗传学在高考中是主要考查内容之一。据统计，国内2014—2016年高考各地区遗传学内容（除江苏外）所占分值比例均超过10%，其中有27个地区占比超过15%。随着各地区陆续参与全国统考，使用新课标卷已成为高考的主流，在全国新课标卷中“孟德尔定律”属于重点考查内容，“染色体变异”“人类遗传病”等考点为一般考查，“基因重组”“变异在育种上的应用”从未单独命题进行考查。

最后，在遗传学课程知识体系中，北师大版涉及的核心知识单元（点）最多，人教版次之，苏教版相对较少，说明北师大版对教师遗传学知识的要求更高。高中生物教材中对“染色体变异所引起的遗传病”有所呈现，而“基因变异所引起的遗传病”未明确提及。

二、建议

我国生物科学专业有研究和师范两个方向，高等师范院校的生物科学专业教学与普通高校的生物科学专业有所区别，在遗传学的课程体系建设上应着重体现出其培育方向。根据统计，生物科学专业类遗传学课程知识体系包括14个核心知识单元，58个核心知识点，4个非核心知识单元，15个非核心知识点。无论是高等师范院校还是普通高校，遗传学教学都是采用的同一个遗传学课程知识体系，但是，通过查阅我国3个版本的中学生物教材发现，少部分内容如“基因变异引起的遗传病”未明确呈现在遗传学课程知识体系中。遗传学在中考中注重考查其基础知识，在高考为主要考查内容，据统计，多数地区的遗传学内容所占分值比例超过 10%，浙江省占比高达 30%，江苏省占比低于 10%。目前，师范生入职前会参加专业考试进行严格筛选，其考试内容与中学生物内容相关，熟悉中学生物教材、洞悉中考高考的命题是作为一名合格生物教师的前提。另外，中学遗传学内容与高校遗传学课程内容本质是一样的，但其在教材编排、教学方式等方面会有所差异。大学的遗传学课程内容更为微观、深入，反映的是遗传学的更为复杂的内容，中学遗传学内容受到教育对象的制约则更加宏观、浅显，因此在高等师范院校生物科学（师范类）专业遗传学教学中，应进一步结合中学生物遗传学内容的特点及其中考高考的考查情况，同时在遗传学课程考核中渗透中学生物遗传学内容的考查。

参考文献

[1] 戴作华．遗传学［M］．第 2 版．北京：高等教育出版社，2008. 1-3.

[2] 谈家祯．遗传学的历史、现状和展望［J］．红旗，1982（1）：35-38.

[3] 王莉莉，雷蕾，杨进．结直肠癌表观遗传学研究进展［J］．基因组学与应用生物学，2014，33（1）：200-204.

[4] 吴晗清．“道”“器”融通师范生培养新范式——以首都师范大学为例［J］．现代教育科学，2013（1）：63-66.

[5] 丁巨波．对遗传学教学问题的几点建议［J］．遗传学教学，1980，2（3）：44.

[6] 董育中．对于遗传学教学的几点建议［J］．遗传学教学，1980，2（2）：5.

[7] 罗鹏．美国遗传学教学情况初步考察［J］．遗传学教学，1983，5（4）：46.

[8] 皮妍，林娟，侯嵘，等．国内高校遗传学教材发展研究［J］．遗传学教学，2009，31（1）：109-112.

[9] 陈喜文，陈德富．我国高校遗传学教材的出版与使用现状的调查［J］．遗传教学，2014，36（4）：395-402.

[10] 李书粉，陈晓龙，王利花，等．基于内容相似度分析的遗传学教材比较研究［J］．高校生物学教学研究（电子版），2013，3（3）：60-64.

[11] 郑先干．高师遗传学教学改革探讨［N］．惠阳师专学报（自然科学版），1987（1）：18-21.

[12] 钟爱芳．成人师范专科遗传学教学改革的尝试［J］．韶关大学学报（自然科学版），1993，14（2）：111-113.

[13] 王亚亚．对师专遗传学教学大纲的几点修改建议［J］．冀东学刊，1995（5）：52-54.

[14] 彭永康．改革师范专科遗传学教学的一些尝试［J］．河南科学，1996，14：153-154.

[15] 张国柱．提高师专遗传学课程教学质量的研究与实践［J］．甘肃高师学，1999，4（2）：93-96.

[16] 姚世鸿，谷晓明，邱纯净．我国高师《遗传学》教学和中学《生物》遗传学内容的现状与未来［J］．贵州师范大学学报，2000，18（4）：95-97.

[17] 唐蓓．面向中学生物教育的高师遗传学教学改革［J］．生物学杂志，2004，31（2）：112-113.

[18] 杨秀荣，周逊．生物教育专业遗传学教学改革初探［J］．遵义师范学院学报，2014，16（3）：118-119.

[19] 张大乐．中学与大学本科遗传学课程的衔接［J］．教育研究，2015，10（2）：30-31.

[20] 田言辉．美国高中生物学教材“遗传学”单元分析［J］．开封教育学院学报，2013，33（3）：207-209.

[21] 张一丹，张迎春．我国五种版本初中生物学新教材的比较［J］．生物学教学，2010，35（8）：11-13.

[22] 李翔琪．现行五种版本高中生物教材三维目标呈现研究——以《遗传与进化》为例［D］．开封：河南大学，2015. 1-51.

[23] 马玉芳，马闻师．高考遗传学试题的分析和对策［J］．生物学杂志，2005，22（1）：52-54.
[24] 廖岩松．从高考生物试题命题谈高中遗传学教学［J］．理科爱好者，2009，1（4）：43-44.
[25] 韩菲，石宇，鲁亚平．高考试题中遗传学相关内容的分析与教学建议［J］．中学生物学，2015，31（9）：49-52.
[26] 赵寿元．遗传学［M］．北京：教育出版社，2001.
[27] 汤泽生，遗传学在 21 世纪的经济和社会发展中的作用和对策［J］．四川师范学院学报（自然科学版），1997，18（2）：134-138.
[28] 王玉云．初中英语教材知识体系构建研究［D］．重庆：西南大学，2008.

第九章
人体解剖生理学内容在生物教材中的内容解析

人体解剖生理学(human anatomy and physiology)是以人体组织解剖学为基础,研究人体结构、功能及其活动规律的一门学科[1],其主要内容包括两方面,即人体组织解剖学和生理学。该学科是把人体形态构造和功能活动规律有机结合在一起的综合学科,形态结构是生理功能的基础,而生理功能是形态结构的运动形式,二者紧密联系、相辅相成[2]。其任务在于阐明机体的组成结构,研究生命现象及机体生理活动的调节,具有抽象、动态等特点,介绍细胞、组织、器官到系统等各层次的具体组成和功能,并通过各水平层次解释复杂的生命现象。该学科是生物科学专业学生知识结构的重要组成部分,在生物科学专业教学中占重要地位[3],为进一步学习后续的生物学课程奠定必要基础。目前,我国越来越重视对人体解剖生理学的研究与学习,不仅是学者的相关研究增多,且该学科在医学、心理学、美术、体育等应用型专业以及中学生物中也都占有重要地位。

我国现行人教版、苏教版、北师大版、浙科版、河北版、中图版等多种版本中学教材,尽管每一版本的生物教材都是以全国统一的《生物课程标准》为依据制定,但不同教材的内容呈现形式、章节排列、实验项目类型和数目等许多环节不尽相同。人教版生物教材以学生发展为立足点,以全面提高学生的科学素养为宗旨编写[4],不论是知识内容上还是在对学生的要求上都相对适中;苏教版生物教材以“求实、求新、求活”为编写原则,内容较多,且包含了很多科普性、常识性内容,例如艾滋病预防、烟酒对人体的伤害等生活健康问题,对学生实验创新的要求较高,着眼于培养学生的科学素质;北师大版生物教材在编写上充分考虑生物学科的特点,选择能够反映生物学基本规律的知识搭建基本框架,选择贴近学生生活和身心健康的知识为教材的主要内容,该版本对内容的掌握要求不算高,插图较多,相对容易。

当前,人体解剖生理学学科知识在中学生物教材以及中考高考中均有相关内容的涉及、运用及考查,该学科在生物科学专业中是专业核心课程。在生物科学师范专业开设的人体解剖生理学学科课程中,以人体结构和生理机能为主要描述线索,重点介绍了人体解剖生理学基础理论和基本原理,系统阐述了人体基本组织及运动、神经、感官、血液和血液循环、呼吸、消化、营养及代谢、泌尿、内分泌和生殖系统的基本知识和基本理论。2012 年秋季执行的《中学生物学课程标准》中生物学知识部分主要按知道、识记、理解、应用四个要求层次进行划分,从知识重点来看,主要集中在植物、动物、人体三部分,“应用”则主要强调生物体的形态结构和生理知识[5]。

生物科学师范专业主要是培养具有生命科学基本理论、基本知识和有较强实验技能，能在中等学校从事生物课程教学的教育工作者[6]。生物新课程改革给一线教师带来了严峻挑战，在课程改革的大背景之下，充分了解中学生物的教材内容以及中考高考考查重难点很有必要[7-8]。

国内师范高校开设的课程虽然基本涵盖了中学生物教材的所有知识点，但是每门专业课程所占的比例与中学生物教材知识分配比例吻合不多[9]。随着中学生物和高等师范院校生物课程改革的深入，传统人体解剖生理学教学模式已无法满足当前人才培养的需要[10]。近几年，国内将大学课程与中学教材联系起来的研究较少，有关人体解剖生理学的研究重心主要放在人体解剖生理学的历史现状、发展趋势和实验教学等方面，对于中学生物的研究则侧重于生物教学、教具和实验探究学习等方面，关于"人体解剖生理学在中学生物中的内容解析"这一方面的研究成果鲜有发表。本章主要通过文献查阅法对国内与人体解剖生理学相关的论文进行学习，运用资料分析法和比较归纳法，对人体解剖生理学在中学生物中的内容进行解析，分析近年中考高考中人体解剖生理学知识的占比和考查重点，为生物科学专业师范生的高效培养和师范生学习人体解剖生理学知识提供参考及建议，对中学生物教师能更加清晰把握人体解剖生理学知识在中学生物中的重难点具有重要的实践指导意义。

梳理高等师范院校生物科学专业人体解剖生理学知识体系，选用人教版、苏教版和北师大版3个版本的中学生物教材进行比较归纳，研究该学科知识在中学生物中的内容占比、分布，对比分析中学生物中人体解剖生理学知识的相关运用，对中考高考生物真题中人体解剖生理学相关知识占比进行统计分析，从而了解中考高考中对该学科的考查重点。据此对生物科学师范生培养，师范生学习该学科知识以及中学生物教师如何对该学科知识进行高效教学提出建议。通过资料，全面、正确地了解、掌握师范院校生物科学学科知识体系。对三个版本中学生物教材中人体解剖生理学相关内容的知识单元、章节分布和知识点进行详细统计，并与生物科学专业人体解剖生理学学科核心知识体系作相应的对比分析，对中学生物教材中人体解剖生理学内容占比进行计算，从而了解人体解剖生理学在中学生物中的涉及情况。利用2014—2016年中考题和2012—2016年高考真题分析人体解剖生理学内容所占比重，从而了解人体解剖生理学在中学生物中的考查重点。从中学生物教材以及中考高考真题中归纳总结出人体解剖生理学内容在中学生物中的特点，得出结论。对于初中生物教材中人体解剖生理学内容占比，主要针对相关知识所占版面及章节的统计计算，计算公式如下（计算结果均保留两位小数）：版面占比＝（人体解剖生理学相关内容版面数/总版面数）×100％，章节占比＝（人体解剖生理学相关内容章节数/总章节数）×100％。

第一节　初中生物教材中人体解剖生理学内容解析

目前，我国中学生物教材使用率最高的版本是人教版，此版教材具有较强普遍性；苏教版教材在我国教育发达地区使用率较高；北师大版教材在部分地区有所使用；而其他各版本使用率均较低，普遍性不强[11]。据此，本节主要解析人教版、苏教版和北师大版三个版本中学生物教材。选用这三个版本初中生物教材，通过将教材中人体解剖生理学相关知识进行整理，计算该学科在各版本教材中的内容占比，统计该学科在中考中考查的知识点，解析该学科在初中生物中的特点。

一、初中生物教材中人体解剖生理学知识单元和知识点

九年义务教育初中生物教材均为四册，即七年级上册[12-14]、七年级下册[15-17]、八年级上册[18-20]和八年级下册[21-23]。对三个版本初中生物教材中人体解剖生理学相关内容的知识单元、章节分布和知识点进行详细统计，并与生物科学专业人体解剖生理学学科核心知识体系作相应的对比分析，见表 9-1。

表 9-1　人教版、苏教版及北师大版初中生物教材中人体解剖生理学知识单元及知识点

分册名称	章节名称	人教版		章节名称	苏教版		章节名称	北师大版		对应知识体系
七年级上册	人体的组成层次	知识点	人体基本组织、器官、系统及其功能	生物体的组成	知识点	人体的组成	生物体结构层次	知识点	人体四大基本组织、器官、系统及功能	人体基本结构
						人体消化系统结构层次			人体消化系统结构层次	
		位置	第二单元 第二章 第二节（60～62，共2页）		位置	第二单元 第四章 第二节（57、58、60，共3页）		位置	第二单元 第四章 第一、二节（57～59、60、62、64，共6页）	
七年级下册	人的由来	知识点	人的生殖系统结构与功能	人的生殖和发育	知识点	人生殖系统结构和功能	生物的生殖和发育	知识点	人体生殖系统和主要器官的结构与功能	生殖与发育、生殖系统
			人的生殖过程			精子和卵子的识别			受精和胚胎发育过程	
			胚胎发育			受精过程与胚胎发育			生长发育（青春期生理变化）	
			青春期生理变化			青春期生理变化			试管婴儿	
			试管婴儿			人的生长发育				
						人体的主要系统及其功能和主要器官				
		位置	第四单元 第一章 第二、三节（8～13、14～17，共10页）		位置	第四单元 第八章（2～11、15～20，共16页）		位置	八年级上册 第六单元 第十九章 第一节（66～78，共13页）	
	人体的营养	知识点	消化系统及其组成结构、功能	人的食物来自环境	知识点	消化系统的组成及主要消化腺和器官的功能	人体的营养	知识点	人体消化系统及其组成器官的结构功能	消化系统
			食物的消化			食物的消化			食物的分解、贮存、消化	
			唾液与唾液淀粉酶			营养物质的吸收			唾液与唾液淀粉酶	
			营养物质的吸收						营养物质的吸收	
		位置	第二章 第二节（26～31，共6页）		位置	第九章 第二节（29～36，共8页）		位置	第八章 第二节（8～16，共9页）	

续表

分册名称	章节名称		人教版	章节名称		苏教版	章节名称		北师大版	对应知识体系
七年级下册	人体的呼吸	知识点	人体呼吸系统的组成	人体内的物质运输和能量供给	知识点	人体呼吸系统的组成	人体的能量供应	知识点	人体呼吸系统的组成	呼吸系统
			呼吸道的作用			肺的结构与功能			肺的结构与功能、肺通气	
			常见呼吸系统疾病			呼吸运动			呼吸运动	
			发声原理			肺活量及其测量			人体内的气体交换(肺泡、组织)	
			人体内的气体交换(肺泡、组织)			人体内的气体交换(肺泡、组织)				
			呼吸运动							
			呼吸频率、呼吸深度、肺活量及其测量和计算							
		位置	第三章(40～44、45～48,共9页)		位置	第十章 第三、四节(37～67,共31页)		位置	第十章 第二节(52～57,共6页)	
	人体内物质的运输及常见心血管疾病	知识点	血液的组成及各部分功能	疾病与免疫	知识点	血液的组成及各部分功能	人体内物质的运输	知识点	血液的组成及各部分功能	血液及血液循环系统
			血管的种类、结构和功能			输血和血型、血型及鉴定			血量、血型与输血、血型鉴定	
			心脏及其结构、功能			血管的种类、结构和功能			血管的种类、结构和功能	
			人体血液循环的途径			心脏及其结构、功能			心脏及其结构、功能	
			心率、血压的测量			心率、脉搏、血压及其测量			血压、脉搏、心率、心输出量、心动周期及其测量	
			血量、血型与输血			人体血液循环			人体血液循环	
			常见心血管疾病			毛细血管和物质交换				
		位置	第四章(50～55、56～59、60～68、69～71,共22页)		位置	第十章 第一、二节(42～56,共15页)		位置	第九章(26～46,共21页)	
						心血管疾病			心血管疾病	
					位置	八年级下册 第十单元 第二十五章 第二节(91～95,共5页)	健康地生活	位置	第十三章 第四节(117,共1页)	

续表

分册名称	章节名称	人教版		章节名称	苏教版		章节名称	北师大版		对应知识体系
七年级下册	人体内废物的排出	知识点	排泄及人体废物排出体内的途径(非核心)	人体内的废物排入环境	知识点	人体泌尿系统的组成及功能	人体代谢废物的排出	知识点	人体泌尿系统的组成及功能	泌尿系统和渗透调节
			泌尿系统的组成结构			肾和肾单位的组成、结构			肾脏和肾单位的结构、功能	
			尿的形成与排出(尿的排出为非核心)			尿液的形成和排出(尿的排出为非核心)			尿液的形成、储存与排出(尿的排出为非核心)	
			其他排泄途径(汗腺、呼吸等)						皮肤与汗腺分泌	
		位置	第五章(72～77,共6页)		位置	第十一章(73～84,共12页)		位置	第十一章(58～68,共11页)	
	人体生命活动的调节	知识点	眼睛的结构功能和视觉形成过程	人体生命活动的调节	知识点	眼睛的结构功能和视觉形成过程	人体的自我调节	知识点	眼睛的基本结构与功能和视觉形成过程	感觉系统
			近视的原理及矫正预防			近视的原理及矫正预防			近视的原理及矫正预防	
			耳的结构功能和听觉形成过程			耳的结构功能和听觉形成过程			耳的基本结构和功能及听觉形成过程	
			其他感觉及器官			皮肤感觉			嗅黏膜和味蕾感受化学物质	
									人体其他感受器	
		位置	第六章 第一节(78～86,共9页)		位置	第十二章(102～110,共9页)		位置	第十二章(80～90,共11页)	
		知识点	神经系统的组成和功能		知识点	睡眠		知识点	人体神经系统的组成和功能	神经系统
			神经元及其结构特征			神经元的结构和功能			神经元及其结构特征	
			反射与神经调节基本方式			反射和反射的类型			反射和反射的类型、反射弧	
			反应速度的测定			条件反射的形成过程			人大脑皮层、脑的结构功能	
						脊髓和脑的结构、功能			测定反应速度	
		位置	第六章 第二节(87～95,共9页)		位置	第十二章(93～101,共9页)		位置	第十二章(69～80,共12页)	
		知识点	人体主要内分泌腺及激素		知识点	人体主要的内分泌腺		知识点	人体内激素与内分泌系统	内分泌系统
			人体主要激素调节简单介绍(非核心)			甲状腺激素、胰岛素的相关调节			生长激素、性激素(非核心)、甲状腺激素、胰岛素的相关调节	
			激素调节与神经调节特点的比较						激素调节与神经调节特点的比较	
		位置	第六章 第三节(96～101,共6页)		位置	第十二章(86～92,共7页)		位置	第十二章(91～96,共6页)	

续表

<table>
<tr><th>分册名称</th><th>章节名称</th><th colspan="2">人教版</th><th>章节名称</th><th colspan="2">苏教版</th><th>章节名称</th><th colspan="2">北师大版</th><th>对应知识体系</th></tr>
<tr><td rowspan="4">八年级上册</td><td rowspan="4">动物的运动</td><td rowspan="3">知识点</td><td>运动系统的组成</td><td rowspan="4">动物的运动</td><td rowspan="3">知识点</td><td>人屈肘动作和伸肘动作</td><td rowspan="4">动物运动的形成</td><td rowspan="3">知识点</td><td>人体的关节、骨骼和骨骼肌</td><td rowspan="4">肌肉骨骼系统</td></tr>
<tr><td>屈肘动作和伸肘动作</td><td>人体主要骨骼肌（阅读）</td><td>人体运动机能</td></tr>
<tr><td></td><td></td><td>屈肘和伸肘运动原理</td></tr>
<tr><td>位置</td><td>第五单元
第二章
第一节（43、44，共2页）</td><td>位置</td><td>第六单元
第十七章
第二节（84～86，共3页）</td><td>位置</td><td>第五单元
第十五章
第二节（12～18，共7页）</td></tr>
<tr><td rowspan="4">八年级下册</td><td rowspan="4">传染病和免疫</td><td rowspan="3">知识点</td><td>人体的三道防线</td><td rowspan="4">威胁健康的疾病</td><td rowspan="3">知识点</td><td>心血管疾病</td><td rowspan="4">健康地生活</td><td rowspan="3">知识点</td><td>特异性免疫和非特异性免疫</td><td rowspan="4">免疫系统</td></tr>
<tr><td>免疫的功能</td><td>人体免疫功能</td><td>计划免疫</td></tr>
<tr><td>计划免疫</td><td>计划免疫</td><td></td></tr>
<tr><td>位置</td><td>第八单元
第一章
第二节（79～83，共5页）</td><td>位置</td><td>第十单元
第二十五章
第二、三节（91～95、96～101，共11页）</td><td>位置</td><td>七年级下册
第十三章
第三节（113～115，共3页）</td></tr>
</table>

注：表中标有“（非核心）”字样的知识点，在生物科学专业学科知识体系中对应为非核心知识点，未作标注的均属知识体系中的核心知识点。

如表9-1，三个版本教材在排版上略有差异，“生殖与发育”相关知识在北师大版教材中安排在八年级上册第六单元，而其他两个版本教材中，这部分知识均位于七年级下册第四单元。“免疫系统”这部分知识在北师大版教材中安排在七年级下册，其他两个版本均安排在八年级下册。对于常见心血管疾病的认识和了解，人教版教材把它放在“血液与血液循环系统”知识单元集中体现，另外两个版本则把此知识放在人体健康和疾病章节。三个版本教材在对各个知识单元的侧重点安排上也有不同，“呼吸系统”这块知识内容的详略程度在各版本教材中差别显著，苏教版教材中多达31页，是三个版本中最多的，而在人教版中仅9页，在北师大版中则为最少。其他几个知识单元的内容在三个版本初中教材中涉及情况相差不大。另外，专业学科知识体系里对应的知识单元在初中教材中，“内分泌系统”、“神经系统”和“感觉系统”这3个知识单元的内容合并安排成一章，即“人体生命活动的调节”，其他几个知识单元，基本上是各个单元独立构成一个章节。

二、 初中生物教材中人体解剖生理学内容占比

对于初中生物教材中人体解剖生理学内容占比，主要针对相关知识所占版面及章节进行统计计算，见表9-2。

表9-2　人教版、苏教版及北师大版初中生物教材中人体解剖生理学内容比例（%）

项目	人教版		苏教版		北师大版	
	版面占比	章节占比	版面占比	章节占比	版面占比	章节占比
七年级(上)	2.17	4.35	2.34	4.35	4.62	10.00

续表

项目	人教版		苏教版		北师大版	
	版面占比	章节占比	版面占比	章节占比	版面占比	章节占比
七年级(下)	65.22	70.00	90.32	72.2	62.31	57.90
八年级(上)	1.74	4.76	2.44	5.56	5.93	5.56
八年级(下)	4.35	6.25	9.17	10.00	9.77	5.88
总　和	17.60	21.25	26.06	21.52	20.94	20.27

如表 9-2 所示，在人教版、苏教版及北师大版初中生物教材中，人体解剖生理学学科知识主要集中在七年级下册，且约占整本教材的 60%以上，在其他三册教材中则很少涉及该学科知识，这是三个版本初中生物教材所具有的共性。另外，该学科在苏教版教材中版面占比为 26.06%，章节占比达 21.52%，不论是版面还是章节，在三个版本教材中，占比都最高。而人教版教材中该学科知识版面占比为 17.60%，章节占比为 21.25%，是人体解剖生理学在三个版本教材中所占内容最少的版本。

三、人体解剖生理学在 2014—2016 年中考中的考点分布及分值

近年来，全国多地中考中没有把生物纳入必考科目，只将生物作为会考科目计入成绩作为高中录取参考分数项之一。在充分考虑初中生物此特殊性的情况下，结合各地教材版本使用情况，本节参考《五年中考三年模拟初中生物 2017（b 版）》[24] 和《天利 38 套 2017 全国中考试题精选》[25]，选取 2014—2016 年山东青岛、四川成都和广东省三地的中考生物试题，分析初中生物人体解剖生理学相关知识的考点，如表 9-3、表 9-4、表 9-5 所示。

表 9-3　山东青岛 2014—2016 中考生物中人体解剖生理学考点分布及分值

年份	考查内容	题型	分值/分	对应知识体系和单元
2016 年	测定反应速度(神经调节) 非条件反射 神经冲动的传导、神经系统	选择题 选择题 非选择题	1 1 2	神经系统
	人体内环境及其组成 人体稳态调节	选择题 非选择题	1 1	人体内环境及稳态
	人耳的结构和功能 眼的结构及视觉形成	选择题 选择题	1 1	感觉系统
	激素分泌与疾病(非核心)	选择题,非选择题	1,1	内分泌系统
	馒头在口腔中的消化(食物在口腔中的消化)	选择题	2	消化系统
	呼吸系统的组成和功能 呼吸运动、人体气体交换	选择题 非选择题	1 2	呼吸系统
	血液、血液循环 血液循环	选择题 非选择题	2 3	血液及循环系统
	人体内抗原和抗体关系、免疫调节	非选择题	2	免疫系统
	人体屈肘动作和运动系统	非选择题	4	肌肉骨骼系统与运动
	总分,25 分;占比,31.25%			

续表

<table>
<tr><th>年份</th><th>考查内容</th><th>题型</th><th>分值/分</th><th>对应知识体系和单元</th></tr>
<tr><td rowspan="13">2015 年</td><td>食物的消化、人体消化系统</td><td>选择题</td><td>3</td><td>消化系统</td></tr>
<tr><td>人体泌尿系统</td><td>选择题</td><td>2</td><td>泌尿系统和渗透调节</td></tr>
<tr><td>人体呼吸道结构和功能、呼吸运动</td><td>选择题,非选择题</td><td>2,3</td><td>呼吸系统</td></tr>
<tr><td>眼的结构与视觉</td><td>选择题</td><td>2</td><td>感觉系统</td></tr>
<tr><td>激素调节特点</td><td>选择题</td><td>1</td><td>内分泌系统</td></tr>
<tr><td>神经系统</td><td>选择题</td><td>1</td><td>神经系统</td></tr>
<tr><td>反射与神经调节</td><td>非选择题</td><td>2</td><td></td></tr>
<tr><td>神经调节与激素调节(人体生命活动的调节)</td><td>非选择题</td><td>1</td><td>神经系统与内分泌系统</td></tr>
<tr><td>血管与心脏、血液循环</td><td>选择题,非选择题</td><td>2,1</td><td rowspan="2">血液及血液循环系统</td></tr>
<tr><td>安全输血</td><td>非选择题</td><td>1</td></tr>
<tr><td>人体免疫(计划免疫)</td><td>非选择题</td><td>2</td><td>免疫系统</td></tr>
<tr><td>运动系统</td><td>非选择题</td><td>2</td><td>肌肉骨骼系统与运动</td></tr>
<tr><td colspan="4">总分,25 分;占比,31.25%</td></tr>
<tr><td rowspan="12">2014 年</td><td>呼吸系统的结构与呼吸运动</td><td>选择题,非选择题</td><td>1,2</td><td>呼吸系统</td></tr>
<tr><td>反射活动</td><td>选择题</td><td>1</td><td rowspan="2">神经系统</td></tr>
<tr><td>神经系统与神经调节</td><td>非选择题</td><td>3</td></tr>
<tr><td>血型与输血</td><td>非选择题</td><td>2</td><td rowspan="2">血液及血液循环系统</td></tr>
<tr><td>心脏、血管与血液循环</td><td>选择题,非选择题</td><td>1,2</td></tr>
<tr><td>食物的消化与吸收</td><td>选择题</td><td>3</td><td>消化系统</td></tr>
<tr><td>耳的结构与听觉</td><td>选择题</td><td>2</td><td>感觉系统</td></tr>
<tr><td>骨骼肌与运动</td><td>非选择题</td><td>3</td><td>肌肉骨骼系统与运动</td></tr>
<tr><td>激素分泌与功能</td><td>选择题</td><td>1</td><td>内分泌系统</td></tr>
<tr><td>免疫及免疫调节</td><td>非选择题</td><td>2</td><td>免疫系统</td></tr>
<tr><td>泌尿系统的结构和功能</td><td>选择题</td><td>2</td><td>泌尿系统和渗透调节</td></tr>
<tr><td colspan="4">总分,25 分;占比,31.25%</td></tr>
</table>

表 9-4　四川成都 2014—2016 中考生物中人体解剖生理学考点分布及分值

<table>
<tr><th>年份</th><th>考查内容</th><th>题型</th><th>分值/分</th><th>对应知识体系和单元</th></tr>
<tr><td rowspan="3">2016 年</td><td>人体骨骼与人体运动系统</td><td>选择题,填空题</td><td>4,1</td><td>肌肉骨骼系统与运动</td></tr>
<tr><td>青春期发育特点</td><td>选择题</td><td>2</td><td>生殖与发育</td></tr>
<tr><td colspan="4">总分,7 分;占比,7.00%</td></tr>
<tr><td rowspan="4">2015 年</td><td>关节、骨骼与人体运动系统</td><td>选择题</td><td>4</td><td>肌肉骨骼系统与运动</td></tr>
<tr><td>生殖与发育</td><td>选择题</td><td>4</td><td rowspan="2">生殖与发育</td></tr>
<tr><td>青春期发育特点</td><td>选择题</td><td>2</td></tr>
<tr><td colspan="4">总分,10 分;占比,10.00%</td></tr>
<tr><td rowspan="3">2014 年</td><td>骨骼、骨骼肌与运动</td><td>选择题</td><td>4</td><td>肌肉骨骼系统与运动</td></tr>
<tr><td>青春期的生理变化</td><td>选择题,填空题</td><td>2,2</td><td>生殖与发育</td></tr>
<tr><td colspan="4">总分,8 分;占比,8.00%</td></tr>
</table>

表 9-5　广东省 2014—2016 中考生物中人体解剖生理学考点分布及分值

年份	考查内容	题型	分值/分	对应知识体系和单元
2016 年	青春期的生理变化 人体生殖发育	选择题	2 2	生殖与发育
	消化系统及主要器官的功能		2	消化系统
	呼吸运动及呼吸系统		2	呼吸系统
	血压与血液循环		2	血液及血液循环系统
	肾透析(血液透析)、肾功能与排泄系统		2	泌尿系统和渗透调节
	条件反射 人体生命活动的调节(甲状腺激素、神经)		2 4	神经系统 神经系统与内分泌系统
	关节、运动系统和人体组织		2	肌肉骨骼系统与运动
	总分,20 分;占比,20.00%			
2015 年	人体消化和吸收	选择题	2	消化系统
	人体呼吸运动		2	呼吸系统
	血管、心脏和血液循环 血液		2 2	血液及血液循环系统
	肾脏与排泄系统		2	泌尿系统和渗透调节
	耳的结构与听觉		2	感觉系统
	内分泌系统及器官		2	内分泌系统
	测定反应速度(神经调节)		2	神经系统
	人体运动系统		2	肌肉骨骼系统与运动
	人体生殖与发育		2	生殖与发育
	人体免疫		2	免疫系统
	总分,22 分;占比,22.00%			
2014 年	呼吸运动	选择题	2	呼吸系统
	肾脏与尿的排出		2	泌尿系统和渗透调节
	血液、心脏和血液循环		2	血液及血液循环系统
	反射活动与神经调节		2	神经系统
	骨骼肌与运动(屈肘、伸肘运动)		2	肌肉骨骼系统与运动
	眼的结构与视觉		2	感觉系统
	食物消化和吸收		2	消化系统
	青春期生理变化 人体生殖发育		2 2	生殖与发育
	甲状腺激素、肾上腺素的功能		2	内分泌系统
	总分,20 分;占比,20.00%			

山东青岛中考题满分 80 分，据表 9-3 统计，2014—2016 年山东省青岛市中考生物每年对人体解剖生理学的考查分值都是 25 分，占生物部分总分的 31.25%。就一门学科在整个生物课程考试中所占的比例来看，其考查比重大，涉及范围广，几乎每年都把“神经系统”、“内分泌系统”和“血液及循环系统”等 10 个知识单元的内容全体现在试题中，但对“泌尿

系统和渗透调节”的考查较少，对“呼吸系统”、“神经系统”、“血液及循环系统”、“免疫系统”和“肌肉骨骼系统与运动”几个知识单元的考查均曾出现非选择题，且考查次数多、分值高，说明这几个知识单元的内容在初中生物中较为重要。

2014—2016年四川省成都市中考生物试题满分100分，一共四种题型：选择题、填空题、识图题和分析探究题。由表9-4统计可见，对于人体解剖生理学知识的考查只涉及了选择题和填空题两种题型，且每年都把考查点设置在“生殖与发育”和“肌肉骨骼系统与运动”这2个知识单元，基本上是一题独立考查一个知识点，综合这3年考题，四川成都中考对人体解剖生理学相关内容的考查较少。

2014—2016年广东省中考把生物列为省统考，满分为100分，全以选择题形式考查。由表9-5统计可见，该省对人体解剖生理学相关内容的考查比重基本都占整个生物试题的20%左右，上下浮动不超过2%。对人体解剖生理学学科知识的考点涉及“消化系统”“血液及血液循环系统”“泌尿系统和渗透调节”等10个知识单元，但并非每年都对这几个知识单元全面考查，相对而言，涉及“神经系统”、“生殖与发育”以及“血液及血液循环系统”这3个知识单元的考题较多。

根据对2014—2016年山东青岛、四川成都和广东省三地的中考生物试题中人体解剖生理学考点统计，该学科在初中生物的考查涉及以下10个知识单元：“内分泌系统”、“反射与神经系统”、“免疫系统”、“血液及血液循环系统”、“泌尿系统与渗透调节”、“骨骼与运动系统”、“生殖与发育”、“感觉系统”、“消化系统”和“呼吸系统”。对各知识单元内容的考查比例和分值都相对均等，绝大部分考查题型为选择题，非选择题基本上是对几个知识点的综合考查，虽综合性强，但仅仅只是“多而广”，知识点本身难度不大。初中生物对人体解剖生理学的考查范围广，与生活健康联系较密，对学生要求不高，基本为记忆、理解层面。

第二节　高中生物教学中人体解剖生理学内容解析

我国各版本高中生物教材均分为选修和必修两部分，共六册，即必修一[26-28]、必修二、必修三[29-31] 和选修一、选修二[32-34]、选修三[35-37]。选用人教版、苏教版和北师大版高中生物教材，对人体解剖生理学相关内容的知识单元、章节排布和知识点进行详细统计，与高等师范院校生物科学核心知识体系作比较，计算该学科在各版本教材中的内容占比，统计该学科在高考中考查的知识点，解析该学科在高中生物中的特点。

一、高中生物教材人体解剖生理学知识单元和知识点

对三个版本初中生物教材中人体解剖生理学相关内容的知识单元、章节分布和知识点进行详细统计，并与生物科学专业人体解剖生理学学科知识体系作相应的对比分析，见表9-6。

表 9-6 人教版、苏教版及北师大版高中生物教材中人体解剖生理学知识单元及知识点

<table>
<tr><th>必修/选修</th><th>章节名称</th><th colspan="2">人教版</th><th>章节名称</th><th colspan="2">苏教版</th><th>章节名称</th><th colspan="2">北师大版</th><th>对应知识体系</th></tr>
<tr><td rowspan="3">必修一</td><td rowspan="3">走进细胞</td><td rowspan="2">知识点</td><td>人的生殖和发育过程</td><td rowspan="3"></td><td rowspan="3"></td><td rowspan="3"></td><td rowspan="3">发现细胞</td><td rowspan="2">知识点</td><td rowspan="2">神经信息的传递</td><td rowspan="3"></td></tr>
<tr><td>缩手反射结构基础</td></tr>
<tr><td>位置</td><td>第一章 第一节(3,共1页)</td><td>位置</td><td>第五章 第三节(选学)(91～93,共3页)</td></tr>
<tr><td rowspan="14">必修三</td><td rowspan="6">人体内环境与稳态</td><td rowspan="5">知识点</td><td>人体内环境及其组成</td><td rowspan="6">人体的稳态</td><td rowspan="5">知识点</td><td rowspan="5">稳态的生理意义</td><td rowspan="6">人体代谢与稳态</td><td rowspan="5">知识点</td><td rowspan="5">人体内环境与稳态调节</td><td rowspan="6">内环境及稳态</td></tr>
<tr><td>内环境的动态变化</td></tr>
<tr><td>稳态的调节机制</td></tr>
<tr><td>内环境稳态的意义</td></tr>
<tr><td>人体内器官、系统的协调统一</td></tr>
<tr><td>位置</td><td>第一章(1～14,共14页)</td><td>位置</td><td>第二章 第一节(12、13,共2页)</td><td>位置</td><td>第二章 第一节(10～12,共3页)</td></tr>
<tr><td rowspan="8">人体生命活动的调节</td><td rowspan="5">知识点</td><td>神经调节的结构基础(反射弧基本结构)</td><td rowspan="8">人体的稳态与人体生命活动的调节</td><td rowspan="5">知识点</td><td>人体神经调节的结构基础和调节过程</td><td rowspan="8">人体生命活动的调节</td><td rowspan="5">知识点</td><td>人体神经网与神经系统的组成、特征</td><td rowspan="8">神经系统</td></tr>
<tr><td>神经系统的分级调节</td><td rowspan="4">人脑的高级功能</td><td>反射与神经调节</td></tr>
<tr><td>神经调节的基本过程(兴奋在神经纤维上传导、在神经元传递)</td><td>神经调节的基本过程(兴奋在神经纤维上传导、在神经元上传递)</td></tr>
<tr><td rowspan="2">人脑的结构和高级功能</td><td>神经调节与稳态(生理性、行为性)</td></tr>
<tr><td>人脑的高级功能</td></tr>
<tr><td>位置</td><td>第二章 第一、三节(16～22、31～34,共11页)</td><td>位置</td><td>第二章 第一节(14～20,共7页)</td><td>位置</td><td>第二章 第一节(13～20,共8页)</td></tr>
<tr><td rowspan="2">知识点</td><td>人体主要的内分泌腺及其分泌的激素</td><td rowspan="2">知识点</td><td>人体其它激素调节(非核心知识点)</td><td rowspan="2">知识点</td><td rowspan="2">体温(非核心)、水盐、血糖平衡调节</td></tr>
<tr><td>体温(非核心)、水盐、血糖平衡调节的生理过程</td><td>体温(非核心)、水盐、血糖平衡调节的生理过程</td></tr>
</table>

续表

必修/选修	章节名称	人教版		章节名称	苏教版		章节名称	北师大版		对应知识体系
必修三	人体生命活动的调节	知识点	甲状腺激素分泌的分级调节	人体的稳态与人体生命活动的调节	知识点		人体生命活动的调节	知识点		内分泌系统
			激素调节的特点							
			神经调节与体液调节比较与协调							
		位置	第二章 第二节（23～30,共8页）		位置	第二章 第一节（21～27,共7页）		位置	第二章 第二节（21～30,共10页）	
		知识点	免疫系统的组成及其防卫功能、监控和清除功能		知识点	免疫对人体稳态的维持		知识点	免疫应答及其过程(体液免疫)	免疫系统
			人体免疫第三道防线			免疫失调引起的疾病			免疫失调引起的疾病	
			过敏反应			HIV 与免疫系统				
			艾滋病与人体免疫							
		位置	第二章 第四节（35～41,共7页）		位置	第二章 第二节（28～36,共9页）		位置	第二章 第三节（31～43,共13页）	
选修二		知识点	人体器官移植		知识点	生育与避孕(非核心)	生殖与健康	知识点	两性与生殖	生殖发育与生殖系统
			人工授精与试管婴儿			人工授精与试管婴儿			人体器官移植	
			生育与避孕(非核心)			人体器官移植				
		位置	第一章 第三、四节(17～29,共13页)		位置	第三章 第一、三节(76～95,共20页)		位置	第四章 第一、二节(80～91,共12页)	
选修三	胚胎工程	知识	受精作用	胚胎工程	知识	胚胎发育	胚胎工程	知识	胚胎发育	
			胚胎发育			受精作用			受精作用	
		位置	专题三 第一节（64～67,共4页）		位置	第三章 第一节（41～46,共6页）		位置	第二章 第一节（28～30,共3页）	

注：表中标有“（非核心）”字样的知识点，在对应生物科学专业学科知识体系中为非核心知识点，未作标注的均属知识体系中的核心知识点。

如表 9-6 显示，人体解剖生理学内容在高中生物教材中，涉及“生殖与发育”、“内环境及稳态”、“内分泌系统”、“免疫系统”和“神经系统”这5个知识单元的内容。三个版本教材对该学科知识的排版都略有不同，苏教版教材在必修一中没有涉及人体解剖生理学相关知识，人教版教材中也仅出现两幅用于举例的图，而在北师大版教材中，则安排了一节为选学性质的章节。“生殖系统”这部分知识在整个高中教材中涉及都不算多，且三个版本教材都将部分内容安排在选修部分，在必修部分，只有人教版教材中有一幅“人的生殖和发育过程图”与此知识相关。其他4个知识单元的内容在高中教材中，合为“人体生命活动的调节”一章，均被安排在必修三第二章，且各部分知识所涉及内容较为均衡。

二、高中生物教材中人体解剖生理学内容占比

对高中生物教材中人体解剖生理学的内容占比，主要通过对相关知识所占版面及章节进行统计计算来体现，具体统计见表9-7。

表9-7　人教版、苏教版及北师大版高中生物教材中生态学内容比例（%）

项目	人教版		苏教版		北师大版	
	版面占比	章节占比	版面占比	章节占比	版面占比	章节占比
必修一	0.77	4.76			2.31	3.85
必修二						
必修三	32.06	30.00	22.73	15.38	26.98	40.00
选修一						
选修二	11.71	11.76	15.63	11.76	11.54	11.76
选修三	3.13	7.14	5.17	6.67	2.75	6.67
总　和	8.39	9.35	7.63	6.02	7.70	8.00

根据表9-6和表9-7中对三个版本高中生物教材人体解剖生理学相关知识的统计和分析可知，在人教版、苏教版及北师大版的高中生物教材中，人体解剖生理学学科知识在必修部分主要集中在必修三的第一、二章，在选修部分只在选修二、三中较少涉及。对比三个版本教材，该学科内容在人教版教材中内容占比最大，版面所占比例为8.39%，章节占比达9.35%，均大于其他两个版本；在北师大版教材中，版面占比达7.70%，章节占比为8.00%，位居第二；在苏教版教材中版面占比仅7.63%，章节占比仅6.02%，在三个版本教材中所占比重最少。

三、人体解剖生理学在2012—2016年高考中的考点分布及分值

参考《五年高考三年模拟高中生物2017（b版）》[24]和《天利38套2017全国高考试题精选》[25]，选取2012—2016年高考新课标全国卷以及其他两个较具有代表性的自主命题地区（海南、江苏）高考生物试题，对涉及人体解剖生理学内容的考题进行统计，根据数据资料，分析该学科在高中生物中的考查重点，见表9-8、表9-9、表9-10。

表 9-8　海南 2012—2016 年高考生物中人体解剖生理学考点分布及分值

年份	考查内容	题型	分值/分	对应知识体系和单元
2016 年	水盐平衡调节 促胰液素的发现和作用、体液调节（非核心）	选择题 选择题	2 2	内分泌系统
	免疫调节和免疫系统的功能	选择题 非选择题（必考）	2 2	免疫系统
	静息电位与动作电位	选择题	2	兴奋
	总分，10 分；占比，10.00％			
2015 年	水盐、激素、体温（非核心）调节 胰岛素与相关调节	选择题 非选择题（选考）	6 15	内分泌系统
	人体内环境、稳态维持	选择题 非选择题（必考）	2 4	内环境及稳态
	刺激、兴奋与膜电位的改变	非选择题（必考）	3	兴奋
	总分，30 分；占比，30.00％			
2014 年	反射与神经调节、神经调节与体液调节、激素与激素调节（肾上腺素、胰岛素）	选择题 非选择题（必考）	6 7	神经系统与内分泌系统
	总分，13 分；占比，13.00％			
2013 年	人体内环境及其组成、稳态调节	选择题	2	内环境及稳态
	突触与神经递质	选择题	2	神经系统
	人体非特异性免疫、过敏反应	选择题	2	免疫系统
	激素（体液）的分级调节（甲状腺）、反馈调节	非选择题（必考）	8	内分泌系统
	总分，14 分；占比，14.00％			
2012 年	下丘脑功能 甲状腺激素的分级调节 激素与神经递质、激素调节与神经调节、人体神经细胞与神经调节 激素调节 兴奋与神经调节	选择题 选择题 选择题 非选择题（必考） 非选择题（必考）	2 2 4 2 3	内分泌系统与神经系统
	人体内环境	选择题	2	内环境及稳态
	刺激、兴奋 免疫调节	非选择题（必考） 非选择题（必考）	2 2	兴奋 免疫系统
	总分，19 分；占比，19.00％			

海南省高考生物试卷满分 100 分，由表 9-8 统计可见，2012—2016 年间海南省高考生物对人体解剖生理学知识的考查范围主要是“神经系统”、“内分泌系统”、“免疫系统”和“兴奋”这 4 个知识单元。其中“内分泌系统”和“神经系统”这两个知识单元的内容为考查重点。该学科内容所考的非选择题大多为必考题，分值较高且综合性较强，尤其是 2015 年非选择题整题考查的都是“胰岛素与相关调节”，属“内分泌系统”知识单元，虽为选考，但分值高达 15 分，致使该年生物对该学科内容的考查分值占比达 30％之高。

表 9-9　江苏 2012—2016 年高考生物中人体解剖生理学考点分布及分值

年份	考查内容	题型	分值/分	对应知识体系和单元
2016 年	HIV 与免疫调节	选择题	2	免疫系统
	激素调节与体液调节（血糖、水盐）	选择题	4	内分泌系统
	神经调节	非选择题（必考）	8	神经系统
	总分，14 分；占比，11.67%			
2015 年	内环境与稳态	选择题	2	内环境与稳态
	神经调节	选择题	2	神经系统
	水盐、体温（非核心）、血糖调节	非选择题（必考）	9	内分泌系统
	总分，13 分；占比，10.83%			
2014 年	HIV 与人体免疫、人体免疫调节	选择题（单选、多选）	2、3	免疫系统
	人体内环境稳态与调节（血糖、水盐）	选择题	2	内分泌系统
	兴奋与神经调节	选择题	2	神经系统
	总分，9 分；占比，7.50%			
2013 年	人体生命活动调节（体液、激素） 胰岛与人体血糖调节	选择题 非选择题（必考）	2 9	内分泌系统
	神经调节	选择题	2	神经系统
	免疫调节	选择题	2	免疫系统
	总分，15 分；占比，12.50%			
2012 年	内环境失衡与调节（淋巴、血液）	选择题	2	内环境与稳态
	过敏反应 免疫调节	选择题 选择题（多选）	2 3	免疫系统
	胰岛与血糖调节	非选择题（必考）	5	内分泌系统
	反射与反射结构、神经调节与体液（激素）调节	非选择题（必考）	3	神经系统、神经系统与内分泌系统
	总分，15 分；占比，12.50%			

江苏省高考生物试题满分 120 分，据表 9-9 统计，2012—2016 年江苏省高考生物中，对人体解剖生理学的考查比例不大，且考查内容只集中在“免疫系统”、“神经系统”和“内分泌系统”这 3 个部分，共有单项选择题、多项选择题和非选择题 3 种题型，都是必考题。非选择题基本上是对一个知识单元内容的系统考查，其中“神经系统”和“内分泌系统”这两个知识单元的内容在非选择题中考查次数多且分值较高。

表 9-10　新课标全国卷Ⅰ 2012—2016 年高考生物中人体解剖生理学考点分布及分值

年份	考查内容	题型	分值/分	对应知识体系和单元
2016 年	免疫在人体内维持稳态的作用	非选择题（必考）	5	免疫系统
	总分，5 分；占比，5.56%			
2015 年	体液的组成与转化	选择题	6	内环境与稳态
	生命活动的调节	非选择题（必考） 非选择题（选考）	11 5	内分泌系统
	免疫调节	非选择题（选考）	3	免疫系统
	总分，25 分；占比，27.78%			

续表

年份	考查内容	题型	分值/分	对应知识体系和单元
2014年	内环境的组成成分及其转化关系	选择题	6	内环境与稳态
	免疫调节及相关实验分析	非选择题(必考)	9	免疫系统
	总分,15分;占比,16.67%			
2013年	免疫调节	选择题	6	免疫系统
	血糖调节以及胰岛素的功能	非选择题(必考)	10	内分泌系统
	总分,16分;占比,17.78%			
2012年	内环境稳态与水盐平衡调节	选择题	6	内分泌系统
	反射及神经调节	非选择题(必考)	10	神经系统
	总分,16分;占比,17.78%			

全国卷将生物列为理综卷的一部分，生物部分满为90分，只有单选题和非选择题两种题型，两种题型分值都较高。从表9-10可看出，在2012—2016年高考全国卷Ⅰ卷中，“内环境与稳态”考查不多，除选择题外，对“内分泌系统”和“免疫系统”的考查有一个选考题，其他知识均为必考题。不难看出，高考对该学科的考查侧重点是“免疫系统”、“内分泌系统”和“神经系统”这3个知识单元。

表9-11　新课标全国卷Ⅱ2012—2016年高考生物中人体解剖生理学考点分布及分值

年份	考查内容	题型	分值	对应知识体系和单元
2016年	人体激素调节	选择题	6	内分泌系统
	神经递质的合成与释放	非选择题(必考)	9	神经系统
	总分,15分;占比,16.67%			
2015年	免疫调节	选择题	6	免疫系统
	甲状腺激素在体温调节中的作用(非核心)、甲状腺激素的分级调节及激素作用方式的特点	非选择题(必考)	9	内分泌系统
	总分,15分;占比,16.67%			
2014年	内环境稳态、内环境的组成成分	选择题	6	内环境及稳态
	生命活动的调节	非选择题(必考)	10	内分泌系统
	总分,16分;占比,17.78%			
2013年	血糖平衡调节	非选择题(必考)	7	内分泌系统
	总分,7分;占比,7.78%			
2012年	反射、反射弧与反射活动、神经调节	选择题	6	神经系统
	人体免疫	非选择题(必考)	4	免疫系统
	总分,10分;占比,11.11%			

如表9-11所显示，2012—2016年，全国卷Ⅱ中，“内分泌系统”这一知识单元是生物部分的主要考查内容，这5年来考了4次；对“免疫系统”和“神经系统”的知识也有考查但

相对较少，人体解剖生理学知识都只在必考试题中考查。

根据对2012—2016年新课标全国卷、海南卷和江苏卷生物高考题中人体解剖生理学内容的统计，该学科在高中生物中的考查要点主要有4个知识单元：“内分泌系统”、“内环境及稳态”、“免疫系统”和“神经系统”。考查范围窄，但考查的知识点具有较高深度，对学生的要求为理解和运用层面，相较初中而言难度较大。其中对“内分泌系统”这一单元知识考查最多、分值也最大，是人体解剖生理学在高中生物中最重要的一部分考查内容。值得注意的是，对“血糖调节”、“水盐平衡调节”和“体温调节”这三个机制的考查通常同时涉及“神经系统”和“内分泌系统”两个知识单元，注重知识间的联系性。

第三节　师范院校生物科学专业人体解剖生理学知识体系

在《辞海》中，体系被解释为若干有关事物相互联系而构成的整体，其基本特征在于它的关联性、全面性与整体性。根据体系的概念，知识体系可定义为：属于某一知识范畴的有关事物相互联系而构成的一个整体。而学科知识体系就是把零散的、分散的知识概念或观点加以整合，使之形成具有一定联系的知识系统，是某学科内部各层次所有知识元素及其相互联系的关系构成的整体[38]。生物科学专业类知识体系中理论知识体系由知识领域、知识单元和知识点三个层次构成。一个知识领域可分为若干知识单元，一个知识单元又由若干知识点组成。其中，知识单元分为核心知识单元与非核心知识单元。核心知识单元是该专业教学中必要的知识单元，是生物科学专业知识体系和组建课程的最基本要求；非核心知识单元是核心知识单元的补充及扩展[39]，生物科学专业知识体系共有9个知识领域，138个知识单元，其中核心知识点共105个。

生物科学专业的专业类知识包括专业基础知识和专业知识，其中人体解剖生理学隶属专业知识范畴，旨在培养学生观察和分析生物学现象并探寻其内在规律的思维能力。人体解剖生理学包含人体组织解剖学和生理学两大方向，在师范院校生物科学专业的知识单元分类体系中，将人体相关知识归于“动物体的结构与功能”范畴，因此可以说人体解剖生理学在知识体系中共涉及2个知识领域，即：“生殖与发育”和“动物体的结构与功能”。人体解剖生理学相关知识在生物科学专业知识体系中，包含16个核心知识单元，占知识单元总数的11.59%，其中，包括53个核心知识点和14个非核心知识点，这53个核心知识点占知识点总数的50.48%。同时也不难看出，“动物体的结构与功能”这个知识领域，涉及的知识内容较多，其中“神经系统”、“循环系统”、“激素与内分泌系统”和“免疫和免疫系统”这几个知识单元占有的比重较大，其他知识单元占比则相对均衡。因此，在该门学科的生物科学专业教学中，“人体的结构与功能”和“生殖与发育”这两个领域的知识是教学重点，其中“神经系统”、“循环系统”、“激素与内分泌系统”和“免疫和免疫系统”相关知识则在这两块内容中尤为重要。

第四节　结论和建议

一、结论

在生物科学师范专业开设的人体解剖生理学学科课程中，以人体结构和生理机能为主要描述线索，重点介绍了人体解剖生理学基础理论和基本原理，系统阐述了人体基本组织及运动、神经、感官、血液和血液循环、呼吸、消化、营养及代谢、泌尿、内分泌和生殖系统的基本知识和基本理论，但并非所有知识在中学生物中都是教学与考查的重难点。初中生物中，解剖学相关知识涉及多于生理学知识，且相关知识相对集中，偏向于知识的识记；高中生物中，有关解剖学和生理学的相关内容相对初中生物来说则较少，侧重点则更偏向于生理学方面的相关知识，相关知识相对分散，反而与其他科目的知识联系较为紧密，更偏向于知识的综合运用。从教材分析和中考高考来看，无论是知识安排还是考试，均具有从浅入深的递进性，在考查时，还对学生的综合能力有一定要求。

（一）人体解剖生理学内容在初中生物中属重点知识

在《初中生物课程标准》中，精选了“生物体的结构层次”“生物圈中的人”“生物与生殖、发育与繁殖”“健康生活”等10个主题，构建了以“人与生物圈”为主线的课程新体系，教学内容主要为“植物学”、“动物学”和“人体生理卫生”三大板块[40]。这成为了“人体解剖生理学在中学生物中占有重要地位”的依据之一。

通过统计和研究分析也可以得出以下结论。

第一，在初中生物中，人体解剖生理学这一学科，解剖学方面的相关知识涉及多于生理学方面知识，且与日常生活和健康联系较为紧密，更注重生活化。由于初中生物涉及知识相对较浅，加之在中考中很多地区将生物作为会考科目计入成绩作为高中录取参考分数项之一，大部分地区考查该学科多以选择题为主。

第二，该学科内容在初中生物中，“生殖与发育”和“血液与血液循环系统”知识单元所占比例最大，“内环境与稳态”和“免疫系统”这两个知识单元的内容相对偏少，而其他几个知识单元的内容在初中生物教材中的分配相对均衡。

第三，对于该学科在初中生物中涉及的相关知识，大多考查的是初中生对“人体系统的基本认识”以及“人体生命活动的基本调节”，这两块内容与人体密切联系，但相对来说较为抽象，其中“人体内环境及各大系统”“人体生命活动的调节”两个大方向更应特别重视。

综上所述，人体解剖生理学内容在初中生物中属重点知识，涉及范围广。

（二）高中生物中人体解剖生理学内容涉及少但知识程度深

高中生物是一门内容丰富又复杂的学科，主要是对初中生物知识的进一步强化。经研究分析发现以下几点。

第一，人体解剖生理学在高中生物教材中只有两个章节的内容，所占比重比在初中生物教材中的低，且侧重点更偏向于生理学方面相关知识。

第二，在整个高中生物中，人体解剖生理学知识安排得较少，只有“人体内环境及稳态”、“内分泌系统”、“神经系统”、“免疫系统”和“生殖系统”5个单元。其中“生殖与发育”方面的知识涉及较少，在苏教版和北师大版中都主要出现在选修部分，必修部分几乎没有涉及，而在人教版中更少，甚至连唯一出现的“受精作用”也主要是与遗传和细胞生物学有关。

第三，在考查中“内分泌系统”、“内环境及稳态”、“免疫系统”和“神经系统”这4个知识单元为重点，通常会出现在非选择题中，具有较高分值，且考题中通常会联系实际，将多个知识结合起来进行综合考查，综合性强，对学生掌握情况的要求较高。

总体来说，高中生物中人体解剖生理学内容涉及少但知识程度深，相比初中生物而言，高中生物对这门学科相关知识的学习要求较高，属于理解和灵活运用层面，更注重知识本身的学术性。

二、建议

通过对不同版本中学生物教材的分析以及中考高考考点统计，可发现“内分泌系统”、“神经系统”、“免疫系统”、“生殖与发育”和“血液与血液循环系统”这几个知识单元是人体解剖生理学在中学生物中的重要内容。参考研究所得的结论，针对生物科学师范生培养、师范生学习人体解剖生理学以及中学生物教师如何对人体解剖生理学知识进行高效教学提出建议。

（一）对生物科学师范生培养以及师范生学习人体解剖生理学的建议

首先，并非所有专业学科知识体系中的知识单元和知识点都会出现在中学生物教材中，也并不是所有教材中涉及的知识都会成为学习和考试的重点；有些在生物科学专业中为非核心知识点的内容，在中学教材和考试中却有较多体现。针对这一实际情况，师范生的培养和学习应注意不仅要关注教材涉及的内容，更要关注中考高考考查重点，有计划地对这些重点进行强化教学和学习。主要有以下几点。

第一，生物科学知识体系中的“泌尿系统和渗透调节”单元中“尿的排放”，“神经系统”中“神经系统对免疫功能的调节”以及“内分泌系统”这个单元中“体温调节”和“组织激素和功能器官参与的内分泌”这三块内容属于非核心知识点，但“尿的排出”和“神经系统对免疫功能的调节”在初中生物教材中均占有一定篇幅，而“体温调节”则属于高考的考查重点之一。因此，即便这几块知识在生物科学专业中为非核心知识，但为适应中学生物的教材安排和考查要求，在人体解剖生理学教学中也应把它们纳入为重点学习内容。同样，“内分泌系统”、“神经系统”和“血液与血液循环系统”这几个核心知识单元，可结合学期的整体规划，进行学时的适当增加。

第二，“免疫系统”这部分知识，在中学生物中与疾病和健康问题联系较为紧密，在高等师范院校教学时也应多注意增强课本知识与日常生活的联系度。

第三，“生殖与发育”这个知识单元的内容，在高中教材中所占比例不大且基本上是被安排在选修部分，但这部分内容与我们的日常生活和人类的繁育发展密切相关，且具有较强的实用性，因此，不能因为它在高中被安排在教材选修部分就忽视其重要性。

除了以上需要加强教学和学习的几点外，也有少部分知识，在师范生培养或师范生自主学习中可作适当调整，降低要求，具体如下。

“松果体”、“胸腺”和“性腺”这几个非核心知识点，在中学生物中也几乎没有任何涉及，生物师范课程中在对这部分内容进行教学时就可以适当降低要求，师范生在对这部分知识进行学习的时候，也可以把目标定在了解和简单记忆层面。与此类似的可降低要求的还有“消化系统”单元里的“代谢率的测定”、“生殖系统”单元里的“分娩与妊娠”、“血液及血液循环系统”单元里的“器官循环”、“神经系统”单元中“研究大脑皮层功能的方法”以及“兴奋”单元里“离子通道的结构及调控机制”这5个非核心知识点，对于这类知识的教学和学习可作适当调整。

另外，虽然中学生物在内容上，对于实验和动手操作并没有太多要求，但生物教师只有在完全熟练掌握人体结构和人体生命活动调节的基础上，才能进行专业教学，而要将这部分知识达到熟练掌握水平，动手实践是关键。这就要求我们在平时的实验课程中，注重人体解剖生理学相关知识的实验操作能力训练。

总之，无论是从教学大纲还是具体的教材和参考文献中看，人体解剖生理学所涉及的相关知识，是中学生物不可或缺的重要组成部分，师范院校对师范生的培育以及师范生自己对于这门专业课的学习都应该重视与中学生物的联系。

（二）对中学生物教师如何对人体解剖生理学知识进行高效教学的建议

除师范生外，中学生物教师也应该充分了解人体解剖生理学内容在中学生物教材中的涉及、安排情况以及考查重点。

首先，针对文中提到的“教材中所学知识并不一定全部体现在考题中”这一现象，中学生物教师在教学中应注意不能单方面只以教材为资料组织学习，历年考试真题也不可忽视。在按教材扎实完成教学计划的前提下，应对历年考试真题进行分析，针对重点考查的知识，给学生进行巩固强化。

其次，“内分泌系统”“神经系统”以及这两个系统对人体生命活动调节的机制这部分知识，灵活且综合性强，同时一些相关名词以及各调节机制的特点又是中学生较容易混淆的地方，例如：“体温调节既受神经系统控制又受肾上腺素和甲状腺激素影响”“胰岛素由胰岛B细胞分泌而不是胰岛A细胞”等。对于这类知识，教师在教学时要充分考虑中学生抽象思维能力较弱、学习初期知识易混淆等特点，要注重与知识的有机结合，进行系统化高效教学。

此外，中学生物教师应对照人体解剖生理学学科专业知识，针对性地对专业知识进行强化学习和继续学习，夯实教师自身专业基础，提高专业素养。在对人体解剖生理学相关知识点教授时，要更注重与实际生活的联系，有条件的情况下，尽可能多地使用图片、模型等教学用具，使人体各大系统和器官的结构形态、人体生命活动调节机制这些知识能够更加直观具体地呈现给学生。

参考文献

[1] 左明雪．人体解剖生理学［M］．第 2 版．北京：高等教育出版社，2009.
[2] 闫光凡．生物类专业解剖生理学教学改革研究［J］．广东化工，2011，38（12）：152.
[3] 傅丽容．高师《人体解剖生理学》教学改革研究与实践［J］．高校实验室工作研究，2005，22（01）：11-13.
[4] 徐银．充分挖掘教材提高高中生物课堂教学的有效性［J］．都市家教：上半月，2011（5）：134-135.
[5] 李四海，孟飞龙，王明，等．新旧《义务教育生物课程标准》的比较浅析［J］．学理论，2012（35）：296-297.
[6] 郑玲，刘萍．新课程下高师生物类师范生教学素质的培养［J］．科技信息，2010（15）：104.
[7] 中国教育委员会．九年义务教育全日制初级中学生物教学大纲（试用）［M］. 2012.
[8] 宋金枝，孙颖，汲生荣．高师生物学教育要加强同基础教育的衔接［J］．通化师范学院院报，2003，24（02）：86-89.
[9] 周兴文，张卓，郭晓华．大学生物课程与中学教材知识结构的比较分析［J］．沈阳大学学报（自然科学版），2012，24（03）：18-21.
[10] 周庆萍，何发良，黄倩，等．师范院校《人体解剖生理学》实验教学改革探索［J］．六盘水师范高等专科学校学报，2011，23（03）：50-53.
[11] 剡晓婷，杨淑萍，马伟琴，等．人教版、苏教版高中生物教材比较分析［J］．教学与管理（中学版），2016（7）：52-55.
[12] 朱正威，赵占良．生物学义务教育教科书七年级上册［M］．北京：人民教育出版社，2013.5.
[13] 汪忠．生物学义务教育教科书七年级上册［M］．南京：江苏教育出版社，2012.6.
[14] 刘恩山．生物学义务教育教科书七年级上册［M］．北京：北京师范大学出版社，2013.7.
[15] 朱正威，赵占良．生物学义务教育教科书七年级下册［M］．北京：人民教育出版社，2014.11.
[16] 汪忠．生物学义务教育教科书七年级下册［M］．南京：江苏教育出版社，2012.12.
[17] 刘恩山．生物学义务教育教科书七年级下册［M］．北京：北京师范大学出版社，2012.12.
[18] 朱正威，赵占良．生物学义务教育教科书八年级上册［M］．北京：人民教育出版社，2016.6.
[19] 汪忠．生物学义务教育教科书八年级上册［M］．南京：江苏教育出版社，2013.6.
[20] 刘恩山．生物学义务教育教科书八年级上册［M］．北京：北京师范大学出版社，2013.7.
[21] 朱正威，赵占良．生物学义务教育教科书八年级下册［M］．北京：人民教育出版社，2013.5.
[22] 汪忠．生物学义务教育教科书八年级下册［M］．南京：江苏教育出版社，2014.12.
[23] 刘恩山．生物学义务教育教科书八年级下册［M］．北京：北京师范大学出版社，2015.12.
[24] 曲一线．五年中考三年模拟初中生物 2017（b 版）［M］．北京：教育科学出版社，2016.7.
[25] 北京天利考试信息网．天利 38 套 2017 全国中考试题精选［M］．拉萨：西藏人民出版社，2016.7.
[26] 朱正威，赵占良．普通高中课程标准实验教科书生物必修一・分子与细胞［M］．北京：人民教育出版社，2014.5.
[27] 汪忠．普通高中课程标准实验教科书生物必修一・分子与细胞［M］．南京：江苏教育出版社，2014.6.
[28] 刘植义，付尊英．普通高中课程标准实验教科书生物必修一・分子与细胞［M］．北京：北京师范大学出版社，2014.6.
[29] 朱正威，赵占良．普通高中课程标准实验教科书生物必修三・稳态与环境［M］．北京：人民教育出版社，2014.6.
[30] 汪忠．普通高中课程标准实验教科书生物必修三・稳态与环境［M］．南京：江苏教育出版社，2011.7.

[31] 刘植义，付尊英．普通高中课程标准实验教科书生物必修三·稳态与环境［M］．北京：北京师范大学出版社，2014.6.
[32] 朱正威，赵占良．普通高中课程标准实验教科书生物选修二·生物科学与社会［M］．北京：人民教育出版社，2014.5.
[33] 汪忠．普通高中课程标准实验教科书生物选修二·生物科学与社会［M］．南京：江苏教育出版社，2014.6.
[34] 刘植义，付尊英．普通高中课程标准实验教科书生物选修二·生物科学与社会［M］．北京：北京师范大学出版社，2014.10.
[35] 朱正威，赵占良．普通高中课程标准实验教科书生物选修三·现代生物技术与专题［M］．北京：人民教育出版社，2014.9.
[36] 汪忠．普通高中课程标准实验教科书生物选修三·现代生物技术与专题［M］．南京：江苏教育出版社，2014.6.
[37] 刘植义，付尊英．普通高中课程标准实验教科书生物选修三·现代生物技术与专题［M］．北京：北京师范大学出版社，2014.7.
[38] 王玉云．初中英语教材知识体系构建研究［D］．重庆：西南大学，2008.
[39] 教育部高等学校生物科学与工程教学指导委员会．生物科学专业规范［J］．高校生物学教学研究（电子版），2011，01（02）：3-9.
[40] 刘恩山，汪忠．生物课程标准解读［M］．北京：北京师范大学出版社，2002.

第十章
进化生物学内容在生物教材中的内容解析

最早有关生物进化的理论只是比较分析解剖学和古生物学、胚胎学的研究成果，以理论探讨为主，发展的前期由于证据不足，经常受到质疑。后来随着生命科学的发展，进化论的研究逐渐得到验证，使其由一门理论逐渐成长为一门现代科学——进化生物学（evolutionary biology）[1]。进化生物学是研究生物进化的科学，不仅研究进化的过程，更重要的是研究进化的原因、机制、速率和方向。进化生物学的发展可分为生物进化论的兴起、生物进化论的确立、生物进化论的发展、进化生物学的诞生四个阶段。

18 世纪至 19 世纪初期是生物进化论兴起的阶段，在这个时期，一位法国著名的博物学家布丰（Georges Louis Leclere de Buffon，1707—1788）首次提出生物进化的观点，另一位法国著名生物学家拉马克（J. B. Lamarck，1744—1829）系统地阐明了生物进化思想。19 世纪初期至 19 世纪末是生物进化论确立的阶段，在这个阶段一位英国著名的学者达尔文（Charles Robert Darwin，1809—1882）随“贝格尔号”皇家海军探险船，进行了为期五年的科学考察。达尔文每到一个地方，都会仔细地观察这个地方的地质和生物，分析各种环境因素对生物生活的影响，并详细记录下来，他的《物种起源》一书在 1859 年出版，为生物进化奠定了科学基础。20 世纪初期至 20 世纪中期是生物进化论发展的阶段，在这个阶段孟德尔（Gregor Johann Mendel，1822—1884）的论文《植物的杂交试验》（1866）中的遗传定律在 1900 年被重新发现，为补充和完善生物进化论奠定了基础。美国遗传学家杜布赞斯基（Th. Dobzhansky，1900—1975）在 1937 年发布了《遗传学和物种起源》，实现了达尔文的自然选择学说与孟德尔遗传学的结合。20 世纪中期至 21 世纪初期是进化生物学诞生的阶段，在这个时期，生命科学的快速发展催生了一大批新的研究成果和检验方法，验证了大量的生物进化的研究结论，关于生物进化的基础理论也得到了实际的应用，再与分子生物学、生态学和行为学等学科广泛结合，诞生进化生物学这样一门学科。

根据一项国外机构的统计，亚洲高等教育中进化生物学本科教学要落后于欧美地区[2]。在这样的背景之下，我国高等院校与生命科学相关专业新开设了进化生物学这门学科。20 世纪 70 年代末，美国纽约州立大学石溪分校生态进化系教授 J. F. Douglas 编写出版了第一本名为《进化生物学》（*Evolutionary Biology*）的大学教材。20 世纪 80 年代中期，他进一步吸收生物学各分支学科的研究成果，修订出版了该书的第二版。教材中除详尽地讨论了传统进化论的内容外，同时与生态学等各分支学科结合，探讨灭绝、物种相互关系的进化、行为性状的变异等各种生命现象和规律。在讨论这些问题的过程中，应用了数学模型，力求从定量的水平加以分析。进化生物学发展到今天已从宏观进化研究进入微观进化研究，从表型进化描述进入遗传系统的进化分析。特别是随着新的实验技术和分析方法的应用，进化生物学正在随着生命科学整体迈入基因组乃至后基因组时代，相关学科在更高水平上的结合将开拓出新的研究领域。进化生物学教学在高校学科教育中占有重要位置，它不仅渗透到生物学的各个分支学科，而且关系到社会经济的可持续发展，对当代大学生科学世界观的形成也有着十分重要的作用。通过学习进化生物学不仅可促进生物学各分支学科知识的融合，还能为其他学科的发展起到指导和借鉴的作用。进化论哲理性很强，有着丰富的唯物主义和辩证法思想，高校生物科学专业学生进行进化生物学的学习有利于树立牢固的辩证唯物主义自然观和科学世界观，对解放思想、破除迷信、防止邪教异说侵害具有重要作用[3]。对初高中学生进行生物进化的教育，对于学生理解生命的延续和发展，认识生物界及生物多样性，形成生物进化的观点，树立正确的自然观有重要意义。同时，对于学生理解有关原理在促进经济与社会发展、增进人类健康等方面的价值，也是十分重要的。

在达尔文提出进化理论后的一百多年里，随着生物进化研究的深入和进化理论的发展，进化论在生物学中的地位越来越重要，并对其他自然科学甚至社会科学产生了深远的影响。生物进化早就成为世界各国生物学教育中的重要内容之一[4]。生物新课程标准改革后，对实施基础教育的生物老师的能力有了更高的要求，要求具有更精深生物学专业知识和科学素养，有更丰富的生物学实验和实践经验，有一定的探究式教学和教学研究能力[5]。另外在生物教材质量上也有了更严苛的标准，因为生物教材质量的好坏，直接影响到我国社会人才的培养[6]。生物教材包括初中生物教材和高中生物教材。一般来说，初中生物在知识层面要求学生“知其然”为主，而高中生物对所学习的生物学知识有相当一部分不但要求学生要“知其然”，而且要“知其所以然”，还要学会一些简单的计算[7]，因此在教材的编写上要与教学目的相对应，且在教学中注意培养学生独立思考和创新精神[8]。只有将中学生物教学内容有计划地融入高等师范院校师范生教学过程中，加强高等师范教育同基础教育的衔接才是高等师范院校学生尽快适应中学生物学教学工作的科学途径[9,10]。

通过对进化生物学在不同版本的中学生物教材中的内容进行解析，研究该门学科知识在中学生物教材中的占比、分布、位置、呈现形式、排版特点等，分析三年生物中考和五年生物高考中进化生物学的考查重点，为高校师范生物科学专业学生如何学习进化生物学提出参考建议，为中学生物教学工作者把握进化生物学知识在中学生物中的重难点提供理论依据。

研究高等师范院校生物科学专业进化生物学学科知识体系，分析 7 个版本（人教版、济南版、冀少版、苏教版、北师大版、苏科版和鲁科版）的初中生物教材和 4 个版本（人教版、北师大版、苏教版和浙教版）的高中生物教材中的进化生物学内容；分析 2016—2018 年中考生物真题中和 2014—2018 年高考生物真题中考查的进化生物学内容及其占比和题型，从而了解中学生物对进化生物学内容的考查重点。

通过资料分析法分析不同版本中学生物教材中的进化生物学知识点及其知识点的位置、排版、呈现形式等，同样通过资料分析法分析出 2016—2018 年生物中考和 2014—2018 年生物高考中进化生物学内容的考查情况，最后用比较归纳法，归纳出进化生物学内容在中学生物中的特点及重难点。

关于初中生物教材中进化生物学相关知识所占版面及章节的统计计算公式如下（计算结果均保留两位小数）：版面占比=（进化生物学学相关内容版面数/总版面数）×100%，章节占比=（进化生物学相关内容章节数/总章节数）×100%。

第一节　初中生物教材中进化生物学内容解析

一、不同版本初中生物教材中进化生物学内容的比较分析

选取了7个不同版本的初中生物教材，即人教版、苏教版、苏科版、北师大版、济南版、冀少版和鲁科版，其中人教版在全国的使用范围最广，苏教版在我国教育发达地域使用率较高，苏科版主要在江苏省部分地区使用，北师大版在北京、沈阳等多地使用，在重庆、贵州的部分地区使用，济南版和鲁科版在山东的部分地区使用，济南版在四川某些地区也使用，冀少版主要在河北省地区使用。对这7个版本的初中生物教材中进化生物学的内容进行比较分析。除鲁科版共6册之外，其余6个版本均是4册即：七年级上册[11-16]、七年级下册[17-22]、八年级上册[23-28] 和八年级下册[29-34]。

表10-1所列为进化生物学在不同版本初中生物教材中的内容。

表10-1　进化生物学在不同版本初中生物教材中的内容

版本	位置	内容	核心知识点	非核心知识点
人教版	七年级下册 第四单元　生物圈中的人 （2～7页）	第一章　人的由来 第一节　人类的起源和发展 科学家的故事 我国科学家与北京猿人	人类的起源和发展 生命的起源 进化的证据 生物进化 适应性进化 达尔文进化理论的形成及发展	
	八年级下册 第七单元　生物圈中生命的延续和发展 （50～70页）	第三章　生命的起源与进化 第一节　地球上生命的起源 科学·科技·社会 探索地球外的生命 第二节　生物进化的历程 第三节　生物进化的原因 科学家的故事 达尔文和他的进化思想		
济南版	八年级下册 第五单元　生命的演化 （2～38页）	第一章　生命的起源和进化 第一节　生命的起源 第二节　生物进化的证据 第三节　生物进化的历程 第四节　生物进化的原因 第二章　人类的起源和进化 第一节　人类的起源 第二节　人类的进化	生命的起源 进化的证据 生物进化 达尔文进化理论形成及发展 人类的起源和进化	

续表

版本	位置	内容	核心知识点	非核心知识点
冀少版	八年级下册 第六单元　生物的繁衍和发展 （50～69页）	第三章　生命的起源与进化 第一节　生命的起源 第二节　生物的进化 一、生物进化的历程 二、生物进化的原因 第三节　人类的起源	生命的起源 进化的证据 生物进化 达尔文进化理论的形成及发展 人类的起源和发展	
苏教版	八年级上册 第五单元　生物的多样性 （53～73页）	第十六章　生命起源和生物进化 第一节　生命的诞生 第二节　生物进化的历程 第三节　生物进化的学说 第四节　人类的起源和进化	生命的起源 进化的证据 生物进化 达尔文进化理论的形成和发展 人类的起源和进化	
北师大版	八年级下册 第七单元　生命的演化 （1～27页）	第二十一章　生命的发生和发展 第一节　生命的起源 第二节　生物的进化 第三节　人类的起源和进化	生命的起源 进化的证据 生物进化 达尔文进化理论的形成及发展 人类的起源和进化	
苏科版	八年级下册 第七单元　生命的延续与进化 （23～42页）	第二十三章　生物的进化 第一节　生命的起源 第二节　生物进化的历程 第三节　生物进化的原因 第四节　人类的起源和进化	生命的起源 进化的证据 生物进化 适应性进化 达尔文进化理论的形成及发展 人类的起源和进化	
鲁科版	七年级上册 第四单元　生物圈中的人 （1～8页）	第一章　人的由来 第一节　人类的起源和发展	人类的起源和进化 生命的起源 进化的证据 生物进化 适应性进化 达尔文进化理论的形成及发展	
	八年级下册 第八单元　生物圈中生命的延续和发展 （46～65页）	第三章　生物的进化 第一节　地球上生命的起源 第二节　生物进化的历程 第三节　生物进化的原因		

人教版初中生物教材中进化生物学的知识内容分布在七年级下册第四单元第一章和八年级下册第七单元第三章这两个章节中，在第一章第一节人类的起源和发展这节内容中，介绍了类人猿和人类的共同祖先是森林古猿及从猿进化到人类的原因及过程。第三章第一节地球上生命的起源这节内容，通过3则资料——原始地球环境的想象与原始大气的形成、米勒模拟的原始地球环境和大气成分的试验装置、发现陨石中有氨基酸和星际空间中有数十种有机物，来讨论分析得出地球生命起源的化学演变这一知识内容；第二节生物的进化历程由学习研究生物进化的方法和生物进化的大致历程构成，在学习研究生物进化的方法这部分内容中，提到化石是研究生物进化过程中非常重要的证据，生物进化的大致历程只是简略地指出生物进化的总趋势；第三节，生物进化的原因，以桦尺蛾进化的实例和模拟保护色的实验分析得出自然选择造成了生物进化，这部分内容对达尔文的进化理论的形成及发展介绍比较

少，在科学家的故事这部分板块介绍了达尔文和他的进化思想。

济南版初中生物教材中进化生物学的知识内容分布在八年级下册第五单元第一章和第二章中，在第一章第一节生命的起源中，主要内容由苏联学者奥巴林（A. I. Oparin）提出的生命起源的化学进化学说，以及美国科学家米勒（S. L. Miller）首创的化学进化模拟实验两个生命起源的知识内容构成。第二节生物进化的证据这一节内容，提出了化石的概念，还有地质年代的相关链接。第三节生物进化的历程这一节内容中，提到了生物进化的总趋势即从简单到复杂、从水生到陆生、从低等到高等和生物界的系统发展这一进化生物学知识。第四节生物进化的原因中，涉及达尔文进化理论形成及发展过程。第二章主要涉及人类的起源和进化，在第一节人类的起源这一节内容中，包括人类起源于古猿的证据和古猿因环境变化等原因被迫从树上转移到地面，为改善地面生活，最终演变为人类这两部分内容；第二节人类的进化，通过三则资料的分析，得出人类的进化过程通常分为南方古猿、能人、直立人、智人四个阶段，这涉及的是进化生物学中人类起源发展的几个阶段之一的知识内容，以及现代人种的产生和分化这两部分内容。

冀少版初中生物教材中进化生物学的内容呈现在八年级下册第六单元第三章生物的起源与进化中，在第一节生命的起源这节内容中提到了“神创论”“自然发生说”“宇生论”这三种生命起源的假说及米勒的模拟实验。第二节，生物的进化分为两个板块，生物进化的历程和生物进化的原因，生物进化的历程主要是对通过化石研究推断出植物界的系统发展和动物界的系统发展，从而得出生物进化的总趋势；生物进化的原因这一内容，提到了进化论形成中拉马克的“用进废退学说”和达尔文的“自然选择学说”这两大学说。第三节人类的起源，通过资料分析比较黑猩猩和人在形态上、结构上的相似和差异，得出现代类人猿与人类的共同祖先是森林古猿。再通过一则资料分析，分析南方古猿、能人、直立人和智人的头骨结构和生活方式之间的关系，分析得出在人类发展过程中，引起头骨形状及脑容量发生变化的主要原因是什么，最后用一句话简要地介绍了现在地球上主要生活着黄种人、白种人和黑种人。

苏教版初中生物教材中进化生物学的内容呈现在八年级上册第五单元第十六章，在第一节生命的诞生这节内容中，在人类对生命起源的认识过程的相关内容中，提到了“自生论”这一认识和米勒化学演化学说的基本内容。第二节生物进化的历程主要由生物进化的证据和生物进化的主要历程两部分构成，在生物进化的证据这部分内容中，除了涉及化石的相关内容，还提到了马的进化历程。在第三节，生物进化的学说这节内容当中，主要内容是达尔文的生物进化学说，是呈现的进化生物学知识内容中达尔文进化理论的形成及发展过程。第四节人类的起源和进化这节内容当中，通过一则表格，人与 3 种猿的某些特征的比较，得出人类起源于古猿这一结论，接着直接写出人类进化的历程大约分为南方古猿阶段、能人阶段、直立人阶段和智人阶段，再分别阐述四个人类发展阶段的特征。

北师大版本的初中生物教材将进化生物学的内容呈现在八年级下册第七单元第二十一章生命的发生和发展这一章节，第一节生命的起源这一节内容中，先以“自生论”这一生命起源的认识导入，再以意大利医生雷迪（Francesco Redi，1626—1697）的实验和法国微生物学家巴斯德（L. Pasteur，1822—1895）的“鹅颈瓶实验”的故事引出了“生生论”这一生命起源的认识，这一节内容也呈现了米勒的实验，及生命的化学演变学说。第二节生物的进化，这部分的内容较多，首先，小提纲直接写出化石为生物进化提供直接的证据，通过一个小活动展示了不同地质年代的化石，能够直观地了解生物进化的大致历程和规律，说明化石是研究生物进化的重要的直接的证据，接着用一则小资料介绍化石的概念、类型、形成等，再以一则小资料介绍了马的进化这一知识内容，这一节第二部分的内容分别介绍了前寒武纪时期、古生代、中生代、新生代四个时期的生物特征、环境特征等内容，最后一部分内容用了较长的篇幅来介绍达尔文进化理论的形成及发展过程。第三节人类的起源和进化这节内容中，介绍了四种现代类人猿的种类、生活环境、地区、食性等，再比较类人猿与人类的相似特征，与小题目相呼应，接着阐述了人类祖先与古猿分界的原因及人类祖先演变为人类的过程，最后分别阐述了人类发展的四个阶段及人种的分化。

苏科版初中生物教材进化生物学的内容呈现在八年级下册第七单元第二十三章，第一节，生命的起源这节内容提到了原始地球的状况及米勒的模拟试验装置；第二节生物进化的历程，涉及化石证明了生物进化的证据及生物进化树的知识内容；第三节生物进化的原因，以桦尺蛾的例子分析生物进化的原因，这节内容对达尔文学说的内容及发展过程只是做了简单的介绍；第四节，人类的起源和进化，这节内容介绍了类人猿的种类，且直接说明了人类与类人猿有着共同的祖先及古猿因环境变化而被迫到地面活动，经漫长的年代，逐渐演变为人类这一知识内容，还以信息库的形式简要介绍了植物和动物进化的主要历程、达尔文和自然选择理论等内容。

鲁科版将进化生物学的知识内容分两部分呈现在七年级上册第四单元第一章和八年级下册第八单元第三章，第一章第一节人类的起源和发展这节内容包括现代类人猿和人类的祖先是森林古猿这一知识的呈现，重点介绍了从猿到人的进化过程。八年级下册第三章介绍了生物的进化，包含三部分的内容：地球上生命的起源、生物进化的历程、生物进化的原因。在第一节地球上生命的起源这节内容中，通过三则资料，即原始地球的环境产生了原始大气、米勒的模拟原始地球的条件和大气成分的实验设计、陨石中含有氨基酸及在星际空间发现了数十种有机物，讨论得出地球生命起源的化学演变这一知识内容。第二节，生物进化的历程包含生物进化的证据和生物进化的大致历程两部分内容，在生物进化的证据这部分内容当中只是简单地介绍了化石是研究生物进化过程中非常重要的证据；对生物进化的大致历程的介绍也是非常少的，只是概况性地写出生物进化的总趋势是由简单到复杂，由低等到高等，由水生到陆生。第三节生物进化的原因，以桦尺蛾这样一个生物进化的实例及模拟保护色这样一个实验探究出自然选择是造成生物进化的一个重要的原因，在这节内容中只是简单地提到了达尔文的学说，但在最后科学家的故事这个板块较详细地讲解了达尔文和他的进化思想。

通过以上对内容的分析，再结合表 10-1 可以看出，七个版本的初中生物教材中相同点是都涉及进化生物学的核心知识点“生命的起源”“进化的证据”“生物进化”“达尔文进化理论的形成及发展”“人类的起源和进化”，且都没有涉及非核心知识点。不同的有两点，第一是人教版、苏科版和鲁科版涉及了“适应性进化”这一核心知识点，其他四个版本没有涉及“适应性进化”这一核心知识点；第二是共同核心知识点呈现在教材中的方式不一样，比如“生命的起源”这一核心知识点，人教版是通过 3 则小资料的方式来讨论分析得出地球生命起源的化学演变这一知识内容，济南版通过生命起源的化学演变学说和米勒的模拟实验来探究生命的起源，冀少版在呈现“生命起源”这一核心知识时却提到了“神创论”“自然发生说”“宇生论”这三种生命起源的假说，苏教版以“自生论”的内容和米勒的化学演变学说来阐述生命的起源，北师大版以“自生论”这一生命起源的认识导入，再以意大利医生雷迪的实验和法国微生物学家巴斯德的“鹅颈瓶实验”的故事引出了“生生论”这一生命起源的认识，这一节内容也呈现了米勒的实验，及生命的化学演变学说，鲁科版是以资料分析的方式讨论出生命起源的化学演变过程。

二、不同版本初中生物教材中进化生物学内容的占比和分布位置解析

表 10-2 进化生物学在不同初中版本教材中的占比和分布位置

版本	版面占比/%	章节占比/%	位置
人教版	1.24	1.23	七年级下册
	4.14	3.70	八年级下册
济南版	7.50	7.32	八年级下册
冀少版	3.98	3.30	八年级下册
苏教版	4.24	5.06	八年级上册
北师大版	5.31	4.11	八年级下册
苏科版	3.78	6.25	八年级下册
鲁科版	1.12	1.15	七年级上册
	3.73	3.45	八年级下册

人教版初中生物教材中将进化生物学的核心知识点“人类的起源和发展”安排在七年级下册第四单元生物圈中的人的第一节；这部分的内容版面占比 1.24%，章节占比 1.23%。将“生命起源”“进化的证据”“生物进化”“适应性进化”“达尔文进化理论的形成和发展”这五个核心知识点安排在八年级下册第三章的内容中，这部分内容版面占比 4.14%，章节占比 3.70%。

济南版、冀少版、北师大、苏科版初中生物教材中进化生物学内容均分布在八年级下册。济南版是在八年级下册将进化生物学的知识呈现在第五单元生命的演化这一结构单元中，版面占比 7.50%，章节占比 7.32%。冀少版将进化生物学的内容呈现在八年级下册第六单元第三章生物的起源和进化，版面占总体的 3.98%，章节占总体的 3.30%。北师大版将进化生物学内容呈现在八年级下册第七单元第二十一章生命的发展和发展这一章节中，版面占比 5.31%，章节占比 4.11%。苏科版中进化生物学的内容呈现在八年级下册第七单元第二十三章生物的进化这一章节中，版面占比 3.78%，章节占比 6.25%。

苏教版初中生物教材中进化生物学的内容分布在八年级上册，这一版本中，进化生物学的内容呈现在八年级上册的第五单元第十六章生命的起源和进化这一节内容中，版面占比 4.24%，章节占比 5.06%。

鲁科版是五四学制用教材，进化生物学内容分布在七年级上册和八年级下册。将“人类的起源和发展”这一核心知识呈现在七年级上册第四单元生物圈中的人这一结构单元，版面占比 1.12%，章节占比 1.15%，将“生命起源”“进化的证据”“生物进化”“适应性进化”“达尔文进化理论的形成和发展”这五个核心知识点呈现在八年级下册第八单元生物圈中生命的延续和发展这一结构单元，版面占比 3.73%，章节占比 3.45%。

从表 10-2 可以看出，从版面占比进行比较，在七个版本中，济南版版面占比最高，为 7.50%；人教版次之，为 5.38%；北师大版为 5.31%；鲁科版为 4.85%；苏教版为

4.24%；冀少版为3.98%；最低是苏科版，3.78%。从章节占比来看，在七个版本中，济南版章节占比最高，为7.32%；苏科版次之，为6.25%；苏教版为5.06%；人教版为4.93%；北师大版为4.11%；鲁科版为4.60%；最低是冀少版，为3.30%。

三、进化生物学在不同地区中考考查内容分析

对于研究试卷，本节根据区域经济发展程度的不同，选择了7个代表区域的初中生物试卷。根据2016—2018年四川成都、湖南长沙、福建福州、山东济南、广东省、北京、江苏连云港等7个地方的中考生物试卷，归纳出初中生物教材中进化生物学在初中生物中考中的考查要点，如表10-3至表10-9所示。四川成都中考生物试卷的组成包括：选择题每题2分，共40分，填空题每空1分，共20分，识图题20分，分析与探究题20分。湖南长沙中考生物试卷共四道大题，考试时长60分钟，满分100分；单项选择题每题2分，共25小题，合计50分，识图作答题每题5分，共3小题，合计15分，实验题每题5分，共3小题，合计15分，分析说明题每题5分，共4小题，合计20分。福建福州中考生物试卷的组成包括：选择题每题2分，共50分，非选择题50分，包括连线题、判断题、填空题、分析与探究题。山东济南中考生物试卷选择题2分，共50分，非选择题50分，包括填空题、识图作答题、分析探究题。广东省中考生物试卷共50道单项选择题，每小题2分，满分100分。北京的2017年中考生物试卷组成包括：单项选择题，每题1分，共30分，多项选择题每题2分，共20分，非选择题50分，包括填空题、识图题、分析题、材料题、科普阅读题。2018年变为15道选择题，每题1分，共15分，非选择题30分，有填空题、识图题、科普阅读题，共45分。江苏连云港中考生物试卷的组成包括：选择题，每题1分，共15道，填空题15分，共30分。

表10-3　2016—2018年四川成都中考生物试卷中进化生物学考点占比分布

知识内容	2016年		2017年		2018年	
	分值/分	题型	分值/分	题型	分值/分	题型
生命的起源						
进化的证据	3	选择、填空	2	选择	2	选择
生物进化	1	填空	1	填空		
达尔文进化理论形成及发展			1	填空	2	填空
适应性进化						
人类的起源和发展			2	选择		
占比/%	4.00		6.00		4.00	

如表10-3所示，2016年四川成都中考生物试卷考查“进化的证据”和“生物进化”这两个进化生物学的核心知识点，其中“进化的证据”以选择题和填空的方式进行考查，选择题考查的是通过对始祖鸟化石的研究发现其与爬行类动物有相似之处，因此可以推断出鸟类起源于古代爬行类动物这一进化生物学知识内容，填空题考查的是化石是研究生物进化过程中非常重要的证据这一进化生物学知识内容。2017年四川成都初中生物中考试卷考查的进化生物学内容是近三年来最多的，包括“进化的证据”“生物进化”“达尔文进化理论形成及发展”“人类起源和进化”这四部分的知识内容，“进化的证据”这一知识内容也是以选择题

的形式对始祖鸟化石证实了鸟类起源于古代爬行类动物的这一知识内容进行考查。相较于2016年，2017年以选择题的形式考查了人类祖先与猿分界的重要标志是两足直立行走这一知识内容；除此之外还以填空题的形式考查了“生物进化”的总趋势和达尔文的学说的内容。2018年以选择题的形式考查了化石生物的特点和以填空题的形式考查了达尔文学说的内容。

表 10-4　2016—2018 年湖南长沙中考生物试卷中进化生物学考点题型分布

知识内容	2016 年		2017 年		2018 年	
	分值/分	题型	分值/分	题型	分值/分	题型
生命的起源						
进化的证据	2	选择				
生物进化			2	选择	2	选择
达尔文进化理论形成及发展						
适应性进化						
人类的起源和发展						
占比/%	2.00		2.00		2.00	

从表 10-4 可以看出，湖南长沙 2016—2018 年的中考生物试卷中对进化生物学的内容考查不多，仅 2 分的分值。2016 年，以选择题的形式考查了由郑氏始孔子鸟化石的特征可以推测出鸟类可能是由爬行类动物进化而来的这一知识内容；2017 年，以选择题的形式考查了“生物进化”的总趋势；2018 年，以选择题的形式考查了“生物进化”的总趋势，相较于 2017 年的内容，不同的是，它要通过对四个选项进行分析，选择出没有体现“生物进化”总趋势的一个选择。

表 10-5　2016—2018 年福建福州中考生物试卷中进化生物学考点题型分布

知识内容	2016 年		2017 年		2018 年	
	分值/分	题型	分值/分	题型	分值/分	题型
生命的起源						
进化的证据						
生物进化	2	选择				
达尔文进化理论形成及发展						
适应性进化						
人类的起源和发展						
占比/%	2.00		0.00		0.00	

从表 10-5 可以看出，福建福州 2016—2018 年仅 2016 年的中考生物试卷中考查了进化生物学中“生物进化”总趋势这一知识内容。2016 年以选择题的形式考查了进化生物学的内容，这一题考查的知识点是生物进化的总趋势是结构从简单到复杂，从低等到高等，从水生到陆生这一知识内容。

表 10-6 2016—2018 年山东济南中考生物试卷中进化生物学考点题型分布

知识内容	2016 年		2017 年		2018 年	
	分值/分	题型	分值/分	题型	分值/分	题型
生命的起源	2	选择	2	选择	2	选择
进化的证据						
生物进化					2	选择
达尔文进化理论形成及发展						
适应性进化						
人类的起源和发展			2	选择	2	选择
占比/%	2.00		4.00		6.00	

从表 10-6 可以看出，山东济南 2016—2018 年都是以选择题的形式对进化生物学的内容进行考查的，其中 2016 年选出没有体现“生命起源”和“生物进化”这两部分的进化生物学的内容的那个选项。2017 年，通过两个选择题考查了“生命起源”与类人猿和人类的祖先是森林古猿这两部分的内容。2018 年，通过选择题的形式考查了人猿分界的一个重要标志是学会直立行走，另外还考查到了米勒的模拟实验、“生物进化”这两部分的知识内容。

表 10-7 2016—2018 年广东省中考生物试卷中进化生物学考点题型分布

知识内容	2016 年		2017 年		2018 年	
	分值/分	题型	分值/分	题型	分值/分	题型
生命的起源					2	选择
进化的证据						
生物进化						
达尔文进化理论形成及发展	2	选择				
适应性进化						
人类的起源和发展						
占比/%	2.00		0.00		2.00	

从表 10-7 可以看出，广东省 2016—2018 年只有一年没有对进化生物学内容进行考查。2016 年，以选择题的形式考查了“达尔文进化理论的形成及发展”，具体考查内容是自然选择和人工选择的共同选择基础是遗传和变异普遍存在的这一知识内容；2017 年没有对进化生物学的内容进行考查；2018 年，以选择题的形式考查了“生命的起源”这一知识内容，具体考查的内容是生命起源与原始海洋这一进化生物学的内容。

表 10-8 2016—2018 年北京中考生物试卷中进化生物学考点题型分布

知识内容	2016 年		2017 年		2018 年	
	分值/分	题型	分值/分	题型	分值/分	题型
生命的起源						
进化的证据			2	选择		
生物进化					1	选择

续表

知识内容	2016年		2017年		2018年	
	分值/分	题型	分值/分	题型	分值/分	题型
达尔文进化理论形成及发展			3	填空		
适应性进化						
人类的起源和发展						
占比/%	0.00		5.00		2.22	

从表10-8可以看出，北京2016年没有对进化生物学的内容进行考查，2017年，以2分的选择题的形式考查了“进化的证据”这一核心知识点，考查的是同一地层的化石生存年代相近这一知识内容。以3分的填空题考查了达尔文学说内容这一知识点，考查形式是以杀虫剂杀灭昆虫而昆虫产生抗药性为背景考查选择和适应性这两个知识内容。2018年以1分选择题的形式考查了“生物进化”的内容，考查内容是以节肢动物鳃的进化为题干，选择没有体现生物进化观点的一个答案。

表10-9　2016—2018年江苏连云港中考生物试卷中进化生物学考点题型分布

知识内容	2016年		2017年		2018年	
	分值/分	题型	分值/分	题型	分值/分	题型
生命的起源					1	选择
进化的证据						
生物进化						
达尔文进化理论形成及发展						
适应性进化						
人类的起源和发展						
占比/%	0.00		0.00		3.33	

从表10-9可以看出，江苏连云港2018年以选择题的形式对“生命的起源”这一核心知识点进行了考查，考查的具体内容是米勒的模拟实验的相关内容。2016年、2017年没有对进化生物学的内容进行考查。

由表10-3～表10-9可得，四川成都、湖南长沙、福建福州、山东济南、广东省、北京、江苏连云港这7个地方对进化生物学在中考中的考查比重不同。其中四川成都三年对进化生物学内容的考核分值占比之和达到14%，2017年中考生物试卷中对进化生物学内容的考查相比2016年和2018年是最高的，达6%。湖南长沙对进化生物学内容的考核，三年分值占比之和达6%。2016年到2018年湖南长沙中考生物试卷中对进化生物学的考查内容分值占比是一样的，都是2%，只是考查内容的不同。2016—2018年福建福州对进化生物学内容的考核分值占比之和只有2%，且2017年和2018年这两年的中考试卷中并没有对进化生物学内容的考查，只有2016年的中考试卷中对进化生物学的内容进行了考查，且分值占比非常小，只有2%。山东济南2016—2018年对进化生物学内容的考查呈现上升趋势，总的占比为12%，其中2016年考查占比最少，为2%，2018年考查占比最大，为6%。广东省

2016—2018 年对进化生物学考查的分值占比共计 4.00%，其中 2017 年没有对进化生物学的内容进行考查，2016 年和 2018 年考查分值占比均为 2.00%。北京 2016—2018 年只有 2016 年没有对进化生物学内容进行考查，2017 年考查分值占比是近三年最高的，为 5%，2018 年为 2.22%。江苏连云港只 2018 年对进化生物学的内容进行了考查，分值占比为 3.33%。

四川成都使用的初中生物教材是北师大版本，从表 10-3 可以看出，北师大版本的中考生物对“进化的证据”这一核心知识点的考查占比大于其他核心知识内容，2016—2018 年总共占了 7.00%的分值比重，另外对“生物进化”“达尔文进化理论形成及发展”“人类的起源和发展”也有一定的考查比重，分别为 2.00%、3.00%、2.00%的分值占比。

山东济南使用的初中生物教材是济南版，从表 10-6 可以看出，济南版的中考生物侧重对“生命的起源”这一核心知识的考查，2016—2018 年都考查了这一核心知识点，其次是对“人类的起源和发展”的考查，2016—2018 年有两年的时间对这一核心内容进行了考查，对生物进化历程的考查是最少的，只有 1 年考查了该核心知识内容。

江苏连云港使用的初中生物教材是苏教版，从表 10-9 可以看出，苏教版的中考生物对进化生物学的考查比重是非常小的，从 2016 到 2018 年，只有 2018 年对进化生物学的“生命的起源”这一核心知识内容进行了考查，且分值比重非常小，仅 1 分的分值，占总分值的 3.33%。

其余的湖南长沙、福建福州、广东、北京 4 个地区初中生物教材使用的都是人教版。这 4 个地区中长沙对进化生物学的考查比重分布比较均匀，每年都以相同的分值占比对进化生物学内容进行了考查，考查的核心知识点集中在“生物进化”这一知识内容。福建福州是使用人教版初中生物教材的四个地区里对进化生物学的内容考查分值占比最少的，且只在 2016 年对“生物的进化”这一核心知识点进行了考查。广东省 2016—2018 年有两年的时间对“生命的起源”“达尔文进化理论形成和发展”这两个核心知识点进行了考查，分值占比共计 4.00%。北京在 2017 年对进化生物学的内容的考查比值是最高的，对“进化的证据”“达尔文进化理论形成和发展”这两个知识内容进行了考查，2018 年，对生物进化的历程进行了考查。综合来看，人教版的生物中考侧重考查“生命的起源”“进化的证据”“生物进化”“达尔文进化理论形成和发展”这四个核心知识点。

这 7 个地区中，2016—2018 年对进化生物学考查分值比重最大的是四川成都，为 14.00%，山东济南次之，为 12.00%，北京为 7.22%，长沙为 6.00%，广东省为 4.00%，江苏连云港为 3.33%，福建福州最低，为 2.00%。四川成都对“进化的证据”这一核心知识点的考查占比大于“生物进化”“达尔文进化理论形成及发展”“人类的起源和发展”这三个核心知识内容；山东济南侧重对“生命的起源”“人类的起源和发展”这两个核心知识的考查；江苏连云港只有 2018 年对进化生物学的“生命的起源”这一核心知识内容进行了考查；福建福州仅 2016 年的中考生物试卷中考查了进化生物学中“生物进化”总趋势这一知识内容；湖南长沙考查了“进化的证据”“生物进化”这两个核心知识点；北京考查了“进化的证据”和“生物进化”这两个核心知识点；广东考查了“达尔文进化理论的形成和发展”“生命起源”这两个核心知识点。

第二节　高中生物教材中进化生物学内容解析

一、不同版本高中生物教材中内容的比较分析

对人教版、北师大版、苏教版和浙教版这四个版本的高中生物教材中的进化生物学内容进行比较分析（表10-10）。4个版本的高中生物教材中进化生物学的内容都分布在必修二[35-38]。

表10-10　进化生物学在不同版本高中生物教材中的内容

知识层次	人教版	北师大版	苏教版	浙教版
知识单元	第七章　现代生物进化理论 第一节　现代进化理论的由来 第二节　现代生物进化理论的主要内容 一、种群基因频率的改变与生物进化 二、隔离与物种的形成 与生物学有关的职业　化石标本的制作人员 三、共同进化与生物多样性的形成	第七章　生物的进化 第一节　生物进化的证据 第二节　种群是进化的基本单位 第三节　物种进化与生物多样性的形成 第四节　进化论对人类思想观念的影响及其面临的挑战	第一章　生物的进化 第一节　生物进化理论 早期的生物进化理论 现代的生物进化理论 生物进化理论发展的意义 第二节　生物进化和生物多样性 生物进化的历程与证据 共同进化与生物多样性的形成	第二章　生物的进化 第一节　生物的多样性、统一性和进化 第二节　进化性变化是怎样发生的 第三节　探索生物进化的历史
核心知识点	达尔文进化理论形成及发展过程 基因库和基因频率 物种形成和灭绝 变异和遗传漂变	进化的证据 基因库和基因频率 物种形成和灭绝 变异和遗传漂变	达尔文进化理论的形成和发展 基因库和基因频率 物种形成和灭绝 进化的证据	达尔文进化理论的形成及发展 基因库和基因频率 适应性进化 物种形成和灭绝 进化的证据
非核心知识点		分子进化的证据	分子进化的证据	

人教版高中生物进化生物学的内容都分布在必修二第七章现代生物进化理论这一章节中，共有两个小节的内容。第一节现代生物进化理论的由来，涉及了拉马克的进化学说和“达尔文进化理论的形成和发展”这一核心知识点。第二节现代生物进化理论的主要内容，包含三部分的知识内容，一是种群基因频率的改变与生物进化，这部分又包含了种群的概念、基因库的概念、基因频率的概念、突变和基因重组产生进化的原材料、自然选择决定生物进化的方向，这部分涉及的核心知识点是“基因库和基因频率”；二是隔离与物种的形成，这部分又包含了物种的概念、隔离在物种形成中的作用、隔离的概念，这部分涉及的核心知识点是“物种形成和灭绝”；三是共同进化与生物多样性的形成，这部分内容又包含共同进

化的概念、生物多样性的形成、生物进化论的发展，这部分涉及的核心知识点是“变异与遗传漂变”。

北师大版高中生物进化生物学部分内容分布在必修二第七章生物的进化这一章节中，共四个小节的内容。第一节生物进化的证据包含免疫学证据、分子生物学证据（比较DNA、比较蛋白质）两部分内容，这部分涉及的核心知识点是“进化的证据”，非核心知识点是“分子进化的证据”；第二节种群是进化的基本单位，这节内容首先介绍了现代综合进化论的概念、代表作及主要内容，还介绍了种群的基因，包括种群的概念、基因库的概念、基因频率的概念和哈迪-温伯格平衡的相关知识、遗传漂变、突变迁移、选择造成等位基因频率的改变、种内进化的相关知识，这部分涉及的核心知识点是“基因库和基因频率”“变异和遗传漂变”；第三节物种进化与生物多样性的形成，这节内容首先包含了物种的概念、物种进化的方式（分歧进化、趋同进化）、物种进化的速率三部分内容，这部分涉及的核心知识点是“物种形成和灭绝”；第四节进化论对人类思想观念的影响及其面临的挑战，包括进化论改变了人们的思想、进化论是现代生物学的基石、进化论面临的挑战、生物进化在继续，进化理论在发展这五部分内容。

苏教版高中生物进化生物学部分的内容分布在必修二第一章生物的进化这一章节内容当中，共两个小节。第一节，生物进化理论，首先包含了早期的生物进化理论（拉马克的进化学说、达尔文的进化学说）。其次在现代生物进化理论这部分内容当中，又包含两部分的内容：第一部分，现代综合进化论认为种群是生物进化的基本单位（种群的概念、种群基因库的概念、基因频率的概念、基因型频率的概念）、突变和基因重组产生进化的原材料、自然选择决定生物进化的方向、隔离是物种形成的必要条件（物种的概念、隔离的概念），这部分涉及的核心知识点是“达尔文进化理论的形成和发展”“基因库和基因频率”“物种形成和灭绝”；第二部分，分子进化的中性学说。最后简略地描述了生物进化理论发展的意义。第二节生物进化和生物多样性，这部分内容包含了生物进化的历程和证据、共同进化与生物多样性的形成（生物多样性的概念、共同进化的概念）和生物的分类的内容，这部分涉及的核心知识点是“进化的证据”，非核心知识点是“分子进化的证据”。

浙教版高中生物教材中进化生物学的知识内容分布在必修二第二章，共三个小节的内容。第一节，生物的多样性、统一性和进化，这节内容中，用大量的实例证明生物体既相似，又相异，即生物的统一性和生物的多样性，然后对生物统一性和多样性在进化层面做了解释，在课外读这一板块介绍了达尔文的生平及科学活动，这一节涉及的核心知识点是“达尔文进化理论形成及发展”。第二节，进化性变化是怎样发生的，第一部分，选择是变化的动力，介绍了达尔文的自然选择学说；第二部分，种群的变异性，介绍了种群的基因型；第三部分，种群基因频率的平衡和变化，介绍了基因库的概念、基因频率的概念、基因型频率的概念，在活动这个板块通过数学计算讨论种群中基因型频率和基因频率的变化，这部分涉及的核心知识点是“基因库和基因频率”，接着简略地提到了哈迪-温伯格定律及打破平衡使种群基因频率发生变动的因素；第四部分，自然选择导致适应，这部分内容介绍了“适应性进化”的内容；第五部分，异地的和同地的物种，这部分介绍了“物种形成和灭绝”的知识内容。第三节，探索生物进化的历史，包含八个部分，即化石展示生物进化的历程、寒武纪爆发、灭绝、适应辐射、物种形成的速率、趋同进化与平行进化、种间相互作用与协同进化、生物进化本身是客观存在的事实内容，这部分涉及的核心知识是“进化的证据”。

通过以上对内容的分析，再结合表10-10来看，4个版本的高中生物教材中都涉及进化生物学的核心知识点“基因库和基因频率”“物种的形成和灭绝”，人教版、苏教版、浙教版3个版本都涉及“达尔文进化理论的形成和发展”这一核心知识点，人教版和北师大版都涉及“变异和遗传漂变”这一核心知识点，苏教版和浙教版都涉及“进化的证据”这一核心知识点，只有浙教版涉及“适应性进化”这一核心知识点。另外北师大版和苏教版都涉及了非核心知识点“分子进化的证据”，人教版和浙教版都没有涉及非核心知识点。

二、进化生物学在不同版本高中生物教材中的占比和分布位置解析

人教版高中生物进化生物学的内容都分布在必修二第109～129页，版面占比2.94%，章节占比3.33%；北师大版高中生物进化生物学部分内容分布在必修二第102～124页，版面占比5.82%，章节占比7.55%；苏教版高中生物进化生物学部分的内容分布在第105～133页，版面占比3.67%，章节占比5.40%；浙教版高中生物教材中进化生物学的知识内容分布在必修二第89～115页，版面占比6.92%，章节占比5.26%，如表10-11所示。

表10-11　进化生物学在不同版本高中教材中的占比和分布位置

版本	人教版	北师大版	苏教版	浙教版
位置	必修二109～129页	必修二102～124页	必修二105～133页	必修二89～115页
版面占比/%	2.94	5.82	3.67	6.92
章节占比/%	3.33	7.55	5.40	5.26

从表10-11可以看出，在不同版本高中生物教材中，进化生物学相关知识版面占比各有不同，从版面占比来看，浙教版占比最高，为6.92%；北师大版次之，为5.82%；苏教版第三，为3.67%；人教版最低，为2.94%。从章节占比来看，北师大版本章节占比最高，为7.55%；苏教版次之，为5.40%；浙教版第三，为5.26%；人教版最低，为3.33%。

三、进化生物学在不同地区高考考查内容分析

普通高等学校招生考试全国卷Ⅰ中生物部分合计90分，题型有：选择题共6小题，每小题6分，合计36分；非选择题共54分，其中必做题39分，选做题15分。

表10-12　进化生物学在2014—2018年高考生物全国卷Ⅰ中的题型及分值比例

知识内容	2014年 分值 题型	2015年 分值 题型	2016年 分值 题型	2017年 分值 题型	2018年 分值 题型
进化的证据					
达尔文进化理论形成及发展过程					
适应性进化					
物种形成和灭绝					5分 填空
基因库和基因频率		9分 填空			
变异和遗传漂变					
占比/%	0.00	10.00	0.00	0.00	5.56

从表10-12可以看出，2014—2018年高考生物全国卷Ⅰ对进化生物学部分内容的考查都不高，2014年、2016年、2017年的高考生物试卷中没有对进化生物学知识内容的考查。2015年以填空的方式考查了“基因库和基因频率”这一知识内容，共9分，占总分数的10.00%。考查的具体内容为假设某果蝇种群中雌雄个体数目相等，且对于A、a这两对等位基因来说只有Aa这一种基因型，在不考虑基因突变和染色体变异的情况下，求基因频率和在理论情况下求数量比和基因频率。2018年以填空的方式考查了“物种形成与灭绝”的知识内容，共5分，占总分的5.56%。考查具体内容是以在大自然中，猎物可通过快速奔跑来逃脱被捕食，而捕食者则通过更快速的奔跑来获得捕食猎物的机会，猎物和捕食者的每一点进步都会促进对方发生改变这样的实例来考查共同进化这一进化生物学的内容。

普通高等学校招生考试全国卷Ⅱ适用地区：甘肃、青海、西藏、黑龙江、吉林、辽宁、宁夏、内蒙古、新疆、重庆、陕西。生物部分分值合计90分，题型有：选择题共6小题，每小题6分，合计36分；非选择题共54分，其中必做题39分，选做题15分。

从表10-13可以看出，2014—2018年高考生物全国卷Ⅱ对进化生物学部分内容的考查相较于全国卷Ⅰ更低。2014年、2015年、2016年均没有对进化生物学知识内容的考查，2017年以填空题的方式考查了“基因库与基因频率”的知识内容，分值2分，占总分的2.22%。具体考查内容是以人类的血友病为背景下，已经知道一个群体中，血友病的基因频率和基因型频率不变，且男性群体和女性群体的该致病基因频率相等，假设男性群体中血友病患者的比例为1%，求男性群体中血友病致病基因频率和女性群体中携带者的比例。2018年以填空题的形式考查了“基因库与基因频率”的知识内容，分值3分，占总分的3.33%。

表10-13　进化生物学在2014—2018年高考生物全国卷Ⅱ中的题型及分值比例

知识内容	2014年 分值 题型	2015年 分值 题型	2016年 分值 题型	2017年 分值 题型	2018年 分值 题型
进化的证据					
达尔文进化理论形成及发展过程					
适应性进化					
物种形成和灭绝					
基因库和基因频率				2 填空	3 填空
变异和遗传漂变					
占比/%	0.00	0.00	0.00	2.22	3.33

通过以上分析，再结合表10-12和表10-13来看，全国卷Ⅰ和全国卷Ⅱ对进化生物学的内容的考查都不是很高。全国卷Ⅰ这五年只有两年对进化生物学内容进行了考查，考查的核心知识点是“物种形成和灭绝”和“基因库和基因频率”；全国卷Ⅱ也只有两年对进化生物学的知识进行了考查，考查的都是“基因库和基因频率”这一核心知识点。所以，在高中生物教学过程中应将教学重难点放在“基因库和基因频率”“物种形成和灭绝”这两个核心知识点上。

第三节 师范院校生物科学专业类进化生物学知识体系

进化生物学吸收了近年来古生物学、分子古生物学、分子人类学、基因组学和人类起源等诸多方面研究的新成果，以自然界生命的起源和发展为主线，在介绍生命的产生和发展的同时，将现代综合进化论与现代分子生物学的研究成果融为一体，从生物与环境、微观与宏观、表型进化与遗传系统进化的辩证统一关系出发，阐明生物界进化发展的规律，以及如何运用这些规律更好地服务于人类社会。进化生物学的知识体系由核心知识单元的七个核心知识点和非核心知识单元的三个非核心知识点构成。其中核心知识单元“进化”包括八个核心知识点，分别是“生命的起源”“进化证据”“达尔文进化理论形成及发展过程”“适应性进化”“物种形成和灭绝”“基因库和基因频率”“变异与遗传漂变”“变异与遗传漂变两种进化动力比较”；非核心知识单元“进化和系统发生树”“谱系进化和系统进化”“基因组进化”“进化和发育”包括三个非核心知识点：“分子进化的证据”“生物钟理论”“系统发生树构建软件的使用”[10]。

第四节 结论与建议

一、结论

七个版本的初中生物教材中都涉及进化生物学的核心知识点“生命的起源”“进化的证据”“生物进化”“达尔文进化理论形成及发展”“人类的起源和进化”，都没有涉及非核心知识点。从版面占比进行比较，在七个版本中，济南版版面占比最高，为 7.50%；人教版次之，为 5.38%；接着是北师大版，为 5.31%；第四是鲁科版，为 4.85%；第五是苏教版，为 4.24%；第六是冀少版，为 3.98%，最低是苏科版，为 3.78%。

四个版本的高中生物教材中都涉及进化生物学的核心知识点“基因库和基因频率”“物种的形成和灭绝”，人教版、苏教版、浙教版三个版本都涉及“达尔文进化理论的形成和发展”这一核心知识点，从版面占比来看，浙教版占比最高，为 6.92%，北师大版次之，为 5.82%，苏教版第三，为 3.67%，人教版最低，为 2.94%。

在中考中，通过对四川成都、湖南长沙、福建福州、山东济南、广东省、北京、江苏连云港 7 个地方的中考试卷的分析，发现各个地区都考到了“生物进化”的内容，另外对“达尔文进化理论形成和发展”“进化的证据”“人类的起源和发展”都有一定分值的考查。人教版本的生物中考侧重考查“生命的起源”“进化的证据”“生物进化”“达尔文进化理论形成和发展”这四个核心知识点。苏教版的中考生物对进化生物学的考查比重非常小，2016—

2018年仅以1分的分值考查了进化生物学的内容。济南版的中考生物侧重对“生命的起源”这一核心知识的考查。北师大版本的中考生物对“进化的证据”这一核心知识点的考查所占比重大于其他核心知识内容，另外对“生物进化”“达尔文进化理论形成及发展”“人类的起源和发展”也有一定的考查比重。

高考对进化生物学内容的考查则相对较少，考查的核心知识点主要是“基因库和基因频率”“物种形成和灭绝”，“基因库和基因频率”主要是对群体中基因频率计算的考查。

二、建议

结合不同版本的初中生物教材和高中生物教材以及不同地区的生物中考试卷分析和生物高考试卷分析，进化生物学在中考高考考试中考查分值比较小，但是进化生物学内容的学习可以使中学生树立生物进化的观点和辩证唯物主义观点，加深对科学本质的理解和感悟。所以高校生物科学专业将进化生物学作为高校生物学科师范生的核心课程和考核内容，可以使师范生清晰明了地掌握进化生物学的相关知识内容，与初高中进化生物学知识相呼应；可以在进化生物学书中特配数字教程，加入丰富的拓展资源，扩大学生的专业知识面并提高学生的学习兴趣；高校生物科学专业的师范生应掌握的进化生物学内容的重点包括“生命的起源”“进化的证据”“达尔文进化理论形成及发展”“适应性进化”“人类的起源和进化”“物种形成和灭绝”“基因库和基因频率”“变异和遗传漂变”八部分的内容。

对高中教师而言，通过对2014—2018年全国卷Ⅰ和全国卷Ⅱ的高考试题的分析，“物种形成和灭绝”“基因库和基因频率”这两个核心知识点是进化生物学在高考中的考查重点，因此在学习“基因库和基因频率”这一核心知识点时，教师要知道学生对于基因库的概念是容易理解的，所以不必花费过多的时间，在教学中更重要的是，教师应该多指导学生练习计算基因频率的方法。在学习“物种形成和灭绝”这一核心知识点时，可以直接使用教材中的引言，引出物种的概念。教师应着重引导学生依据物种定义，举例说明并区分物种。另外通过分析发现人教版、苏教版、浙教版三个版本都涉及“达尔文进化理论形成和发展”这一核心知识点，因此这一核心知识点是人教版、苏教版、浙教版这三个版本中高中生物教材中的重点内容。在学习“达尔文进化理论形成和发展”这一核心知识点时，学生通过义务教育初中阶段的学习，对达尔文生平和达尔文的自然选择学说已经具有一定的认识。因此对于这一知识点的教学，教师可以先让学生介绍关于自然选择学说的主要内容，发表对该学说的看法，在学生初步讨论之后，教师可以教材中的达尔文自然选择学说的解释模型为参照，扼要解说该学说的基本要点，在解说过程中，应充实一些事例，要体现出事实和推论之间的逻辑关系。人教版和北师大版都涉及“变异和遗传漂变”这一核心知识点，“变异和遗传漂变”是难点，这两个版本在学习这一核心知识点时，放在第二课时，先从复习自然界中影响种群基因频率的因素入手，引出变异和自然选择对基因频率的影响，教师让学生回答可遗传变异的来源，举几个典型的例子，介绍三种变异的特点，以及对基因频率的影响。

对初中生物教师而言，通过分析发现七个版本的初中生物教材中相同点是都涉及进化生物学的核心知识点“生命的起源”“进化的证据”“生物进化”“达尔文进化理论形成及发展”“人类的起源和进化”，因此这5个核心知识点是进化生物学在初中生物教材中的重点内容。初中生物教学要注重课堂的趣味性，比如在教授“生命的起源”这节内容时，可以充分利用实验室资源，通过巴斯德“鹅颈瓶实验”的操作，激发学生的兴趣，探讨肉汤腐败与不腐败的原因，培养学生分析和解释客观事实的能力，完成技能训练部分的教学。在学习“进化的证据”“生物进化”这部分内容的时候可以利用动植物化石图片、动物标本、进化树的拼图、视频等工具的帮助，提升学生学习进化生物学相关内容的兴趣，帮助学生理解生物进化的历程等内容。在学习生物进化的原因这节内容时，可以通过模拟保护色形成过程的探究活动，从感性上认识生物进化的过程，培养学生探究能力和分析数据的能力，充分提高学生的科学素养。在学习“人类的起源和进化”这一核心内容时，可以让学生观察现代类人猿生活的录像片，搜集有关人类起源和进化的资料、现代类人猿的分布以及生活状态的图片资料，提升学生的学习兴趣，培养学生实事求是的科学态度和探索精神。

参考文献

[1] 周兴文．从生物进化论到进化生物学 [J]．生物学教学，2014，39 (11)：2-3.

[2] 张靖楠，黄进勇，岳彩鹏，等．面向生物信息学本科专业的“进化生物学”教学改革与实践 [J]．高校生物学教学研究（电子版），2017，7 (03)：81-86.

[3] 宋兆建，蔡得田．开设进化生物学公选课的必要性及其教学实践 [J]．高校生物学教学研究（电子版），2016，6 (02)：33-36.

[4] 谭永平．生物进化内容与我国中学生物教育 [J]．课程·教材·教法，2004 (05)：93-96.

[5] 郑玲，刘萍．新课程下高师生物类师范生教学素质的培养 [J]．科技信息，2010 (15)：520+798.

[6] 叶佩珉．我国中学生物教材的历史、现状和展望 [J]．课程·教材·教法，1984 (02)：16-19.

[7] 叶本刚．初高中生物衔接相关问题分析 [J]．社会心理科学，2012，27 (01)：219-221+247.

[8] 江渝，彭家和，钟小林，等．生物化学与分子生物学课程必须适应现代化要求 [J]．山西医科大学学报（基础医学教育版），2004，6 (04)：355-356.

[9] 宋金枝，孙颖，汲生荣．高师生物学教育要加强同基础教育的衔接 [J]．通化师范学院院报，2003，24 (02)：86-89.

[10] 教育部高等学校生物科学与工程教学指导委员会．生物科学专业规范 [J]．高校生物学教学研究（电子版），2011，01 (02)：3-9.

[11] 朱正威，赵占良．生物学义务教育教科书七年级上册 [M]．北京：人民教育出版社，2013.

[12] 汪忠．生物学义务教育教科书七年级上册 [M]．南京：江苏教育出版社，2012.

[13] 匡廷云，曹惠玲．生物学义务教育教科书七年级上册 [M]．南京：江苏科学技术出版社，2012.

[14] 刘恩山．生物学义务教育教科书七年级上册 [M]．北京：北京师范大学出版社，2013.

[15] 赵彦修．生物学义务教育教科书七年级上册 [M]．济南：济南出版社，2012.

[16] 刘值义．生物学义务教育教科书七年级上册 [M]．石家庄：河北少年儿童出版社，2012.

[17] 朱正威，赵占良．生物学义务教育教科书七年级下册 [M]．北京：人民教育出版社，2014.

[18] 汪忠．生物学义务教育教科书七年级下册 [M]．南京：江苏教育出版社，2012.

[19] 匡廷云，曹惠玲．生物学义务教育教科书七年级下册 [M]．南京：江苏科学技术出版社，2012.

[20] 刘恩山．生物学义务教育教科书七年级下册 [M]．北京：北京师范大学出版社，2012.

[21] 赵彦修．生物学义务教育教科书七年级下册 [M]．济南：济南出版社，2012.

[22] 刘值义．生物学义务教育教科书七年级下册［M］．石家庄：河北少年儿童出版社，2012.
[23] 朱正威，赵占良．生物学义务教育教科书八年级上册［M］．北京：人民教育出版社，2016.
[24] 汪忠．生物学义务教育教科书八年级上册［M］．南京：江苏教育出版社，2013.
[25] 匡廷云，曹惠玲．生物学义务教育教科书八年级上册［M］．南京：江苏科学技术出版社，2013.
[26] 刘恩山．生物学义务教育教科书八年级上册［M］．北京：北京师范大学出版社，2013.
[27] 赵彦修．生物学义务教育教科书八年级上册［M］．济南：济南出版社，2013.
[28] 刘值义．生物学义务教育教科书八年级上册［M］．石家庄：河北少年儿童出版社，2013.
[29] 朱正威，赵占良．生物学义务教育教科书八年级下册［M］．北京：人民教育出版社，2013.
[30] 汪忠．生物学义务教育教科书八年级下册［M］．南京：江苏教育出版社，2014.
[31] 匡廷云，曹惠玲．生物学义务教育教科书八年级下册［M］．南京：江苏科学技术出版社，2013.
[32] 刘恩山．生物学义务教育教科书八年级下册［M］．北京：北京师范大学出版社，2015.
[33] 赵彦修．生物学义务教育教科书八年级下册［M］．济南：济南出版社，2013.
[34] 刘值义．生物学义务教育教科书八年级下册［M］．石家庄：河北少年儿童出版社，2013.
[35] 朱正威，赵占良．普通高中课程标准实验教科书生物必修二・遗传与进化［M］．北京：人民教育出版社，2007.
[36] 刘植义，付尊英．普通高中课程标准实验教科书生物必修二・遗传与进化［M］．北京：北京师范大学出版社，2004.
[37] 汪忠．普通高中课程标准实验教科书生物必修二・遗传与进化［M］．南京：江苏教育出版社，2004.
[38] 吴相钰，刘恩山．普通高中课程标准实验教科书生物必修二・遗传与进化［M］．杭州：浙江科学科技出版社，2004.